传承与创新

——南京大学外国语学院研究生学术文集（语言学与翻译卷）

◎张 翼 曹丹红 主编

南京大学出版社

图书在版编目(CIP)数据

传承与创新 : 南京大学外国语学院研究生学术文集. 语言学与翻译卷 / 张翼, 曹丹红主编. — 南京 : 南京大学出版社, 2022.5

ISBN 978-7-305-25182-5

Ⅰ. ①传… Ⅱ. ①张… ②曹… Ⅲ. ①翻译-文集 Ⅳ. ①H0-53

中国版本图书馆 CIP 数据核字(2021)第 238165 号

出版发行 南京大学出版社
社　　址 南京市汉口路 22 号　　　邮　编 210093
出 版 人 金鑫荣

书　　名 **传承与创新——南京大学外国语学院研究生学术文集(语言学与翻译卷)**
主　　编 张　翼　曹丹红
责任编辑 董　颖　　　编辑热线 025-83596997

照　　排 南京南琳图文制作有限公司
印　　刷 苏州市古得堡数码印刷有限公司
开　　本 787×960 1/16 印张 18.75 字数 336 千
版　　次 2022 年 5 月第 1 版 2022 年 5 月第 1 次印刷
ISBN 978-7-305-25182-5
定　　价 80.00 元

网址: http://www.njupco.com
官方微博: http://weibo.com/njupco
官方微信号: njupress
销售咨询热线: (025) 83594756

序　言

南京大学外国语学院一向注重研究生的能力培养，鼓励与支持其创新，不断提升其学术研究能力，形成了优良的传统。《传承与创新——南京大学外国语学院研究生学术文集》（两卷本）是南京大学外国语学院研究生学术创新的阶段性成果。文集收录的论文均由学院不同语种专业的硕博研究生撰写，虽尚显稚嫩，但研究生们勇于探索，特别在学术研究方面展现的激情难能可贵。入选论文由导师推荐，专家评审和编委评议，并经过多轮修改后定稿，充分体现研究生在学术研究与创新方面所付出的努力。为了弘扬学术诚信、认真作文的优良学风，进一步鼓励与支持研究生学术创新，我们将其汇编，并由南京大学出版社出版。

南京大学外国语学院在研究生培养方面，一向秉承"传承与创新"，要求研究生在掌握本领域基础理论与专业知识、掌握学术研究方法的基础上，拓宽视野，采用新方法、新手段进行扎实研究，成效显著。在新时代，学院仍致力于改革创新，锐意进取，以促进学生全面成才与个性发展为目标，不断推进研究生培养改革，完善培养方案。"高水平国际化外语人才培养体系的创新与实践"研究生改革项目获得2019年江苏省研究生教育改革成果一等奖。

目前，南京大学外国语学院十分重视研究生的创新能力培养，为其提供和创造多样化的学术活动，鼓励和支持学生参与高水平讲座、工作坊、国际学术论坛和学术会议，引导其关注学术前沿问题，不断提升科研能力，并积极尝试在国内外高水平学术平台展示自己研究成果。汇聚近年来研究生学术成果的二卷本文集《传承与创新——南京大学外国语学院研究生学术文集》是对其研究能力与学术创新的检视，希望能有效助力提升外语专业研究生培养质量，更希望研究生在今后的学术研究道路上越走越宽，不断取得新的优秀成果。

杨金才

2021年10月于南京大学

目 录

三、语言互动研究

四、译论与译者研究

五、翻译批评与术语研究

一　语言习得与对比研究

浅谈动态系统理论与续论：相通之处与研究思路

俞 越

摘 要：动态系统理论和续论都是近年来较为新兴的理论流派，二者在很多方面都是相辅相成、相互促进的。本文在简要介绍动态系统理论和续论的基础上，介绍了二者在理论方面的相通之处，尤其是动态交互与协同补偿，以及二者在应用方面的相通之处即动态监测与多角度考察，并结合微变化研究法与读后续写任务进行阐释。最后，本文指出，在将动态系统理论与微变化研究法应用于读后续写的过程中，也要遵循相应原则，采用多种方法与视角推进研究，以期为未来的研究提供思路与启示。

关键词：动态系统理论；微变化研究法；续论；读后续写

1 引言

动态系统理论（Dynamic Systems Theory，简称DST）在应用语言学领域代表了一种较新的研究方向，对传统理论起到了革新甚至颠覆的作用。一方面，动态系统理论比传统理论更强调系统各要素间的联系与交互。传统理论主要受乔姆斯基的“语言先天论”支配，直到21世纪后，该理论才逐渐淡出，基于使用的语言习得理论（usage-based theories）逐渐在二语习得领域兴起（Ellis 2008），强调学习过程是“经常同时出现的语言要素之间的联系逐渐被加强的过程”（周丹丹、王文宇 2013：164）。而动态系统理论进一步推进了基于使用的二语习得理论，强调了语言系统多种成分的联结与交互（周丹丹、王文宇 2013）。另一方面，动态系统理论驳斥了传统理论所认为的二语线性习得与发展。徐锦芬、雷鹏飞（2017）对前人研究的梳理表明，传统理论往往将语言发展预设为线性的、进程可确定的,并认为课堂二语习得中子系统之间存在清晰界线。此外,传统理论也常将二语习得中的边缘变量当作"噪音(noise)"处理(Larsen-Freeman & Cameron 2008a:40)。相比之下,动态系统理论则认为二语习得是非线性的,是S型或U型的,蕴含了峰和谷(Larsen-Freeman 1997, 2006)。简而言之,动态系统理论将语言发展过程描述为非线性、多变量、动态模式(Spoelman & Verspoor 2010)。

续论也是近年来兴起的一种语言习得观,基本观点包括:学习者1)通过"续"学会语言;2)通过"续"实现语言学习高效率(王初明 2016)。其核心理念是"创造性模仿",即由于语言理解与语言产出具有不对称性,学习者在对话过程中往往创造新内容,并通过借用对方的词语、模仿记忆,从而推动语言的表达(王初明 2019),由此体现"内容要创造、语言要模仿"的原则(王初明 2014:42)。

从表面上看,动态系统理论与续论似乎侧重不同方面、有诸多不同之处。然而深入观之,便可发现二者具有相通性,能够相辅相成、相互促进,对二语习得领域有着重要的启示作用。本文将从理论、应用的角度探讨动态系统理论与续论的相通之处,并结合微变化研究法和读后续写任务梳理动态系统理论与续论具体的应用与拓展,以期为将来的相关研究提供建议与启示。

2 动态系统理论与续论的理论相通点:动态交互与协同补偿

从理论的角度来看,动态系统理论和续论都体现了动态交互与协同补偿的原理。动态系统理论,顾名思义,强调了语言习得的动态过程以及变量间的变化关系,考虑自组织、反馈、浮现等,不同层面和时间点之间的联系也应当被建立,彰显对历时研究的重视(Larsen-Freeman & Cameron 2008b)。而续论在试图解决语言习得的一个根本问题——"语言的静态操练如何适应思想内容表达的动态变化"(王初明 2019:2)时,同样彰显了内容表达的动态性,并指出"续"是连接动与静的桥梁(王初明 2020)。续论不仅强调结果,还注重过程,关注学习者各项能力是如何一步步变化发展的,以及他们对此的反应如何;通过对不同时间节点学习者表现的对比,挖掘学习者能力的综合发展过程。

动态系统理论强调了各因素间的相互联系和交互关系。根据动态系统理论,语境应当被纳入考察范围;语言习得涉及多种变量,这些变量出现在系统中的多个要素之中,或出现在多个系统之中(Larsen-Freeman & Cameron 2008b)。比如,环境、学习者和语言三因素的互动贯穿二语习得的过程,影响二语习得的

"输入、吸收、重构、融合、输出"等,决定二语习得的结果(戴运财、周琳 2016:60)。对续论而言,动态系统理论提及的"语境"同样重要,环境、学习者和语言三因素也会互相影响。续论所涉及的"语言的模仿"常依托于丰富的语境,将接触到的语言表达式与语境相结合,在丰富语境的伴随下进行语言的学与用,粘合语言和语境,使语言使用更加得体(王初明 2019)。换言之,续论中涉及语言模仿的部分,在此过程中语言不应被孤立对待,而应与语境一起进行分析。这个语境在狭义上可指提供的材料(即对话/故事的上半部分)所蕴含的语境,在广义上也可延伸到续论大的环境,即动态系统理论所提到的三因素(环境、学习者、语言)之一。环境因素从长期的角度来看,包括学习者平时的学习氛围、课堂要求等,从短期来看,包括续论相关的活动或任务进行的时间场地因素等;学习者因素包括学习者自身的观念、语言水平、情感等;语言因素与续论涉及的语言的特征与难度等有关。这三种因素的交互作用将综合影响学习者的表现及语言能力的变化。

基于诸多因素的交互,动态系统理论崇尚复杂性,避免简约论(Larsen-Freeman & Cameron 2008b)。而续论将"续"视为互动的源头,认为其在人主观意志的驱动下,能聚合关联语言习得中的各个变量,使其"环环相扣,形成网状,通达联动,词语与篇章关联,理解与产出关联,前读与后续关联,模仿与创造关联,内容动态表达与语言静态操练关联,个人体验与他人提供的样板关联,学与用关联"(王初明 2019:2)。这种交互网,并非简单的交互线,也体现了续论的丰富性与复杂性。

对动态系统理论而言,这些因素的交互往往具有双向因果关系,而非简单的单向因果关系(Larsen-Freeman & Cameron 2008b)。而续论中,学习者表现的变化与能力的发展受多种因素影响,而能力的发展又有可能反过来影响这些因素。以"自信程度"这一变量为例,学习者的自信程度有可能影响他们在续论相关的任务和活动中的表现。比如,更加自信的学习者往往能更好地模仿语言、创造内容,表现得更好。从另一个角度来说,学习者表现出色时,他们的自信程度极有可能得到提升,从而形成双向因果与良性循环。

动态系统理论提到的补偿作用也与读后续写中强调的协同与拉平效应相关。动态系统理论指出,内在资源与外在资源的交互决定了语言的发展,且不同资源之间"存在互为补偿关系"(戴运财、周琳 2016:58)。"续"有助于解决语言理解与语言产出能力前高后低不对称的问题,并借力语言理解与产出能力前高后低的势差,推进二者之间的交集,从而熨平两者差距、提升学习者的语言产出水平(王初明 2019,2020)。互动协同模式及其相关研究表明,协同是互动的内在属性(Pickering & Garrod 2004; Atkinson 2014; Trofimovich & Kennedy 2014)。续论可看作互动研究的延续,其中,"续"是与他人协同,"协同是过程,拉平是结果,协同所产生的效应即拉平效应,也就是学习效应"(王初明 2017:552)。在续论的相关活动中,学习者等于是在向他人学习语言,利用这一外部资源,通过对语言的模仿逐步提升自己的语言能力,从而取得进步。从某种程度上也可以说,这一过程体现了他人的高质量语言表达这一外部资源与自己的语言模仿能力这一内在资源的交互,共同推进自己语言能力的发展。

延伸来看,协同也可体现于动态系统理论对二元区分(如习得与使用的对立,表现与能力的对立)的摒弃,提倡互适应(co-adaptation)、软集合(soft-assembly)(Larsen-Freeman & Cameron 2008b)。而续论也没有将"关注语言(focus on form)"和"关注内容(focus on meaning)"相对立,而是将二者有机结合,倡导语言的模仿和内容的创造,二者相辅相成,共同促进语言的流畅表达和语言能力的发展。在续论的相关活动中,学习者的表现与他们的语言能力也应当以综合的眼光来看,而不应当被分裂开来,形成对立面;他们在此过程中对语言的模仿与使用也应与他们语言的习得联系起来。

在动态交互与协同补偿的过程中,变异性占中心地位(Larsen-Freeman & Cameron 2008b)。对续论而言,这种变异性可体现在不同语言学习者的个体差异之中。Ellis(1999)认为,变异分两种类型,分别为系统性变异和非系统性变异,前者分两种,分别与学习者个体因素和语境有关;后者也分两种,分别为自由变异(指学习者语言表达杂乱无章)与表现变异(暂时的失误,可自行修正)。这些变异均可影响学习者在续论相关任务中的表现,体现出个体差异。

3 动态系统理论与续论的应用相通点:动态监测与多角度考察

从应用的角度来看,动态系统理论和续论这两种理论指导下开展的研究都注重动态监测与多角度考察。所谓动态监测,指的是不仅仅通过某一批文本或某一次实验获取一个静态的结果,而是关注过程、关注具体的发展变化。而此处所说的多角度考察,一方面可以指从不同维度来研究变化和发展,另一方面也可以指关注到了多个因素的(交互)影响。

动态系统理论指导下开展的研究常着眼于学习者表现和能力发展变化的过程。比如,田莉(2020)在动态系统理论视阈下开展研究,历时 19 个月跟踪考察了中国高校 4 名不同水平英语学习者的二语句式发展情况,通过质性分析总结出这几位学习者英语句式发展存在的不同之处。该研究并非仅仅采取静态视角,通过某篇单独的文章来汇报这几位被试的表现与能力,而是采取了动态视角,通过这19个月中被试所完成的多篇作文考察其表现与能力的变化过程与路径。此外,本研究也考虑了被试的不同水平,以及句子的不同类型,从多个角度展开分析,从而获得更丰富的结果。

动态系统理论指导下开展的研究也会采用微变化研究法。微变化研究法(microgenetic method)是基于动态系统理论的一种研究方法,指在多次测试中给被试提供同样的问题,通过密集观察,研究变化最集中、快速的时间段,从而准确描述发生着的变化(Miller & Coyle 1999)。该方法要求在相对短的时间内高频率观察记录被试习得某项技能的过程,进行定性、定量分析,揭示变异性(文秋芳 2003)。正如上文所述,动态系统理论与传统理论显著不同;相应地,微变化研究方法与传统研究方法也有重大差异。传统方法注重整体趋势,将某些不合整体趋势的情况视为"噪音";而微变化研究法则关注"噪音",突显变化的复杂性(周丹丹、王文宇 2013)。比如,王宇、王雨(2020)的研究从动态系统理论的角度出发,采用微变化研究法,考察了英语专业三年级学生一个学期内二语产出性词汇复杂性和多样性的变化及其交互关系模式,结果表明词汇复杂性和多样性呈非线性发展,二者的交互关系模式呈现出动态性和个体差异性。常鹏云、Zhang Jun Lawrence(2020)的研究则结合复杂动态系统理论视角,使用 Anion Variable Tester 微变化研究工具,跟踪5名外语学习者近3年听力学习过程,探索学习动机变化机制,发现学习者任务中动机动态变化受内在、外在因素共同影响,在持续性和强弱度两个维度上存在个体差异。这两项研究亦是着眼于动态变化过程,考察了被试数月甚至数年内表现和水平的发展变化,并探索了多个维度(如词汇复杂性和多样性)的交互以及多个因素(如内在、外在因素)的影响,体现了多角度研究的视角。

续论指导下开展的研究常采用读后续写的任务形式。读后续写是由续论指导下的一种续作变体。其具体的操作方法为挑选一篇内容具有趣味性且语言难度较为适中的故事,删去结尾之后由学生续写补全(王初明 2012,2014,2015,2016)。比如,张琳、秦婷(2020)研究了读后续写在一个学期内对英语专业学生写作能力与写作焦虑的影响。该研究以动态视角了解学生心理与写作能力的发展变化,并且从多角度(比如写作能力及写作焦虑这两个不同角度,以及写作焦虑的不同维度)进行分析。张素敏、赵静(2020)选取了多轮续写的任务,让被试在19天内续写完一本小说19章的内容,剖析了学习者目标语词类的主观性。该研究也采取动态视角,研究了续写者与原作者之间的情感互动,并将作者视角和情感这两个方面纳入考量,体现了多角度研究的路径。

4 动态系统理论与续论对未来研究的启示

正如上文所说,在理论方面,动态系统理论和续论都体现了动态交互与协同补偿的原理,而在应用方面,二者指导下开展的研究都注重动态监测与多角度考察。因此,这两类研究在某种程度上也是相通的。续论指导下的一种续作变体——读后续写包含多个环节,且涉及多个因素,各因素之间相互联系与影响,故较适合以动态系统理论的视角进行分析。此外,基于动态系统理论的研究方法——微变化研究法也可被运用到涉及读后续写的相关研究中,通过密集观察分析,研究被试进步或后退的具体过程。目前,国内关于动态系统理论的研究处于起步阶段,原创性研究、实证研究较少(徐锦芬、雷鹏飞 2017;王勃然、赵雯 2020)。研究者可注意多将动态系统理论与微变化研究法应用于读后续写的实证研究中。

从应用的具体视角与思路来看,研究者可考察被试在读后续写过程中各方面能力的变化情况。读后续写大体上包括内容的创造与语言的模仿两个方面,将这二者有机结合,使“续”成为“理解与产出之间的桥梁”(王初明 2017:550)。内容的创造和语言的模仿在读后续写中会呈现各自的变化过程。动态系统理论表明,有些变化是渐进的,即在原来的基础上发展;有些变化是涌现的,即新旧之间有本质差异(戴运财、周琳 2016)。因此,研究者可利用有声思维等研究工具,分别分析内容和语言两部分的变化,探究内容的创造和语言的模仿在读后续写的过程中分别呈现何种变化方式。Siegler(1996,2002)根据微变化研究成果,提出波浪重叠型理论(overlapping waves theory),强调发展的不均衡性和变异性,指出发展时快时慢、时进时退。由此,研究者也可关注在读后续写过程中,内容的创造和语言的模仿这两方面发展的差异性与曲折性,并探查其背后的原因。

国内运用微变化研究法完成的早期研究大多着眼于二语习得中的频次作用(周丹丹、王文宇 2013)。频次是语言习得的关键,练习频次有助于加强语言表征中形式和功能间的匹配和联系(Ellis 2002),因此在将微变化研究法用于读后续写任务时也可以结合频次,让被试反复参加同一个读后续写任务,密集观察每一次重复中学习者语言模仿和内容创造的进步情况,体现出微变化研究法的运用。动态系统理论提到,学习者会根据“语言信息资源的输入特征”在“频繁的重述(iterations)”中主动进行调整(徐锦芬、雷鹏飞 2017:24)。由此,在重复地参加同一个读后续写任务时,被试也极有可能根据阅读材料的频繁再现而进行自我调整,从而引发语言模仿、内容创造这两方面的不同变化。研究者可以着眼于这两方面的不同变化进行研究，利用微变化研究法所要求的高频率观察记录，探究这两方面分别如何受频次效应影响，并尝试总结出二语习得过程中语言与内容发展的规律。

读后续写过程中的个体差异与各因素之间的交互影响也值得研究。动态系统理论认为，多种因素可在多个层面上相互联结，因此系统具有"全面联结性（complete interconnectedness）"（郑咏滟 2011：304）。许希阳、吴勇毅（2015）指出，应当研究语言子系统之间的联系，以及关注个体之间以及个体内部的变异性，旨在发现何种变异可以引发二语发展。正如上文所说，变异分为不同类型，引发变异的因素也分为不同类型，故研究者可抓住这些引发变异的因素，分析不同类型的因素对读后续写过程中被试表现的差异分别有何种影响。比如，学习者的个体因素包括年龄、性别、性格、动机等。研究者可分析这些因素如何影响被试在读后续写过程中阅读材料、模仿语言、创造内容的情况。

进一步而言，上文提到的读后续写过程中的各因素之间的交互本身也是动态的，值得探索。动态系统理论认为变量之间的互动关系也表现出各自的动态发展趋势（Larsen-Freeman 2006）。在读后续写过程中，被试的表现受到各种因素的影响，但这种影响并非是恒定不变的，而是处于一种动态变化之中。因此，研究者可以关注读后续写过程中，这些因素对被试的影响是如何变化的，并分析这种变化背后的原因。

在结合两种理论开展研究的情况下，基于动态系统理论的研究方法——微变化研究法具有的优势也可在续论指导下的一种续作变体——读后续写中得以充分发挥。Miller & Coyle（1999）总结的微变化研究法的四大优势均可体现于读后续写之中。这四大优势可概括为观察变化的直接性、考察变化角度的多样性、识别变异性时的敏锐性，以及运用方法的灵活性。其中，观察变化的直接性与上节提到的动态监测相通，而考察变化角度的多样性、识别变异性时的敏锐性，以及运用方法的灵活性则与上节提到的多角度考察相通。

第一，在直接性方面，微变化研究法便于研究者直接观察被试在读后续写过程中语言能力的变化过程。传统研究方法主要重视研究结果，倾向于选择静态点进行对比，因此在变化过程方面有所欠缺。而微变化研究法强调的是一种高频的观察与记录，因此便于研究者分析被试在参加读后续写的过程中模仿语言、创造内容的能力是如何一步一步发展的。重复参加同一个读后续写任务也可帮助研究者分析频次效应的作用，了解被试在每个任务中的表现与上次相比有何不同，从而探究他们语言能力的变化。

第二，在多样性方面，微变化研究法便于研究者从多个角度考察被试在读后续写中的表现。微变化研究通常从五个维度来探究变化,具体为路径(path)、速度(rate)、广度(breadth)、变异性(variability)和根源(sources of change)(Siegler 1995;Siegler & Stern 1998)。在路径方面,微变化研究法有助于分析被试在重复参加读后续写过程中,观念、策略如何变化,从而导致其表现和水平的变化。在速度方面,微变化研究法有助于分析被试在重复参加读后续写过程中水平提升的快慢问题:比如,研究被试水平的显著提升发生在第二次任务还是第三次任务中,前者在某种程度上体现出比后者更快的变化速度。在广度方面,微变化研究法有助于分析读后续写的应用范围,即读后续写的影响对哪些群体适用;与此同时,也可分析重复参加读后续写的过程中,这种频次效应对多大范围的群体适用。在变异性方面,微变化研究法有助于分析不同个体参加读后续写时的不同表现。在根源方面,微变化研究法有助于分析被试在重复参加读后续写过程中表现与水平变化的原因,也可探究出变化背后的因素影响,分析因素的交互,反映出动态系统理论。

第三,在敏锐性方面,微变化研究法便于研究者关注读后续写中出现的变异性。正如上文所提到的,传统研究方法重视群体表现,在某种程度上忽视了其中的变异性,或将某些个体差异视为“噪音”。而微变化研究法则考虑了不同被试在参与读后续写时,由于个体因素而导致的不同结果。与此同时,该过程也体现了各因素的相互作用,反映出动态系统理论。

第四,在灵活性方面,微变化研究法可运用于多个概念和技能。就读后续写而言,其包含各个类别或变体,如多轮续写、对比续写,等等。微变化研究法可被灵活运用于这些类别或变体,从而提供更丰富、层次更多样的研究结果。

研究者在进行读后续写研究时也应注重微变化研究法中的要素。Miller & Coyle(1999)指出微变化研究法中包含三个基本要素,即观察的时间周期要恰当,观察频度要高,数据分析要精细。因此,研究者要注意在采用有声思维等方法开展研究时观察的时间周期要覆盖变化全过程;频繁观察被试,完整记录变化,或是在重复/多轮续写中将每一次续写的开展看作一个人工设置的节点;在分析读后续写数据时,一方面可采用定量研究的分析方法来分析文章的准确性、流利性、复杂性,另一方面也应注重定性研究(如有声思维与访谈),从而探索各因素如何影响被试的表现。

5 结语

由此可见,动态系统理论与续论在理论与应用方面都具有诸多相通之处,是相辅相成、相互促进的。动态系统理论和续论都强调了各因素间的相互联系和交互关系,包括环境、学习者和语言三因素的互动与影响。各因素间的关系在动态系统理论和续论看来都非简单的交互线,而是复杂的交互网。这些因素之间也并非简单的单向因果关系,而是双向因果关系。动态系统理论指出的内在资源、外在资源等的交互与联结可起到补偿作用,也与续论中提及的协同与拉平效应相关。延伸来看,协同也可体现于动态系统理论对二元区分的摒弃,这跟续论倡导"语言的模仿"和"内容的创造"的相辅相成而非互相对立也不谋而合。此外,动态系统理论和续论也都涉及了变异性与个体差异。就应用方面而言,动态系统理论和续论这两种理论指导下开展的研究都注重动态监测与多角度考察。

基于动态系统理论的研究方法——微变化研究法当中的优势也可体现在续论指导下的一种续作变体——读后续写当中,因此动态系统理论与微变化研究法也可以应用到读后续写中。研究者可关注被试在读后续写过程中语言的模仿和内容的创造这两大方面分别的发展变化过程。此外,研究者也可结合频次效应理论,让被试重复参加读后续写,研究他们在此过程中表现与能力的变化。研究者还可以关注读后续写参与者的个体差异与变异性问题,研究不同因素如何相互联结、交互影响被试的表现,并进一步探索各因素的影响又是如何变化、因何变化的。在研究读后续写时,研究者应遵循动态系统理论与微变化研究法的原则以及微变化研究法包含的三个基本要素,这些都提示研究者可结合有声思维和访谈进行研究,也可以进行重复/多轮续写,并结合定性、定量分析方法处理读后续写的被试完成的文章。

动态系统理论与续论都是近年来较为热门的研究趋势。若能利用它们各自的优势,将它们结合起来研究,必将为二语习得等领域做出较大的贡献。

参考文献

[1] Atkinson, D., 2014. Language learning in mindbodyworld: A sociocognitive approach to second language acquisition [J]. *Language Teaching*, 47: 467-483.

[2] Ellis, N., 2002. Frequency effects in language processing: A review with implications for theories of implicit and explicit language acquisition [J]. *Studies in Second Language Acquisition*, 24: 143-188.

[3] Ellis, N., 2008. The dynamics of second language emergence: Cycles of language use, language change, and language acquisition [J]. *The Modern Language Journal*, 92 (ii): 232-249.

[4] Ellis, R., 1999. *Understanding Second Language Acquisition* [M]. Shanghai: Shanghai

Foreign Language Education Press.

[5] Larsen-Freeman, D. & L. Cameron., 2008a. *Complex Systems and Applied Linguistics* [M]. London: Oxford University Press.

[6] Larsen-Freeman, D. & L. Cameron., 2008b. Research methodology on language development from a complex systems perspective [J]. *The Modern Language Journal*, 92 (ii): 232 - 248.

[7] Larsen-Freeman, D., 1997. Chaos/ Complexity science and second language acquisition [J]. *Applied Linguistics*, 18: 141 - 165.

[8] Larsen-Freeman, D., 2006. The emergence of complexity, fluency, and accuracy in the oral and written production of five Chinese learners of English [J]. *Applied Linguistics*, 27: 590 - 619.

[9] Miller, P. H. & T. R. Coyle, 1999. Developmental change: Lessons from microgenesis [A]. In E. K. Scholnick, K. Nelson, S. A. Gelman, & P. H. Miller (Eds.). *Conceptual Development: Piaget's Legacy* [C]. London: Lawrence Erlbaum Associates Publishers, 209 - 239.

[10] Pickering, M. & S. Garrod, 2004. Toward a mechanistic psychology of dialogue [J]. *Behavioral and Brain Sciences*, 27:169 - 226.

[11] Siegler, R. S. & E. Stern, 1998. Conscious and unconscious strategy discoveries: A microgenetic analysis [J]. *Journal of Experimental Psychology: General*, 127 (4): 377 - 397.

[12] Siegler, R. S., 1995. How does change occur: A microgenetic study of number observation [J]. *Cognitive Psychology*, 25: 225 - 273.

[13] Siegler, R. S., 1996. *Emerging Minds: The Process of Change in Children's Thinking* [M]. New York: Oxford University Press.

[14] Siegler, R. S., 2002. Microgenetic studies of self-explanation [A]. In N. Granott & J. Parziale (Eds.). *Microdevelopment: Transition Processes in Development and Learning* [C]. Cambridge: Cambridge University Press, 31 - 58.

[15] Spoelman, M. & M. Verspoor, 2010. Dynamic patterns in development of accuracy and complexity: A longitudinal case study in the acquisition of Finnish [J]. *Applied Linguistics*, 31 (4): 532 - 553.

[16] Trofimovich, P. & S. Kennedy, 2014. Interactive alignment between bilingual interlocutors: Evidence from two information-exchange tasks [J]. *Bilingualism: Language and Cognition*, 17: 822 - 836.

[17] 常鹏云,Zhang Jun Lawrence,2020. 大学生英语听力定向性动机流的微变化研究[J]. 现代外语,(2):200 - 212.

[18] 戴运财,周琳,2016. 动态系统理论视域下的二语习得研究:不足与对策[J]. 外语界,(3):57 - 63.

[19] 田莉,2020. 动态系统理论视阈下二语句式发展的质性研究[J]. 外语界,(6):54-62.
[20] 王勃然,赵雯,2020. 近十年动态系统理论视域下我国二语习得研究：现状与展望[J]. 外国语文,(3):134-140.
[21] 王初明,2012. 读后续写——提高外语学习效率的一种有效方法[J]. 外语界,(5):2-7.
[22] 王初明,2014. 内容要创造语言要模仿[J]. 外语界,(2):42-48.
[23] 王初明,2015. 读后续写何以有效促学[J]. 外语教学与研究,(5):753-762.
[24] 王初明,2016. 以“续”促学[J]. 现代外语,(6):784-793.
[25] 王初明,2017. 从“以写促学”到“以续促学”[J]. 外语教学与研究,(4):547-556.
[26] 王初明,2019. 运用续作应当注意什么？[J]. 外语与外语教学,(3):1-7.
[27] 王初明,2020. 外语学习的一个根本性问题:静态语言知识如何适配到动态内容？[J]. 现代外语,(5):593-600.
[28] 王宇,王雨,2020. 动态系统理论视角下的二语产出性词汇微变化研究[J]. 外语教育研究前沿,(1):44-52.
[29] 文秋芳,2003. 微变化研究法与二语习得研究[J]. 现代外语,(3):312-317.
[30] 徐锦芬,雷鹏飞,2017. 基于动态系统理论的课堂二语习得研究:理论框架与研究方法[J]. 外语教学理论与实践,(1):22-29.
[31] 许希阳,吴勇毅,2015. 复杂动态系统理论:对二语习得研究的反思[J]. 语言教学与研究,(2):1-7.
[32] 张琳,秦婷,2020. 读后续写对英语专业学生写作焦虑和写作能力的影响研究[J]. 外语教学,(6):72-76.
[33] 张素敏,赵静,2020. “多轮续写”对学习者目标语词类主观性的作用研究[J]. 解放军外国语学院学报,(1):1-8.
[34] 郑咏滟,2011. 动态系统理论在二语习得研究中的应用——以二语词汇发展研究为例[J]. 现代外语,(3):303-309.
[35] 周丹丹,王文宇,2013. 动态系统理论与微变化研究法在二语习得中的应用[J]. 江淮论坛,(4):163-168.

基于自建语料库的非英语专业学生写作词汇丰富性与写作质量的相关性研究

胡晓霞

摘　要:在二语习得研究领域,词汇丰富性是写作水平的重要衡量标准之一。近年来,以写作中词汇丰富性为内容的研究逐渐增多,但大都以英语专业学生的作文为研究对象,且学者们对词汇丰富性测量维度的侧重各有不同。基于 Read 提出的理论框架,本研究以华东某大学非英语专业同学在全国大学生英语竞赛中写的作文为研究对象,借助 RANGE、TreeTagger、AntConc、SPSS 以及 Excel,从词汇复杂度、词汇多样性、词汇密度三个方面就词汇丰富性与写作质量的相关性问题进行研究。研究结果表明:高、中、低水平组在词汇复杂度上存在显著差异,但在词汇变化性和词汇密度方面,中分组与低分组差异不显著;词汇变化性和词汇复杂度与写作质量呈正相关,词汇密度与写作质量无显著相关。

关键词:词汇丰富性;写作质量;非英语专业

1　引言

英语写作是二语习得领域中必不可少的一部分,词汇在二语写作中起着至关重要的作用。Wilkins(1972:111)认为:“没有语法,许多事情就无法传达;没有词汇,什么也无法传达”。Linnarud(1986)认为,词汇量是衡量第二语言学习者语言水平的有效指标。在实际应用中运用词汇的能力在英语写作中举足轻重。

万丽芳(2010)指出,词汇丰富性是衡量说话者或作者使用词语的广度。它反映了学习者的整体语言能力,同时也体现了学习者的交际能力和写作能力。

以雅思写作考试为例，作文的评分标准是任务完成、连贯衔接、词汇丰富性、语法多样性和准确性。由此可见词汇丰富性的重要性。但是，就词汇丰富性的定义和界定来说，学者们还未达成共识，且目前学者们对于词汇丰富性测量维度的侧重各有不同。基于 Read(2000)对词汇丰富性的阐释，写作中词汇丰富性有四个维度，即词汇复杂度、词汇变化性、词汇密度和词汇错误。然而，词汇丰富性的分析和研究绝不仅仅是对错之分，需要更有说服力的数据。因此，网络自动分析软件结合计算机语料库的使用，为学者们研究词汇丰富性提供了便利。

词汇丰富性的研究已广泛用于专业语言学习中，以衡量专业语言学习者对词汇的使用情况，如朱慧敏、王俊菊(2013)基于自建语料库探讨了英语专业学生写作中词汇丰富性的历时发展和变化；朱清(2018)的硕士论文以英语专业博士生的议论文为语料研究词汇复杂性；Laufer(1991)对 47 名英语语言文学专业学生写作中的词汇丰富性进行了为期一年的纵向研究；宁聚星(2019)从词汇变化性、词汇密度和词汇复杂性三个维度对英语专业研究生英语写作词汇丰富性发展进行了研究。但相对较少有研究考虑到非英语专业的学生，大部分非英语专业的学生只能在数量有限的课堂上系统地学习英语。而英语专业的同学掌握了较多的英语词汇知识以及运用词汇的能力，在专业学习和专门的写作课程中也习得了不少英语写作的词汇使用技巧；但相对于英语专业的学生来说，非英语专业的学生的英语输入较少，有限的课堂上较少系统地学习英语写作或词汇运用，甚至一些非英语专业的学生都不知道何为词汇丰富性，在写作中灵活多样地使用词汇的能力略有欠缺。然而，对于非英语专业的学生来说，英语能力也是极其重要的，如今几乎每个行业都要求从业者具备一定的英语水平，英语写作作为语言输出的一种形式，是英语能力的一种证明，并且目前各种英语考试中也基本都设有英语写作，而这些证书也是非英语专业学生英语水平的证明。因此，衡量非英语专业学生写作中词汇丰富性有一定的价值，教师可以了解学生的英语输出水平，并制定适当的教学计划；学生可以在英语写作中发现自己的问题，增强对词汇丰富性的认识，提高遣词造句能力，从而提高自己的英语写作水平。

2　文献综述

2.1　概念界定

Zareva(2005)认为词汇丰富性指的是文本中所使用词汇的范围或多样性，被认为是语言学习者语言水平的重要预测指标。陆小飞(2012)认为词汇丰富性是第二语言教学和研究中的重要建构,它直接关系到学习者以口头和书面形式进行有效交流的能力。

Engber(1995)指出,词汇丰富性包括词汇变异、无差错变异、词汇错误和词汇密度。Laufer & Nation(1995)将词汇复杂度、词汇独创性、词汇密度和词汇变异性作为衡量词汇丰富性的重要指标。根据 Daller(2003)等人的说法,词汇丰富性也称为词汇多样性和词汇复杂性。但 Read(2000)发现,词汇原创性不适合评估学习者的词汇水平,并指出词汇丰富性应从以下四个方面来衡量:词汇复杂度、词汇变化性、词汇密度和词汇错误。

总结上述研究,并充分考虑自建语料库的特点,本研究采用 Read(2000)的理论框架,选取词汇复杂度、词汇变化性和词汇密度三个维度来研究词汇丰富性。

2.2 国内外研究

作为衡量二语学习者语言能力的重要指标,词汇丰富性受到了国内外学者的广泛关注。在语料库和各类分析软件的帮助下,学者们取得了许多令人瞩目的成果。朱慧敏、王俊菊(2013)基于自建语料库进行了研究,探讨了英语专业学生写作中词汇丰富性的历时发展和变化。研究发现,英语写作中词汇丰富性的发展趋势在不同维度上都有其自身的特征:词汇变化性呈现出非线性发展的趋势,在学生四年级时出现平稳现象;逐年变化之间没有显著差异,但是词汇密度有所提高。崔炫俊(2019)探讨了性别对非英语专业学生写作词汇丰富性的四个维度的影响,发现性别对词汇错误的影响最大,其次是词汇的复杂度,对词汇变化性和词汇密度的影响较小。张晓东、任娇娇(2018)以大二英语专业学生的限时写作为研究样本,发现在词汇多样性和词汇复杂度上,高分组高于低分组,词汇复杂度差异显著。在词汇错误方面,高分作文低于低分作文。两组之间的词汇密度差异不显著。鲍贵(2008)根据自建语料库对词汇丰富性进行了调查,发现尽管词汇独创性、词汇变异性和词汇密度可以区分不相邻的小组,但它们不能很好地区分相邻的小组,并且都呈非线性发展;词汇复杂度可以区分不同群体之间词汇使用的差异,呈线性发展。Linnarud(1986)对瑞典英语二语学生和英语本族语学生作文词汇丰富性进行了对比研究,结果表明两者在词汇错误、词汇变异性、词汇独特性、个性化词汇使用及词语搭配方面存在显著差异。Engber(1995)从词汇密度、词汇错误和词汇变化性的角度分析了英语学习者写作中词汇丰富性和写作质量的关系,发现词汇密度与写作质量无相关性,词汇错误和词汇变化性与写作质量成正相关关系。Ineke & Benigno(2016)对 39 名意大利语二语学习者进行了一项实验，考察词汇丰富性与词汇搭配能力之间的关系，研究结果表明，二语学习者的词汇丰富性和搭配能力之间没有明显的关系。

从上面提到的这些研究来看，不同的学者在词汇丰富性方面有不同的侧重点和结果。尽管各研究都有其自身局限性，但国内外学者在词汇丰富性和二语习得研究方面都提供了宝贵而富有启发性的见解。本研究在总结前人的基础上，以非英语专业学生的英语作文为研究语料，使用 RANGE、TreeTagger 以及 AntConc 来分析词汇复杂度、词汇变化性以及词汇密度的特征及其与写作质量之间的关系，以期为大学英语的词汇教学提供一些参考，减少非英语专业学生英语词汇学习囫囵吞枣、生搬硬套现象的发生频率，为拓宽词汇丰富性的研究领域、使用上述三个软件分析文本中的词汇丰富性提供一些借鉴。

3 研究方法

3.1 研究问题

该研究主要分析非英语专业学生在 NECCS 中撰写的作文，主要从词汇变化性、词汇复杂度和词汇密度三个方面研究词汇丰富性的特征以及词汇丰富性与写作质量之间的关系。问题如下：

（1）非英语专业学生英语写作中词汇使用整体情况如何？

（2）不同水平作文的词汇丰富性有哪些特征？

（3）词汇丰富性的三个方面分别与作文质量的相关性如何？

3.2 研究对象

参与者是来自华东某大学的非英语专业的学生，研究样本为其在 2018 年全国大学生英语竞赛的初赛（C 级）中完成的 90 篇作品（作文题目见附件 1）。为了保证研究结果的客观性和准确性，本研究用随机抽样的方法选取 90 个样本。作文评分由华东某 985 院校多位教师交叉阅卷完成，根据作文分数所属档次将 90 篇文章分为三组：16—20 分的第四档作文共 30 篇，划入高分组；11—15 分的第三档作文共 30 篇，划入中分组；6—10 分的第二档作文共 30 篇，划入低分组，每篇作文以“组别-序号-分数”的方式命名，如“高分组-01-16”。

3.3 研究工具

3.3.1 自建语料库——非英语专业学生写作语料库

根据研究需要，自建语料库中包括三个子语料库（高分组语料库、中分组语料库和低分组语料库)。

表1 非英语专业学生写作语料库

子语料库	文章数	文本数	文本均值
高分组	30	5 362	178
中分组	30	5 005	166
低分组	30	4 060	135
总计	90	14 427	160

在创建语料库时,为确保词汇复杂度的准确性,所有具有拼写错误的单词都标有"〈〉"。使用 RANGE 时,选择"ignore〈〉"。RANGE 将自动忽略带有"〈〉"的单词。TreeTagger 也具有此功能。根据语料创建 Stop-List(见附件 2),此研究中,专有名词和数字被列入 Stop-List。表 1 简要说明了非英语专业学生写作语料库和三个子语料库。

3.3.2 RANGE

RANGE 由新西兰维多利亚大学语言学和应用语言学系的 Nation & Coxhead (2002)设计,它可以用来分析文本中词汇的深度和广度。RANGE 的词法分析基于三个基本单词列表,每个单词列表分别命名为 BASEWRD1、BASEWRD2 和 BASEWRD3。BASEWRD1 包含 998 个最频繁的单词,BASEWRD2 包含 988 个较频繁的单词。BASEWRD3 或称学术单词列表(AWL)由高中和大学教科书中使用的 570 个学术单词组成。前三个列表中未包含的单词归类为 BASEWRD4。根据 Laufer & Nation(1995)的理论,BASEWRD3 和 BASEWRD4 中的单词实际上超过了 2 000 个常用单词,在研究中可被视为高级单词。

3.3.3 TreeTagger

TreeTagger 是用来标记文本的工具(标签集见附件 3)。在这项研究中,TreeTagger 用于标记 90 篇文章中每个词的词性,以便后期计算词汇密度。

3.3.4 AntConc

基于 TreeTagger 标签集,本研究使用 AntConc 来计算实词数,并使用 AntConc 的单词列表来分析非英语专业学生所使用词汇的总体特征。

3.3.5 SPSS 26.0

借助 SPSS,本研究可以准确客观地分析词汇丰富性与写作质量之间的相关性。

3.4 研究公式

(1) 词汇复杂度(LS)

$$LS = \frac{高级级词汇 \ * 100\%}{文本总数}$$

(2) 词汇变化性(LV)

$$Uber\ index = LV = \frac{(\log 形符数)^2}{(\log 形符数 - \log 类符数)}$$

(3) 词汇密度(LD)

$$LD = \frac{实词数 \times 100\%}{文本总数}$$

4 结果与讨论

4.1 词汇使用整体情况

非英语专业学生在英语写作中词汇使用的整体情况如表 2 所示:

表 2 形符整体使用情况

	总数	平均值	最大值	最小值	标准差
高分组	5 362	178	270	131	29.7
中分组	5 005	166	219	118	23.6
低分组	4 060	135	176	74	26.6
总计	14 427	160			

如表 2 所示,高分组的形符总数为 5 362,平均值为 178。中分组的形符总数为 5 005,平均值为 166;低分组的形符总数为 4 060,平均值为 135。这意味着大多数学生可以达到 140—180 的字数要求。无论是总数、平均值、最大值或是最小值,数量从低分组到高分组都在增加。表 3 显示了形符总数与作文质量之间的相关性。

表 3　形符总数与作文质量之间的相关性

		N	S
N	Pearson Correlation	1	.604**
	Sig. (2 - tailed)		.000
	N	90	90
S	Pearson Correlation	.604**	1
	Sig. (2 - tailed)	.000	
	N	90	90

**. Correlation is significant at the 0.01 level (2 - tailed)

注:“N”代表形符总数

“S”代表写作质量

如表 3 所示,形符总数与写作质量之间存在正相关,并且该相关具有统计学意义($|r| = 0.604 > 0.5$ 和 $p = 0.00 < 0.05$)。这意味着在写作词数要求内,单词越多,得分越高。除了能反映词汇丰富性之外,单词的数量也反映了学生对待写作的态度以及构思的逻辑性。

表 4 列出了全部 90 篇作文中使用最频繁的实词。如表所示,三个组中的前五个最常用词都相同。每个组的其他常用词也都与作文主题相关,这意味着大多数学生在撰写文章时都能理解任务并抓住核心词。

表 4　最常用的实词

HG	Freq.	MG	Freq.	LG	Freq.
pets	194	pets	129	pets	113
people	100	pet	118	pet	92
pet	63	people	83	people	66
money	47	money	52	money	32
advantages	28	advantages	32	advantages	30
disadvantages	23	money	29	think	25

4.2　不同水平的文章中词汇丰富性的特征

根据前几章的讨论,在本研究中,词汇丰富性是从三个方面来衡量的,即词汇复杂度、词汇变化性和词汇密度。本节分析了不同水平文章中的词汇复杂度、词汇变化性和词汇密度。

4.2.1　词汇复杂度

从表5中可以看出，BASEWRD 1和BASEWRD 2中的单词是常用的高频词，非英语专业的学生倾向于使用前1 000个常用单词，尤其是低分组学生(83.97%、85.69%和86.70%)。但是，BASEWRD 3和BASEWRD 4中的学术用语使用不多。这是因为前1 000个常用单词简单易学易用，而学术单词则在拼写搭配等方面都要求作者有一定的英语知识储备，且非英专学生一般只是在课堂上学习这些单词，一般不会将其应用到实际写作中。大学生应加强使用能反映高水平语言能力的低频高级单词的能力。

表5　单词分布情况

词表	HG		MG		LG	
	形符/%	类符/%	形符/%	类符/%	形符/%	类符/%
1	4 729/83.97	625/64.10	4 289/85.69	519/69.20	3 520/86.70	512/73.88
2	637/11.31	198/20.31	528/10.55	129/17.20	408/10.05	107/15.44
3	156/2.77	96/9.85	108/2.16	68/9.07	71/1.75	48/6.93
4	110/1.95	56/5.47	80/1.60	34/4.53	61/1.50	26/3.75
总计	5 632	975	5 005	750	4 060	693

表6和图1是所有三组词汇复杂度的描述。所列的均值、最大值、最小值和标准偏差均以百分比表示。从表6和图1可以看出，高分组词汇复杂度的平均值和最小值均高于中分组，更高于低分组。这意味着词汇复杂度会随着写作分数的增长而增加。但是，就最大值而言，中分组的最高，其次是低分组，高分组的最大值反而是三个组里最低的。这种差异符合标准偏差值的暗示，高分组的分散度低于中分组和低分组。也就是说，与中低分组的学生相比，高分组的学生之间水平差异不大，旗鼓相当。

表6　词汇复杂度

LS%	高分组				中分组				低分组			
	M	MAX	MIN	S. D.	M	MAX	MIN	S. D.	M	MAX	MIN	S. D.
	4.8	9.8	1.5	2.0	3.9	12.6	1.0	2.2	3.1	11.5	0.6	2.1

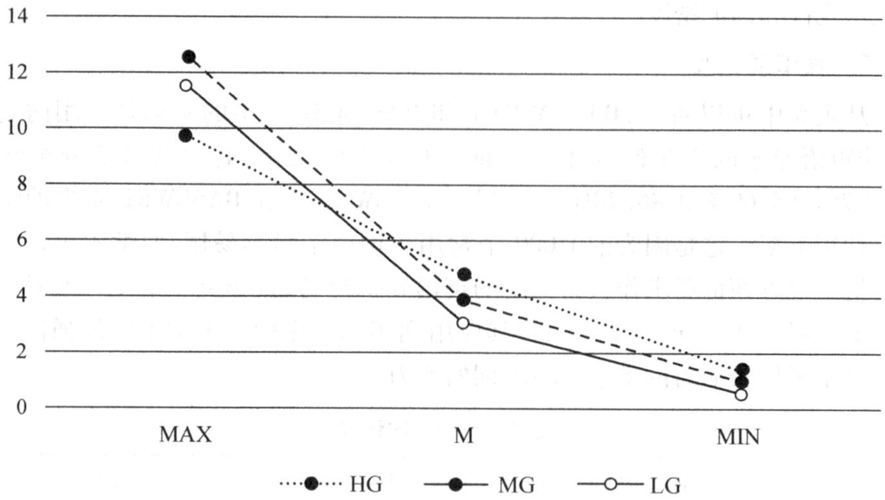

图1　词汇复杂度折线图

4.2.2　词汇变化性

在这项研究中,使用 Uber 指数来计算词汇变化性。表6清楚地描述了三个组的形符值、类符值以及词汇变化性,图2清晰地展示了三组词汇变化性的最大值、最小值和均值。

如表7和图2所示,形符和类符的最大值和平均值通常随写作分数的增高而增加。最小值却有所不同,中分组具有最高的最小值。至于词汇变化性,高分组的词汇变化性更大,表明高分组的学生比其他两组的学生能使用更多类型、更多样的词汇。

有趣的是,对于中分组和低分组来说,低分组的词汇变化性出乎意料地高于中分组。但是,如表8所示,Levene 检验显示出方差的均一性($F = 2.213$, $p = 0.142 > 0.01$),独立样本检验显示,中分组和低分组之间的词汇变化性差异并不显著($p = 0.761 > 0.05$)。

表7　形符、类符以及词汇变化性

		MAX	MIN	M	S. D.	Total
高分组	形符	270	131	187.7	29.7	5 632
	类符	148	79	110.8	12.8	975
	LV	31.5	18.0	23.1	2.7	18.5

（续表）

		MAX	MIN	M	S. D.	Total
中分组	形符	219	118	166.8	23.5	5 005
	类符	122	82	96.1	10.2	750
	LV	27.6	15.7	21.2	3.0	16.6
低分组	形符	176	74	135.3	26.6	4 060
	类符	109	50	82.6	14.5	693
	LV	26.6	17.3	21.4	2.2	16.9

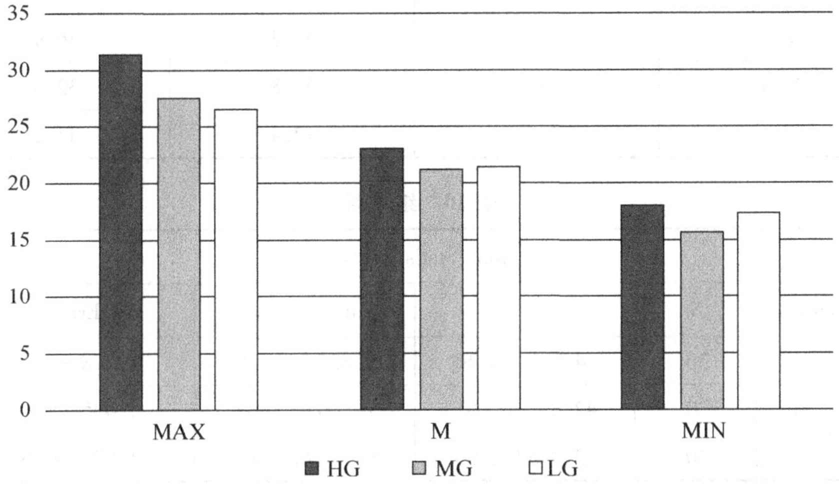

图 2　形符、类符以及词汇变化性柱形图

表 8　中分组和低分组的词汇变化性独立样本检验

Independent Samples Test										
		Levene's Test for Equality of Variances		T-test for Equality of Means						
		F	Sig.	t	df	Sig.（2-tailed）	Mean Difference	Std. Error Difference	95% Confidence Interval of the Difference: Lower	Upper
LV	Equal Variances Assumed	2.213	.142	-.306	58	.761	-.217 374 858	.711 142 797 0	-1.640 881 83	1.206 132 113
	Equal Variances Not Assumed			-.306	52.999	.761	-.217 374 858	.711 142 797 0	-1.643 747 13	1.208 997 409

这也表明词汇变化性可能会随文本长度的增加而略有减少,这与先前学者们的一些发现相呼应,即文本越长,作者重复的单词将越多,从而导致 TTR 降低(Read 2000)。

4.2.3 词汇密度

TreeTagger 用于标记每个样本中单词的词性,AntConc 则基于 TreeTagger 标签集计算实词的数量。借助 Excel,可以计算词汇密度。表 9 和表 10 描述了词汇密度,表中所有数字均以百分比表示。

表 9 词汇密度

%	HG	MG	LG
MAX	67.9	59.3	56.9
MIN	24.3	25.8	32.3
M	44.7	42.4	43.2

表 10 组数据

Group Statistics(%)					
Group		N	Mean	Std. Deviation	Std. Error Mean
LD	HG	30	44.709 137 46	9.853 262 549	1.798 951 388
	MG	30	42.413 965 61	7.860 635 844	1.435 149 189
	LG	30	43.175 905 06	6.626 604 986	1.209 847 010

从上表可以看出,三组的词汇密度平均值分别为 44.7%、42.4% 和 43.2%。高分组的学生比其他组的学生倾向于使用更多的实词。词汇密度的最大值随着分数的增长而增加。但值得一提的是,中分组的词汇密度(42.4%)低于低分组的词汇密度(43.2%)。为了详细说明中分组和低分组中词汇密度的差异,并确保以下结果的可靠性,本研究对此进行了独立样本测试。表 11 显示了中分组和低分组词汇密度的独立样本测试结果。

表 11　中分组和低分组词汇密度的独立样本测试

Independent Samples Test

		Levene's Test for Equality of Variances		T-test for Equality of Means						
				t	df	Sig. (2-tailed)	Mean Difference	Std. Error Difference	95% Confidence Interval of the Difference	
		F	Sig.						Lower	Upper
LD	Equal Variances Assumed	.330	.568	-.406	58	.686	-.761 9	1.877 1	-4.519 298 593 361 62	2.995 4
	Equal Variances Not Assumed			-.406	56.387	.686	-.761 9	1.877 1	-4.521 588 418 216 11	2.997 7

如表 11 所示，Levene 检验显示出方差的均一性（$F = 0.330$，$p = 0.568 > 0.05$），独立样本检验显示中分组和低分组词汇密度之间无显著差异（$p = 0.686 > 0.05$）。此外，需要再次提及的是，受文本长度的影响，词汇密度的值可能会减小。

4.3　词汇丰富性与写作质量的相关性

词汇丰富性与写作质量之间的关系一直是学者们争论的焦点。本研究的第三个问题是词汇丰富性的三个维度与写作质量之间的关系。

4.3.1　词汇复杂度和写作质量的相关关系

词汇复杂度在一定程度上代表了学习者使用高级词汇表达思想的能力。Read（2000）指出词汇复杂度是指第二语言学习者在整个文本中使用的相对不常见或高级的单词的比例，而不是常用单词的比例。根据鲍贵（2008:40），“词汇复杂度反映在文本低频词的使用上”。具有大量词汇的学习者可以比具有少量词汇的学习者使用更多的低频词，并且不受常用词的限制。低频词汇不是学习者在一定水平上能掌握的词汇。因此，写作中低频单词的使用率可以反映出学习者的生产词汇量和词汇复杂度的相对大小。下表显示了相关性分析的结果。

表 12 词汇复杂度和写作质量的相关关系

		LS	WQ
LS	Pearson Correlation	1	.234*
	Sig. (2-tailed)		.027
	N	90	90
WQ	Pearson Correlation	.234*	1
	Sig. (2-tailed)	.027	
	N	90	90

*. Correlation is significant at the 0.05 level (2 - tailed)

注:"LS" 代表词汇复杂度

"WQ" 代表写作质量

表 12 显示了词汇复杂度与写作质量之间存在正相关($r = 0.234 > 0.1$, $p = 0.027 < 0.05$)。这在某种程度上意味着作文的词汇复杂度越高,得分将越高。本研究结果与 Laufer(1994)的发现相符。在他的研究中,最常用的单词不能有效地区分不同阶段学习者写作质量的差异,在写作测试中,学生使用高频词汇的频次远远高于低频词汇。考虑到影响词汇复杂性的因素,教师们应鼓励学生使用更高级和更复杂的词汇,来展示自己更高层次的语言水平,提高词汇复杂性,从而获得较高的分数反馈。

4.3.2 词汇变化性与写作质量的相关关系

词汇变化性表示学生倾向于在作文中使用更多样化的词。Read(2000)认为,词汇变化性指的是各种不同的词,而不是词组中重复使用的词的总数。张晓东(2018)认为,词汇变化性可以用于评估学习者词汇使用和输出中词汇变化的特征。词汇变化性可能是评估学习者词汇能力的重要指标,因为较多样化的词汇反映出学习者在使用单词进行自我表达时表现更好。词汇量大的学习者倾向于使用不同的单词来表达他们想要表达的内容,例如经常使用同义词和下位词以及其他相关词汇来避免重复。

表 13 清楚地显示了词汇变化性与写作质量之间的相关性。可以看出,词汇变化性与写作质量之间存在正相关($r = 0.227 > 0.1$, $p = 0.031 < 0.05$)。在某种程度上,这项研究的结果与 Engber(1995:149)的研究结果一致。在他的研究中,"词汇变化性与写作质量之间存在显著的正相关"。也就是说,词汇使用的种类越多,得分将越高。因此,在写作时,学生应注意使用不同的词汇。

表 13　词汇变化性与写作质量之间的相关性

		LV	WQ
LV	Pearson Correlation	1	.227*
	Sig.（2-tailed）		.031
	N	90	90
WQ	Pearson Correlation	.227*	1
	Sig.（2-tailed）	.031	
	N	90	90

*. Correlation is significant at the 0.05 level（2 - tailed）

注："LV"代表词汇变化性

"WQ"代表写作质量

4.3.3　词汇密度和写作质量的相关关系

Ure(1971)认为，词汇密度是指实词的数量除以文本中单词总数的比例。实词传递了大量信息，实词的数量越多，词汇密度将越大。词汇密度从信息承载能力的角度解释词汇丰富性。表 14 显示了词汇密度与写作质量之间的相关性。

从表中可以看出，词汇密度与写作质量之间没有显著相关性($r = 0.119$, $p = 0.263 > 0.05$)。该结果与 Engber(1995)、鲍贵(2008)以及朱慧敏、王俊菊(2013)的研究一致。他们发现，学生有效地掌握实词可能需要很长时间，并且词汇密度和写作质量之间没有显著相关性。如果学生在文章的多个位置使用相同的实词，尽管文章的词汇密度很高，但它无法解释文章要传递的大量信息，并且不一定反映出词汇量的广度。但是也有很多学者，例如，张生莉(2018)发现词汇密度与写作质量之间存在显著相关性。

表 14　词汇密度与写作质量之间的相关性

		LD	WQ
LD	Pearson Correlation	1	.119*
	Sig.（2-tailed）		.263
	N	90	90
WQ	Pearson Correlation	.119*	1
	Sig.（2-tailed）	.263	
	N	90	90

*. Correlation is significant at the 0.05 level (2-tailed)

注:"LD" 代表词汇密度

"WQ" 代表写作质量

总之,借助 Excel 和 SPSS、Pearson 相关性的结果表明,词汇复杂度和词汇变化性与写作质量呈正相关,而词汇密度与写作质量之间则无显著相关性。

5 结语

这项基于自建语料库的研究调查了 90 名非英语专业学生英语作文中的词汇丰富性。本研究的重点是词汇丰富性的三个维度,即词汇复杂度、词汇变化性和词汇密度,以及词汇丰富性与写作质量之间的相关性。

首先,非英语专业的学生在写作时倾向于使用更多的常用单词,并且文本长度和写作分数之间存在显著的相关性。在字数要求范围内,字数越多,分数越高。其次,本研究探讨了不同水平作文中词汇丰富性的特征。关于词汇的复杂度,它具有随着写作水平增长而增加的趋势。学生应注意尽量使用更复杂和更高级的单词;至于词汇变化性,高分组作文也具有最高值,低分组的词汇变化性出乎意料地高于中分组,但是两组之间的差异并不显著;高分组作文具有最高的词汇密度,但在中分组和低分组中,词汇密度随着分数的增加而降低,但差异并不显著。最后,该研究探讨了词汇丰富性与写作质量之间的关系。根据研究结果可知,在词汇复杂度和词汇变化性上,写作丰富性与写作质量成正相关,而在词汇密度方面,词汇丰富性与写作质量之间无显著相关。作文高级词汇和词类多样性的使用程度是影响非英语专业学生英语写作分数的重要因素,使用程度越高,得分越高;但实词使用的数量并不是影响非英语专业学生写作分数的重要因素。因此在学习英语的过程中,非英语专业学生应该注重积累一些高级词汇,在写作中要灵活使用各种词类提高写作分数和写作质量。

基于以上发现,本研究对第二语言教学提出了一些建议。首先,教师和学生应更加关注词汇丰富性及其维度。除了结构组织、内容和语法外,教师在评估作文时还应强调词汇丰富性。如果学生提高了对词汇丰富性重要性的认识,他们也会自觉地在作文中使用更多样的词汇。此外,教师应鼓励学生使用更高级和更复杂的单词,避免过度使用常用的高频词汇。对于非英语专业的学生来说,学会使用高级学术词汇来完成更高质量的学术论文也是非常重要的。教师还应向学生强调单词多样性的重要性,非英语专业学生倾向于过度重复有限数量的单词,英语专业学生也是如此,尤其是四年级学生,词汇变化性较小(朱慧敏、王俊菊 2013)。因此,在英语教学中,教师应适当调整教学重点,引导学生注意单词的变化,并鼓励学生积累一些同义词、下义词等,注意词汇的代替使用。学生也应该阅读更多的英语报纸或杂志,尤其是与其专业相关的报纸或杂志,以扩大词汇量。

尽管有上述发现和启示,但本研究也有一些局限性影响了研究结果。一方面,样本量会影响最终结果。由于个人知识和时间的限制,研究样本仅为 90 个,相对较小,且所有参与者均来自同一所大学。因此,在将来的研究中,研究者可从各地不同高校收集更大数量的样本,以获得更有价值和更具代表性的结果。另一方面,由于个人能力有限,本研究仅关注了词汇丰富性的三个维度,期望在未来的研究中,可以将词汇丰富性的其他维度(如词汇独创性和词汇错误)纳入词汇丰富性的研究过程中。

参考文献

[1] Daller, H., Hout, R. & Daller, T. J., 2003. Lexical richness in the spontaneous speech of bilinguals [J]. *Applied Linguistics*, 24 (2): 197 - 222.

[2] Engber, C., 1995. The relationship of lexical proficiency to the quality of ESL composition [J]. *Journal of Second Language Writing*, 4(2): 139 - 155.

[3] Ineke, V. & V. Benigno, 2016. Lexical Richness and Collocational Competence in Second-language Writing [J]. *International Review of Applied Linguistics in Language Teaching*, 45 (1):23 - 42.

[4] Laufer, B., 1991. The development of L2 lexis in the expression of the advanced learner [J]. *The Modern Language Journal*, 75(4): 440 - 448.

[5] Laufer, B., 1994. The Lexical Profile of Second Language Writing: Does It Change Over Time [J]. *RELC Journal*, 25(2): 21 - 23.

[6] Laufer, B. & Nation, I. S. P., 1995. Vocabulary size and use: Lexical richness in L2 written production [J]. *Applied Linguistics*, 16(3): 307 - 322.

[7] Linnarud, M., 1986. *Lexis in Composition: A Performance Analysis of Swedish Learners' Written English* [M]. Lund: University of Lund.

[8] Lu, X. F., 2012. The Relationship of Lexical Richness to the Quality of ESL Learners' Oral Narratives [J]. *The Modern Language Journal*, 96(2): 190 - 207.

[9] Nation, I. S. P. & Coxhead, A., 2002. RANGE [DB/OL], *http://www.victoria.ac.nz/lals/staff/Paul_Nation.*

[10] Read, J., 2000. *Assessing Vocabulary* [M]. Cambridge: Cambridge University Press.

[11] Ure, J., 1971. Lexical density and register differentiation[A]. In G. E. Perren & I. L. M. Trim (eds.). *Applications of Linguistics* [C]. Cambridge: Cambridge University Press,

443 - 452.

[12] Wilkins, D., 1972. *A Linguistics in Language Teaching* [M]. London: Edward Arnold Ltd.

[13] Zareva, A., Schwanenflugel, P. & Nikolova, Y., 2005. Relationship between lexical competence and language proficiency: Variable sensitivity [J]. *Studies in Second Language Acquisition*, 27(4): 567 - 595.

[14] 鲍贵,2008. 二语学习者作文词汇丰富性发展多纬度研究[J]. 外语电化教学,(05): 38 - 44.

[15] 崔炫俊,2019. 非英语专业学生写作词汇丰富性的性别差异研究[J]. 蚌埠学院学报, 8(01):70 - 74.

[16] 宁聚星,2019. 英语专业研究生写作词汇丰富性发展个案研究[D]. 硕士论文,长沙:湖南师范大学.

[17] 万丽芳,2010. 中国英语专业大学生二语写作中的词汇丰富性研究[J]. 外语界,(01): 40 - 46.

[18] 张生莉,2018. 词汇丰富性与高中限时英语写作质量相关性研究[D]. 硕士论文,伊犁: 伊犁师范学院.

[19] 张晓东,任娇娇,2018. 二语即时作文高低分组词汇丰富性对比研究[J]. 北京第二外国语学院学报,40(04):41 - 52.

[20] 朱慧敏,王俊菊,2013. 英语写作的词汇丰富性发展特征——一项基于自建语料库的纵贯研究[J]. 外语界,(06):77 - 86.

[21] 朱清,2018. 博士生议论文写作中的词汇丰富性研究[D]. 硕士论文,南京:南京大学.

附件1：作文题目

2018年全国英语竞赛初赛(C级)
2018 National English Competition for College Students
(Level C-Preliminary)

Part Ⅷ Writing

Section B

Nowadays, people spend a lot of money on their pets. They buy special food for their cats or dogs, buy them toys and often pay high fees for medical treatment. Some people think this is a waste of money, and argue that pets are dirty and dangerous.

What are the advantages and disadvantages of having a pet? Write an essay in about ***180 words*** to state your opinions on the ***answer sheet.***

附件2：Stop List

CHINA

1/2

附件 3:TreeTagger 标签集

CC	Coordinating conjunction
CD	Cardinal number
DT	Article and determiner
EX	Existential there
FW	Foreign word
IN	Preposition or subordinating conjunction
JJ	Adjective
JJR	Comparative adjective
JJS	Superlative adjective
LS	List item marker
MD	Modal verb
NN	Common noun, singular or mass
NNS	Common noun, plural
NP	Proper noun, singular
NPS	Proper noun, plural
PDT	Predeterminer
POS	Possessive ending
PP	Personal pronoun
PP $	Possessive pronoun
RB	Adverb
RBR	Comparative adverb
RBS	Superlative adverb
RP	Particle
SYM	Symbol
TO	to
UH	Exclamation or interjection
VB BE	Verb, base form (be)
VBD	Past tense verb of BE (was, were)

（续表）

VBG	Gerund or present participle of BE verb (being)
VBN	Past participle of BE verb (been)
VBP	Present tense (other than 3rd person singular) of BE verb (am, are)
VBZ	Present tense (3rd person singular) of BE verb (is)
VD DO	Verb, base form (do)
VDD	Past tense verb of DO (did)
VDG	Gerund or present participle of DO verb (doing)
VDN	Past participle of DO verb (done)
VDP	Present tense (other than 3rd person singular) of DO verb (do)
VDZ	Present tense (3rd person singular) of DO verb(does)
VH HAVE	Verb, base form (have)
VHD	Past tense verb of HAVE (had)
VHG	Gerund or present participle of HAVE verb (having)
VHN	Past participle of HAVE verb (had)
VHP	Present tense (other than 3rd person singular) of HAVE verb (have)
VHZ	Present tense (3rd person singular) of HAVE verb (has)
VV	Lexical verb, base form (e. g. live)
VVD	Past tense verb of lexical verb (e. g. lived)
VVG	Gerund or present participle of lexical verb (living)
VVN	Past participle of lexical verb (lived, shown)
VVP	Present tense (other than 3rd person singular) of lexical verb (live)
VVZ	Present tense (3rd person singular) of lexical verb (lives)
WDT	Wh-determiner
WP	Wh-pronoun
WP $	Possessive wh-pronoun
WRB	Wh-adverb

汉语和英语对德语语法习得的负迁移作用
——以德语专业低年级学生限时作文为例

马梓源

摘　要:本文以三语习得为出发点,以语言对比分析和偏误分析为理论基础,以 29 篇德语专业低年级学生的限时作文作为研究语料,将学习者的中介语在形态句法和句法层面上分别同英语和德语进行对比分析,以及分析错误原因,揭示 L1 汉语和 L2 英语在德语语法习得中的负迁移作用,得出以下两个结论:(1)在对比分析中,汉语相对德语存在很多"零范畴",因而汉语负迁移造成的偏误多与"缺失"相关,而英语负迁移则多与"误用"相关;(2)从负迁移整体比例来看,德语初学者受 L1 汉语负迁移的影响更大。

关键词:三语习得;语言负迁移;对比分析;错误分析

1　引言

近二十年来,三语习得的特殊性得到重视,并逐渐从二语习得研究范式中独立出来,该领域的核心问题为,学习者先前掌握的语言知识对三语习得有着怎样的影响,即语言迁移(linguistic transfer)(Rothman *et al.* 2020)。目前,三语迁移研究主要集中在国外,国内在这一领域的讨论至今仍十分不足。国内有关以英语作为目的语的二语负迁移研究已有不少,三语负迁移研究仍很有限,且大多是对国外研究的介绍和理论阐释,实证研究十分匮乏。

目前国内很多非通用语种的学习者均以英语为第一外语(L2),而相应非通用语种作为第二外语(L3)。这意味着在 L3 学习过程中学习者面临着母语汉语(L1)和英语(L2)两种语言思维惯式的影响。本文选取德语作为 L3 进行研究,以德语专业本科低年级学生为研究对象，分析其在限时写作过程中产生的偏误。本文关注语法层面上的负迁移，并把语法层面分为形态句法和句法层面两大类进行讨论，归纳分析由汉语和英语负迁移在这两个层面上造成的典型偏误。

2 理论背景

2.1 语言迁移、对比分析和偏误分析

语言迁移指学习者母语和其他语言知识之间的相互影响，既可以是过程，又可以是结果，既包括正迁移，也包括负迁移（蔡金亭 2015）。Kohn（1986：21－22）认为可以从以下三个角度理解语言迁移：（1）结构化迁移潜能（structural transfer potential），即母语和目的语之间的相同或不同点为语言迁移提供了潜在可能性；（2）结构化迁移模式（structural transfer pattern），这一模式产生学习者母语和中介语的对比；（3）迁移过程（transfer as process），这一视角从关注学习者的产出转向关注思维过程。

判断语言迁移的传统方法是对比分析，它关注的是"结构化迁移潜能"（structural transfer potential）。该理论的产生受行为主义和结构主义的影响，最先由查尔斯·弗莱斯（Charles Fries）提出，并由拉多（Lado）在 *Linguistics across Cultures* 一书中进行了最初表述。该理论认为母语负迁移是二语偏误产生的主要原因，通过对比母语和目的语并分析差异可以预测学习难度，进而预测偏误产生的可能性。对比分析有描写、选择、对比和预测四个步骤。对比的结果大致有 5 种，分别对应不同的难度等级，且等级越高越易引发负迁移（Gass & Selinker 2001）。

表 1　对比分析与难度等级

难度等级	母语和目的语的关系	举例
1（最简）	两种语言中某范畴相同	汉语和英语的语序都是"S＋V＋O"
2	母语中两个语言项目在目的语合并为一项（同化）	汉语"跟""以"等词对应德语介词 mit
3	母语中的某个范畴不存在于目的语中	德语没有汉语的量词系统
4	目的语的某个范畴不存在于母语中	汉语没有德语的屈折变化
5（最难）	母语中的一个语言项目在目的语中分成两个以上的语言项目（分化）	汉语介词"在"可对应德语介词 an、in 等

对比分析理论用于比较学习者的母语和目的语的语言系统,并强调可以通过比较来预测学习者的语言系统,但这种预测往往并不成功。随着外语教学研究的深入发展,对比分析的局限性逐渐凸显出来。人们开始加强对学习过程的关注,即从“预测偏误”转向“分析偏误”。对比分析理论可分为强势说(强调预测功能)和弱势说两种观点,后者类似于偏误分析,认为对比的功能在于解释偏误的原因。

偏误分析关注“结构化迁移模式”(structural transfer pattern),即关注母语和中介语的关系。偏误分析理论在“The Significance of Learners' Errors”(Corder 1967)一文中得到确立,包括收集语料、找出错误、描述错误、解释错误和评估五个步骤。相较于对比分析先验地认为母语负迁移会对学习者产生一些影响,偏误分析则从客观的语料出发。对比和偏误分析两种理论并不相互排斥,而是互相补充,对比分析为偏误分析提供了语言学理论基础(高远 2002)。

2.2 三语习得视域下的语言迁移

对比分析和偏误分析均是在二语习得视域下提出的。二语习得狭义上指第一外语的习得,广义上也可指习得母语后的外语学习过程,三语习得因此也可以看作是二语习得理论框架内的一种特例。近年来人们注意到,三语习得其实比狭义的二语习得要复杂得多,其中会出现很多母语和二语习得中不会出现的语言现象,认为应将三语习得作为不同于二语习得的学习过程来对待(Flynn *et al.* 2004)。

目前,三语迁移研究主要集中在国外,国内在这一领域的讨论至今仍十分不足。据统计,2003 至 2018 年国外三语句法迁移研究热度稳步上升,92 项实证研究中共涵盖对 25 种语言的讨论,目前共产生以下 6 个迁移模型(Rothman *et al.* 2020)。

表 2　三语习得语言迁移模型

语言迁移模型	迁移源	迁移类型①	主要观点
一语主导假说 The Default L1 Transfer Scenario	只 L1	+/-	三语的初始状态是一语;一语是最稳定、最可靠的
二语主导模型 The L2 Status Model (Bardel & Falk 2007, 2012)	只 L2	+/-	二语对三语习得产生主导影响作用,尤其是在初始阶段

① 本表内“正迁移”(positive transfer)代号为“+”,“负迁移”(negative transfer)代号为“-”。

（续表）

语言迁移模型	迁移源	迁移类型	主要观点
累积强化模型 Cumulative Enhancement Model （Flynn *et al.* 2004）	L1 和 L2	+	三语习得是一种累积效应，任何一种先前习得的语言都能增强后续语言的习得且只存在促进作用
类型近似模型 Typological Primacy Model （Rothman 2010，2011，2013，2015）	L1 和 L2	+/-	句法加工器（parser）识别出的表层结构相似性会影响三语的句法发展。受认知经济原则的驱动，语言相似度越高，对三语影响越大
语言近似性模型 Linguistic Proximity Model （Westergaard *et al.* 2017）	L1 和 L2	+/-	三语习得中语言迁移并非源于宏观层面上语言类型的相近，而是取决于微观层面具体的语法结构之间的相似度
手术刀模型 Scalpel Model （Slabakova 2016）	L1 和 L2	+/-	在 L3 习得中，L1 和 L2 迁移均不具有主导地位，被激活的一语和二语的语法可能性相互融合，像一把手术刀，使语言迁移具有选择性

其中，一语主导假说和二语主导模型的支持者相对较少，其他模型均认为三语习得中一语和二语均有可能触发语言迁移。此外，累积强化模型的“只存在促进性迁移”这一观点没有得到广泛认同。目前主流观点认为，非促进性迁移必定存在于语言习得过程中（Rothman *et al.* 2020）。

类型优先模型（Rothman 2015）认为在三语习得中有一个短暂的初始阶段，母语与二语系统同时可及，但句法加工器（parser）会很快对相关语言的结构相似性进行判断，如有相似性，受认知经济原则的驱动，则该语言信号（linguistic cues）就会被迁移到三语的初始状态，且该模型坚持整体迁移，而其他三个模型都承认迁移随具体属性而有变化。

语言相近模型（Westergaard *et al.* 2017）吸收了累积强化模型和类型优先模型的部分观点。认为三语习得中的语言迁移并不取决于宏观层面上 L3 与 L1、L2 在类型学上的相似度，而前两种语言与三语之间在微观层面上某些语言属性（linguistic properties）上的相似性是迁移发生的主要成因。该模型认为，如果学习者分析三语输入后，发现 L3 输入与 L1 和 L2 在对应属性上具有结构相似性，就会发生促进作用；但当学习者错误地分析了三语输入，反之就会发生非促进性影响。手术刀模型（Slabakova 2016）认为，语言迁移是有选择性的，即便是针对 L3 某一特定的语法项目，也是由 L1 和 L2 相互融合形成的语法可能性

(grammatical possibilities)触发迁移。

许多国内语言迁移研究的局限性在于,孤立地分析一语或者二语对语言习得的影响。然而通过国外近几年的研究可以看到,在进行负迁移研究时势必须将先前习得的所有语言考虑在内。鉴于此,本文将同时分析汉语和英语两种语言对德语习得的负迁移作用。

3 研究设计

3.1 研究问题

本文的研究问题主要有二:

(1) 从偏误类型来看,L1 汉语和 L2 英语的负迁移作用分别是导致哪些偏误类型的潜在因素?

(2) 从偏误数量来看,L1 汉语和 L2 英语的负迁移作用整体上哪一个对于德语初学者的影响更大?

3.2 受试

负迁移最常出现在语言习得的初级阶段,经过一段时间的学习后,学习者对新语言系统的熟悉程度随之增高,在语言输出时会更加有意识避免负迁移错误的产生。此外,影响迁移的因素很多,除语言层面外还有学习者个人层面上的因素,如语言水平(Hammarberg 2001; Ringbom 2001; Tremblay 2006)、语言新近使用程度(Hammarberg 2001)和语言习得年龄(Cenoz 2001)等。为了尽可能控制上述变量,笔者选取某大学德语专业第三学期的 29 名学生为受试者。全体受试人员无高起点德语学习者,均为英语为第一外语、德语为第二外语的学习者,来自同一班级,拥有同样的德语教学环境,德语和英语的新近使用程度和习得年龄相仿,语言水平相差不大。

3.3 语料收集

处于语言学习初级阶段的学习者,由于很多知识还未程序化,在必须产出的压力下肯定会下意识激活原先的语言知识(刘玲玉 2015)。鉴于此,为了放大语言迁移这一因素在偏误产出中的潜在可能性,本文采取限时作文的研究方法。限时作文具有语料搜集方便、快捷,易于控制其他变量的好处(曾祥敏 2010)。本文研究中,受试者需在约 20 分钟内当堂完成统一布置的写作任务,作文题目为：

你的德国语伴 Jonas 好奇中国的大学生活如何。你在学校每天压力大不大？过得还好吗？此外，下个学期你有去德国交换的机会，请你也给 Jonas 写一封电子邮件询问你的语伴关于德国大学生活的情况。

本研究选取贴近大学生生活和适应其当前语言水平的写作话题，且不能借助其他资料，尽量保证了真实自然的语料输出。

3.4 语料处理

根据前文所述的理论框架，本文主要从以下两个方面进行分析：(1) 通过错误分析判断结构化迁移模式，即对比德语和学习者的中介语；(2) 通过对比分析判断结构化迁移潜能，即对比 L1 汉语和 L3 德语，以及 L2 英语和 L3 德语。

在以往错误分析研究中，不同学者对错误类型的划分不尽相同，许多划分方式很容易出现词汇、形态和句法等层面分类的冲突和杂糅。为了更清晰地进行分析，本文将语法层面区分为形态句法(morphosyntax)和句法两个层面。形态句法关注词素和句法之间存在的形式—功能关系(Form-Funktions-Zusammenhang)，二者关系紧密，很难割裂开来(Linke *et al.* 2004)。形态句法偏误指承载句法功能的词语中出现的形态学偏误，如屈折变化和支配关系的偏误等。而句法层面的偏误只关注句子成分(Satzglied)、语序和句子结构，如主语缺失和从句结构残缺等。

4 结果与分析

在收集到的 29 篇习作中共鉴别出 329 处偏误，分为正字法偏误、语义偏误、形态句法偏误、句法偏误和其他偏误。由下表可见，形态句法偏误占比最大，广义语法层面上的形态句法和句法偏误总和占所有偏误的一半。

表 3 各类偏误占比统计

类型	占比	类型	占比
正字法偏误	12%	语义偏误	26%
形态句法偏误	38%	其他	6%
句法偏误	18%	总计	100%

4.1 形态句法偏误

语料中出现的形态句法层面的偏误可分为5类,各类占比见下表:

表4 各类形态句法错误统计

类型	占比	类型	占比
冠词性词类	11%	支配关系	19%
介词	11%	反身和可分动词	8%
屈折变化	51%		

(1) 冠词性词类偏误

冠词性词类包括冠词(如德语定冠词 *der*、*das*、*die* 以及不定冠词 *ein-*)、形容词性指示代词(如 *dies-*等)、形容词性物主代词(如 *mein*、*dessen* 等)、形容词性疑问代词(*welch-*)以及形容词性不定代词(*kein*、*mehrere* 等)(钱文彩 2006)。样本中出现的冠词性词类的偏误包括:缺失、错误使用和否定词偏误(冠词性词类自身的变格错误不算在此类偏误中,将在变格类偏误一节讨论)。一般来讲,汉语并不具备严格意义上的冠词性词类系统(王力 2014),根据对比分析理论,冠词性词类缺失的偏误有汉语负迁移因素的影响,例如:

*[…], wenn ich $Ø_{PP}$Deutsch verbessern möchte. (样本1)

[…], wenn ich **mein**$_{PP}$ Deutsch verbessern möchte.

[…], 如果我想提高{$Ø_{PP}$/$^{??}$我的$_{PP}$}德语。

英语中冠词性词类的使用场合也与德语不尽相同,在有些英语表达中并不需要像德语有前置冠词性词类,英德之间的差别也会成为负迁移的诱因之一,例如:

*[…] schlafe ich ganzen Tag. (样本15)

[…] schlafe ich **den**$_{Def.\ Art.}$ ganzen Tag.

I sleep all (***the**$_{Def.\ Art.}$) day.

此外,德语冠词性词类中的否定词的偏误也值得引起重视,且否定词的使用在这三种语言中存在分化现象:

表5　汉语、英语和德语中的否定词使用

汉语	英语	德语
没/不/无……	no/（do）not	kein（用于加不定冠词或零冠词的名词前）
		nicht（用于否定整个句子、词组或单个词）

鉴于此，学生很容易将英语中的no同德语中的kein以及英语中的not同德语中的nicht进行混淆导致负迁移，例如：

*[…]，sonst habe ich **nicht** Kraft，den Unterricht haben.（样本10）
[…]，sonst habe ich **keine** Kraft，um den Unterricht zu haben.
[…]，otherwise I have **no/don't** have strength to have classes.
[…] 否则我没力气去上课。

（2）介词偏误

介词使用偏误包括介词的缺失和错误使用。英德和中德在介词系统这一范畴既出现了分化又出现了同化现象（英德介词的分化现象：*at - in/an/bei*、*from - aus/von*等；同化：*to/into/at - zu*、*with/by - mit*等；中德介词分化："从"- *aus/von*等、"在" - *in/bei/an/zu*，同化："为/向/在" - *zu*、"跟/以" - *mit*等），由此可引发负迁移，如：

*__In__ der Uni kenne ich viele Leute lernen.（样本6）
__An__ der Uni kenne ich viele Leute lernen.
我在学校里认识了许多人。（"在"和in/bei/an/zu的分化现象）
Ich bin immer glücklich，wenn ich **mit** meinen Freunden bin.（样本25）
Ich bin immer glücklich，wenn ich **unter** meinen Freunden bin.
I am always happy when I am **with** my friends.
我跟朋友在一起的时候总是很开心。（"跟/以"以及with和mit的同化现象）

值得注意的是，由于汉德之间语言类型距离较大，两种语言的介词在有些情况下很难在同一层面上进行比较，如一些汉语介词具有动词或形容词的特点，同时德语中一些介词短语的汉语对应表达中并不具有介词。汉语介词系统并不与英德的相对应，也可视作为汉语中的零范畴。这一差异可以导致母语负迁

移,如:

* das Austauschprogramm an der Uni Vechta Ø-kommenden Studienjahr (样本 14)

das Austauschprogramm an der Uni Vechta **im** kommenden Studienjahr

Ø-明年费希塔大学的交换项目

(3) 屈折变化偏误

屈折变化在汉语中属于零范畴,因而也是使德语和英语区别于汉语的显著特点之一。屈折变化可分为变格和动词变位两类。英德语中虽均有变格这一语法现象(如名词复数形式的变化),但英语中变格不涉及德语中出现的阳性弱变化、形容词和形容词性不定代词的变格,因而与德语的变格系统仍有较大差别。统计发现,复数变格的偏误多体现在变格的缺失,这种缺失现象可追溯到汉语的负迁移;而阳性弱变化、形容词和形容词性不定代词的变格的缺失受英语和汉语两种语言思维式的影响,如:

* Die Buchstabe-$Ø_{Sg.}$ sind gleich. (样本 2)

Die Buchstabe-$\mathbf{n}_{Pl.}$ sind gleich.

字母-$Ø_{Pl.}$ 相同。

* [···], dass du an der berühmt-$\mathbf{e}_{FEM,\ NOM}$ Universität studierst. (样本 20)

[···], dass du an der berühmt-$\mathbf{en}_{FEM,\ ACC}$ Universität studierst.

[···], thatyoustudy at the famous-Øuniversity.

你在一所有名的-Ø 大学学习

此外,变格偏误还可以来自名词词性的偏误。词性这一语法范畴在汉语和英语中均属于零范畴,在这一语法层面也会产生来自汉语和英语的负迁移,如:

* Vielen Dank für dein-$\mathbf{e}_{FEM,\ ACC}$ Brief. (样本 13)

Vielen Dank für dein-$\mathbf{en}_{MAS,\ ACC}$ Brief.

另一类屈折变化现象为动词变位。同变格类似,德语中的动词变位相较于英语也存在分化现象故而更为复杂,同时在汉语中属于零范畴,所以此类偏误也

可来自英汉两种语言的负迁移,如:

*[…], weil ich mein Studium interessant finden-$Ø_{INF}$.(样本 11)

[…], weil ich mein Studium interessant find-$\mathbf{e}_{1.\ Pers.,\ Sg.}$.

[…], because I find-$Ø_{1.\ Pers.,\ Sg/\ INF}$ my studies interesting.

因为我觉得-Ø 我的学业有趣。

(4) 支配关系偏误

支配关系可分为动词、形容词的支配关系以及介词的支配格,汉语中没有这一范畴(王力 2013)。相对于德语和英语而言,汉语中的及物性具有动态性,论元结构中一些论元是否隐现,不影响句式的合格度和整体的涵括义(魏红、朱军 2009),这种差异可导致汉语负迁移造成的支配关系的缺失,如:

*Ich möchte um ein paar Informationen über diese Uni **bitten.**(样本 26)

Ich möchte {**dich**/ ***e**} um ein paar Informationen über diese Uni **bitten.**

I would like to **ask** {**you**/ ??**e**} for some information about this university.

我想请教一下{你/e}这所大学的一些情况。

*[…] [$_{NP}$das Programm] **teilnehmen** […](样本 8 & 19)

[…] [$_{PP}$an dem Programm] **teilnehmen** […].

[…]take part [$_{PP}$in this program].

[…]参加[$_{NP}$这个项目]。

此外,英语中虽然具有与德语可比性很强的介词系统,但并不具有德语中的介词支配格这一语法范畴,故而这一语法项目在英语和汉语中均属于零范畴,由此可导致负迁移,如:

*in ein-$\mathbf{e}_{FEM,\ NOM}$ Woche(样本 8)

in ein-$\mathbf{er}_{FEM,\ DAT}$ Woche

in a-Øweek/在一-Ø 周内

*Die Wörter in $\mathbf{die}_{FEM,\ NOM}$ Wortliste sind viel zu viel.(样本 21)

Die Wörter in $\mathbf{der}_{FEM,\ DAT}$ Wortliste sind viel zu viel.

The words in the-ØWord list are far too many. /Ø-词汇表中的单词太多了。

(5) 反身和可分动词偏误

反身动词和可分动词是德语中特殊的动词形式。英语中虽具有反身代词，但仍不具有德语中的“真反身动词”(inherently reflexive verb)概念,如下面两个例子中,英德对应的动词十分相似,但德语均为“真反身动词”,来自英语的负迁移影响会造成反身代词省略的偏误,如:

*Weil du für mein Studiumleben **interessierst**, [⋯]. (样本 22)

Weil du **dich**$_{\text{REFL}}$ für mein Studiumleben **interessierst**, [⋯].

Because you are **interested**$_{\text{øREFL}}$ in my school life, [⋯].

*So **fühle** ich sehr traurig und stressig. (样本 25)

So **fühle** ich **mich** $_{\text{REFL}}$ sehr traurig und stressig.

So I **feel**$_{\text{øREFL}}$ very sad and stressful.

由于英语中不存在可分动词,不定式结构中 to 始终前置于动词,而德语可分动词不定式结构中 zu 需放置在前缀和动词词干之中,由此可产生来自英语的负迁移,如:

*Ich habe so viele Wörter und Grammatik [**zu** auswendig lernen]. (样本 18)

Ich habe so viele Wörter und Grammatik auswendig [**zu** lernen].

I have so many words and grammar[**to** memorize].

4.2 句法偏误

语料中出现的句法层面的偏误可分为 5 类,各类占比见下表:

表 6 各类句法错误占比

类型	占比
语序偏误	20%
句子成分缺失	37%
流水句	17%
从句连接词使用偏误	9%
其他畸形句法结构	17%

(1) 语序偏误

动词位置是德语有别于汉语和英语的重要特点之一,即陈述句、特殊疑问句和无连接词从句中动词二位及从句动词末位规则,因为在德语中,CP 短语中心语 C 具有很强的一系列特征,会吸引非从句中的限定动词(finite verb)移位至此,从而形成动词二位句(V2-Satz)(Repp & Struckmeier 2020)。根据以动词为核心的框架句型结构,德语中主语并不一定处于句子首位,从而构成倒装句(钱文彩 2006)。此外,德语的 VP 为左分支结构,即修饰、限制成分出现在中心词动词的左侧,而汉语的 VP 则为右分支结构,即修饰、限制成分出现在中心词动词的右侧。这些语言参数的不同可引发负迁移。研究表明,汉语母语者常常在德语倒装句和从句中出现语序偏误(武晨 2003)。本文的实证研究也显示,75% 的语序偏误出现在这两种句型中,例如:

* Außerdem es für mich schwer **ist**, [⋯]. (样本 27)
Außerdem **ist** es für mich schwer, [⋯].
此外对我来说有点难的是,[⋯].
* Wenn ich **möchte** nicht überholt werden, muss ich fleißiger werden. (样本 23)
Wenn ich nicht überholt werden **möchte**, muss ich fleißiger werden.
If I don't **want** to be overtaken, I have to be more hard-working.
如果我不想被超过的话,我就必须更加努力。

除了动词位置外,一些小品词的位置也会受英语的负迁移影响,如:

* Außerdem finde ich das Leben nicht leicht **auch**. (样本 6)
Außerdem finde ich das Leben **auch** nicht leicht.
Besides, I don't find the life easy **too**.

(2) 句子成分缺失

句子成分缺失在所研究的语料中主要体现在谓语的缺失、从句主语的缺失以及从句的残缺。谓语是一个句子的核心,德语和英语的句子谓语主要成分是动词,而汉语谓语却不局限于动词,还可以是名词、形容词,等等。这是因为,汉语没有形态变化,谓语的实现不依托动词的时态(Tense, [+T])和呼应态(Agreement, [+AGR])变化,只需满足[+述谓性]([+predicative])这一条件

(徐杰 2018)。鉴于此,谓语缺失的偏误可以从母语迁移得到解释,例如:

*Zuerst mein Hauptfach für mich etwas **schwierig**$_{[+\text{predicative}]}$.(样本 5)
Zuerst **ist**$_{[+\text{T}][+\text{AGR}]}$ mein Hauptfach für mich etwas **schwierig**$_{[+\text{predicative}]}$.
首先,我的专业对我来说有点难$_{[+\text{predicative}]}$。
*Ich glaube, dass das [⋯] für mich **ausgezeichnet**$_{[+\text{predicative}]}$.(样本 22)
Ich glaube, dass das [⋯] für mich **ausgezeichnet ist**$_{[+\text{T}][+\text{AGR}][+\text{predicative}]}$.
我觉得这对我来说棒极了$_{[+\text{predicative}]}$。

除了在“谓语”这一概念上的不同外,汉语的“从句”结构也与德语和英语的从句相差巨大,王力(2014)认为,汉语中只存在“句子形式”(sentence-form)。英语和德语中不定式句中的空主语一定是空语类 PRO,而从句必定要求主语,但是因为汉语没有明显的形态标志来区分定式句与不定式句,“句子形式”中主语省略较为随意,由此可见从句主语缺失偏误来自汉语的负迁移影响:

*[⋯], oft weiβ ich nicht was (***PRO**$_i$) machen soll.(样本 23)
[⋯], oft weiβ ich nicht, was **ich** machen soll.
我$_i$经常不知道(**PRO**$_i$/我)该做什么。
*Nachdem zwei Lektionen studieren, haben wir eine Prüfung.(样本 12)
Nachdem **wir** zwei Lektionen gelernt haben, haben wir eine Prüfung.
(PRO$_i$/ 我们)学完两课之后我们$_i$会有个考试。

(3) 从句连接词使用偏误

正如前面所提到的,汉语中并不存在德语和英语中的从句连接词系统。此外,英语中有个别从句连接词与德语相比存在分化和同化现象,因而容易发生混淆,如德语的 als 与英语的 as 等,这些连接词既有相通之处又有不同,构成一对“假同词”(false friend),在初学阶段易引发混淆并带来负迁移:

*Das Studentenleben ist nicht so stressig, **als** man denkt.(样本 29)
Das Studentenleben ist nicht so stressig, **wie** man denkt.
Student life is not as stressful **as** you think.
大学生活不像人们想象的那么紧张。

(4) 流水句

流水句指一系列不以连接词连接,之间只单纯放置逗号的短句。这些短句之间的逻辑关系需要通过上下文而非形式上的特征去分析。吕叔湘(1979)首次提出了“汉语流水句”(Chinese flowing sentence)这一概念,如“人不犯我,我不犯人”等。这类流水句既不符合德语也不符合英语的语法规则,但在汉语中却常常出现。这是因为,汉语更注重“意合”而非语言形态的逻辑表征。这种句法层面上来自母语的“惯性”会导致一系列不符合目的语规则的语言输出,如样本11中受试者受汉语影响缺乏从句意识,从而将原因状语从句视为与主句并列的句子,样本23中受汉语流水句影响,很多受试者倾向于用逗号连接两个或多个主句:

*Aber ich habe nicht Stress. Weil ich mein Studium interessant finden. (样本11)

Aber ich habe keinen Stress, **weil** ich mein Studium interessant finde.

但是我并没有压力。我觉得学习挺有意思的。

*Deshalb kann ich nicht immer in Ordnung sein, oft weiβ ich nicht, was machen soll. (样本23)

Deshalb kann ich nicht immer in Ordnung sein. **Oft** weiβ ich nicht, was ich machen soll.

所以我很多时候并不是很好,我经常不知道该做什么。

5 总结与讨论

通过以上分析可以得出,在德语习得的初级阶段来自汉语和英语的迁移广泛存在,但受两者负迁移影响的语法项目各有侧重,各种偏误类型占比及其负迁移来源总结如下:

表7 各类偏误占比

负迁移来源	偏误类型		占比	总计
汉语	句法	句子成分缺失	11.96%	40.21%
		流水句	5.43%	
		其他畸形句法结构	5.43%	

(续表)

负迁移来源	偏误类型		占比	总计
	形态句法	复数变格缺失	5.98%	
		介词缺失	4.89%	
		支配关系中宾语缺失	1.63%	
		冠词性词类缺失	3.80%	
		冠词性词类误用	1.09%	
英语	句法	从句连接词误用	2.72%	17.93%
	形态句法	反身和可分动词误用	5.43%	
		支配关系中介词支配格误用	3.80%	
		复数变格误用	2.72%	
		形容词性不定代词变格缺失	3.26%	
汉语或/和英语及不明确负迁移来源	句法	语序偏误	6.52%	41.85%
	形态句法	词性误用	5.98%	
		否定词误用	2.17%	
		动词变位误用	15.22%	
		支配关系中介词误用	4.35%	
		介词误用	5.98%	
		形容词变格缺失	1.09%	
		阳性弱变化缺失	0.54%	

从汉语和英语负迁移所导致的偏误类型来看:由汉语负迁移导致的偏误类型多与“缺失”有关,如复数变格缺失、支配关系中介词和宾语缺失、冠词性词类缺失和句子成分缺失等;而英语多与“误用”有关,如从句连接词误用、反身和可分动词的误用等。造成这一现象的原因为,汉语与德语的语言距离较大,汉语中不存在一些屈折语中的语法范畴,如复数变格和支配关系,等等,这些母语中零范畴会引起“缺失”类型的偏误。Czochralski(1971)认为,零范畴是引起负迁移的重要原因之一,对比分析理论也指出零范畴大大提升了学习难度,从而易引发负迁移。相比之下,英语和德语存在许多相似的语法构式,容易产生混淆并引起“误用”类型的偏误。从本语料分析的数据可以看到,二语和三语之间存在共同点或相似点的时候,易发生二语向三语的迁移。

从汉语和英语负迁移偏误的比例来看:在德语初学阶段由汉语负迁移所导

致的偏误比例更大。Jin(2009)和 Rothman(2015)等人也通过实证研究认为母语在三语语际迁移中拥有“特权地位”。相对于英德句法系统,汉德句法系统的差异更为明显,二者很多语法项目的参数值差异更大,更易引发负迁移。根据类型近似性模型(Typological Proximity Model),英语和德语的语言类型距离较小,但并不代表造成负迁移的可能性更大,因为同时也会带来正迁移。此外还存在大量可能由汉语和英语共同造成或难以界定迁移源的偏误,如语序偏误和介词误用等,母语迁移是否具有主导地位仍值得探讨。如 Slabakova(2016)的“手术刀模型”指出,L1 和 L2 的迁移均不具有主导地位,被激活的一语和二语的语法可能性(grammatical possibilities)会相互融合影响三语。综合以上分析,笔者认为后续还需进行讨论的问题有:

(1) 本文只集中关注了结构化迁移潜能和结构化迁移模式两方面,即“产出”(Output),还需要关注学习者的“迁移过程”是怎样的,即可以通过有声思维和回顾性访谈等内省式证据进行补充;

(2) 本文关注组群层面的整体表现,但这种范式受简化论(reductionism)的影响,忽略了受试的个体差异(蔡金亭 2015)。比较取向的母语迁移研究可以加入个人层面上的比较进行补充和完善。

参考文献

[1] Cenoz, J., Hufeisen, B., & Jessner, U. (Eds.), 2001. *Cross-Linguistic Influence in Third Language Acquisition*[M]. Bristol: Multilingual Matters.

[2] Corder, S. P., 1967. The Significance of Learners' Errors [J]. *International Review of Applied Linguistics*, (5): 161 - 169.

[3] Czochralski, J., 1971. Zur Sprachlichen Interferenz[J]. *Linguistics*, 9(67): 5 - 25.

[4] De Angelis, G., 2007. *Third or additional language acquisition* [M]. Clevedon: Multilingual Matters.

[5] Ellis, R., 2015. *Understanding Second Language Acquisition: Second Edition*[M]. Oxford: Oxford University Press.

[6] Flynn, S., Foley, C. & Vinnitskaya, I., 2004. The Cumulative-Enhancement Model of Language Acquisition[J]. *International Journal of Multilingualism*, 1: 3 - 16.

[7] Gass, S. & Selinker, L., 2001. *Second Language Acquisition: An Introductory Course* (2nd ed.)[M]. Mahwah: Lawrence Erlbaum.

[8] Hammarberg, B., 2001. Roles of L1 and L2 in L3 Production and Acquisition [A]. In J. Cenoz, B. Hufeisen, & U. Jessner (Eds.). *Cross-Linguistic Influence in Third Language Acquisition: Psycholinguistic Perspectives* [M]. Clevedon: Multilingual Matters, 21 - 41.

[9] Jin, F., 2009. Third language acquisition of Norwegian Objects: Interlanguage transfer or L1 influence [A]. In Y. I. Leung (Ed.). *Third language acquisition and universal grammar*. Bristol, UK: Multilingual Matters, 144 - 161.

[10] Leung, Y. I., 2009. *Third language acquisition and universal grammar*[M]. Bristol, UK: Multilingual Matters.

[11] Linke, A., Nussbaumer, M. & Portmann, R., 2004. *Studienbuch Linguistik* [M]. Tübingen: Max Niemeyer Verlag.

[12] Repp, S. & Struckmeier, V., 2020. *Syntax: Eine Einführung* [M]. Stuttgart: J. B. Metzler.

[13] Ringbom, H., 2007. *Cross-linguistic similarity in foreign language learning*[M]. Clevedon: Multilingual Matters.

[14] Rothman, J., 2015. Linguistic and cognitive motivations for the Typological Primacy Model (TPM) of third language (L3) transfer: Timing of acquisition and proficiency considered [J]. *Bilingualism: Language and Cognition*, 18(2): 179 - 190.

[15] Rothman, J. & González A., Jorge & Puig Mayenco, E., 2020. *Third Language Acquisition and Linguistic Transfer*[M]. Cambridge: Cambridge University Press.

[16] Slabakova, R., 2016. The Scalpel Model of third language acquisition[J]. *International Journal of Bilingualism*, 21 (6): 651 - 665.

[17] Westergaard, M., Mitrofanova, N., Mykhaylyk, R. & Rodina, Y., 2017. Crosslinguistic influence in the acquisition of a third language: The Linguistic Proximity Model [J]. *International Journal of Bilingualism*, 21(6): 666 - 682.

[18] 蔡金亭,2015. 在二语产出中判断母语迁移的比较-归纳方法框架[J]. 解放军外国语学院学报,38(5):56 - 65.

[19] 高远,2002. 对比分析与错误分析[M]. 北京:北京航空航天大学出版社.

[20] 刘玲玉,2015. 影响三语写作成绩的学习者因素研究[M]. 苏州:苏州大学出版社.

[21] 吕叔湘,1979. 汉语语法分析问题[M]. 北京:商务印书馆.

[22] 钱文彩,2006. 汉德语言实用对比研究[M]. 北京:外语教学与研究出版社.

[23] 王力,2013. 中国语法理论[M]. 北京:中华书局.

[24] 王力,2014. 中国现代语法[M]. 北京:中华书局.

[25] 魏红,朱军,2009. 汉语论元结构的"动态性"特征[J]. 思想战线,35(03):135 - 136.

[26] 武晨,2013. 德语句型习得过程及策略分析[J]. 西安外国语大学学报,(3): 73 - 77.

[27] 徐杰,2018. 普遍语法原则与汉语语法现象[M]. 北京:北京大学出版社.

[28] 许余龙,2010. 对比语言学[M]. 上海:上海外语教育出版社.

不同英语口语水平的中国大学生话语标记使用对比研究

项梦琦

摘　要:本文基于SECCL2.0语料库数据,研究了不同英语口语水平的中国大学生使用话语标记的情况。研究发现:(1)英语口语水平越高的学生,使用话语标记的标准化频数越低;(2)随着学习者英语口语水平的提高,他们使用的转折类话语标记的标准化频数呈提高的趋势,而推导类话语标记的标准化频数却逐步下降;(3)英语口语水平越高的大学生在单个类目下使用的话语标记语的种类越丰富;(4)低口语水平的学生使用话语标记 *and*、*but*、*so* 表示“提示话题”时,出现了话语标记语的过度使用现象。本研究对英语口语教学具有启示意义。

关键词:话语标记;英语口语;中国大学生

1　引言

20世纪70年代,话语标记(discourse markers)作为一个研究对象进入语言学研究领域。口语中的话语标记使用研究也逐渐受到国内外学者的关注(吉晖 2019)。在过去的几十年对口语话语标记的探索中,越来越多的研究表明话语标记不仅在口语中发挥不可忽视的作用,而且母语使用者在口语中使用话语标记的方式和第二语言学习者使用话语标记的方式也有所差异(Fung & Carter 2007; Müller 2005;Polat 2011)。因此,对第二语言学习者口语中话语标记的使用研究对其二语口语学习有重要意义。本研究以SECCL 2.0语料为分析对象,探究了不同英语口语水平的中国大学生使用话语标记语的差异。

2 文献回顾

2.1 话语标记语的界定与分类

对于话语标记语的界定与分类,学界尚未形成一致意见。Schiffrin(1987)认为话语标记语是对话语单位起切分作用的顺序性依附成分,并从话语层面探究话语标记语与语言内部连贯的关系。希夫林(Schiffrin)讨论的话语标记语范围比较宽泛,包括连词(如 *and*、*but*)、副词(如 *now*、*anyway*)、动词(如 *see*、*look*)、小词或感叹词(如 *well*、*why*)和词汇化的小句(如 *I mean*、*you know*)。Blakemore(2002)从关联视角出发关注了话语标记语对话语关联性的影响。布莱克摩尔(Blakemore)认为话语标记是可供听话人用来得出说话人想要表达出来的意愿的一类语言表达,话语标记语研究的目的不在于给话语标记语归类,而在于探究话语标记语在语言理解中的推导作用。Fraser (2009)将话语标记看成是语用标记的一个子类,其中转折类话语标记、阐释类话语标记和推导类话语标记又是话语标记的三个子类,涵盖了所有话语标记的内容。

2.2 话语标记语与二语习得研究

话语标记的习得研究主要解决三个方面的问题:二语学习者话语标记的使用特征、话语标记习得的影响因素及话语标记教学(吉晖 2019)。在二语学习者话语标记的使用特征方面,李巧兰(2004)探究了高级英语学习者和中级英语学习者话语标记的语用石化现象。Hellermann 和 Vergun(2006)比较了不同水平的英语学习者使用 *well*、*like*、*you know* 这三个话语标记语的特点,将与母语者使用的特点相比较得出结论:二语水平越高的学习者使用话语标记的频率越高,有时甚至超过母语使用者。在话语标记习得的影响因素方面,Escalera(2006)探讨了年龄对于话语标记习得的影响。杨明(2019)则探究了不同性别的第二语言学习者在口语中使用话语标记的情况。戴炜栋和杨仙菊(2005)指出学习者语言水平、学习环境、目的语接触时间、语言教学以及学习者个体因素等对学习者使用话语标记的习得影响较大。在话语标记教学方面,Fung 和 Carter(2007)分析了学生在课堂讨论中使用话语标记的情况,并指出学习者对于话语标记的误用会导致交际困难和误解,因此适时地在课堂教学中引入话语标记的教学具有重要意义。Hernandez(2011)探讨了显性教学与输入流教学法对学生习得西班牙语话语标记的作用,并指出显性教学更利于学习者话语标记的习得。

语料库的分析方法是国内语言学界话语标记语二语习得研究的主要路径之一。主要涉及以下三个方面:(1)中国学习者对单个话语标记语的使用特征或习得情况。最常见的就是对 *anyway*(梁雯、魏兴、张文霞 2018)、*well*(冉永平 2003)、*you know*(徐捷 2009)等常见话语标记语的研究。(2)考察中国学习者对某些类别的话语标记语的使用。其中因果类标记语(陈新仁、吴珏 2006)和转折类标记语(Fraser 2009)的研究最为丰富。(3)考察中国学习者(潘琪 2011)或者二语教师(张会平、刘永兵 2010)对话语标记语的总体使用情况。在这三个方面中,关于中国学习者对单个或单类话语标记的研究较为丰富。

目前国内外对第二语言学习者在口语中使用话语标记的研究有以下几点不足:(1)对话语标记的界定和识别模糊,没有形成统一标准;(2)过多集中于单个或者单类话语标记研究;(3)关于口语水平对于话语标记使用影响的研究较为缺乏。本篇文章基于弗雷泽(Fraser)的话语标记理论,探究了不同英语口语水平的中国英语专业大学生使用话语标记语的差异,以填补现有研究的不足。

3 研究方法

3.1 研究问题

本研究旨在回答以下两个问题:

(1) 不同英语口语水平的中国大学生使用话语标记语的情况有何差异?

(2) 不同英语口语水平的中国大学生使用的高频话语标记语有哪些特点?

3.2 研究语料

本研究选用的语料库是“中国学习者英语口语语料库 2.0 版”(Spoken English Corpus of Chinese Learners, SECCL2.0)。SECCL 2.0 所有语料全部来自 2003 年至 2006 年大学英语专业学生四级和专业八级口语考试录音及其转写文本。本研究选取的是英语专业四级口试子库。英语专业四级子库按照复述故事、即席讲话和即兴对话三个考试部分将口语语料分别放入三个子文件夹。英语专业四级口试第一个部分由于其复述的性质,不能很好反映出说话者的思维和语言习惯。而第三个考试部分则涉及了同一组对话中不同英语口语水平的说话者的交际,难以进行对比研究。因此本文选择的是第二部分即席讲话的子文件夹,共有 713 个样本。

在 713 个样本中,每个样本的头部都标有成绩评级。等级为 1 的样本有

258 个,等级为 2 的样本有 417 个,等级为 3 的样本有 34 个,等级为 4 的样本有 4 个。由于 SECCL 2.0 语料库中等级为 4 的样本较少,因此本研究将等级 4 并入等级 3。笔者从这些样本中各随机选取 35 篇,最后共随机得到 105 篇样本,共 36 437 个词作为研究语料。

3.3 研究工具

本研究的检索工具是 WordSmith7。该软件由英国利物浦大学教授迈克·斯科特(Mike Scott)设计并对其不断更新。WordSmith7 是目前的最新版本。WordSmith 是语料库研究最常用的工具,有检索、单词列表、主题词统计三大功能。本研究主要用到了其中的检索和单词列表功能。

3.4 研究步骤

(1) 语料的收集和处理:本研究从 SECCL 2.0 英语专业四级口语的第二个字库中按评分等级 1、2、3 各随机抽取 35 篇样本。将三类不同评级的样本分别整理成 txt 文件,并分次导入 WordSmith7 检索工具。

(2) 语料的定义和分类:本文采用 Fraser(2009)的定义和分类来识别话语标记。弗雷泽明确了话语标记识别的三个条件:(1)话语标记语是一种词汇表达。(2)位置较为固定,主要有[S1. DM + S2]、[S1, DM + S2]和[DM + S1, S2]3 种句法模式。(3)话语标记语揭示 S1 和 S2 间的语义关系。根据这三个条件,弗雷泽指出提示立场关系的标记词,如 *Damn*、*just*、*frankly* 等提示语法关系的标记词,如补充词类(*in order that*、*for* 等)和话语提示词(*first*、*later*、*oh* 等)均被排除在话语标记语的范畴之外。弗雷泽还列出话语标记的分类标准及各小类中所有可能出现的标记词,如表 1 所示。

表 1 弗雷泽对于话语标记的分类(2009)

分类	解释	举例
转折类话语标记	标记 S1 和 S2 间直接或者非直接的转折关系	but, however, yet, still, nevertheless, nonetheless, on the other hand, alternatively, instead, rather, on the contrary (in contrary to), conversely, in contrast, despite (in spite of), except, even so, although (though), whereas, while
阐释类话语标记	标记 S2 中的信息对 S1 的信息做出阐释	and, above all, after all, also, analogously, besides, by the same token, in fact, equally, for example, for instance, further (more), in addition, in other words, in particular, likewise, more accurately, more importantly, more precisely, more to the point, what's more, moreover, on that basis, on top of it all, or, similarly

（续表）

分类	解释	举例
推导类话语标记	标记通过 S1 的信息推导出 S2 的信息	so, all things considered, as a conclusion, as a consequence (of this/that), as a result(of this/that), because (of this/that), consequently, for this/ that reason, hence, it follows that, accordingly, in this/that/any case, on this/that condition, on these/those grounds, then, therefore, thus

本次研究采用 Fraser(2009)的定义和分类来识别话语标记的理由如下。

(1) 弗雷泽对于话语标记的界定要比希夫林和布莱克摩尔严格得多,在分类上也比较明晰。

(2) 弗雷泽关注话语标记的语用意义,有助于口语语料的分析。

(3) 语料的检索和剔除:根据表一所列的话语标记词逐一在数据库进行检索。WordSmith7 检索出输入词在语境中的上下文,根据语境,笔者需要对检索结果进行一一筛查这些词是否符合 Fraser 关于话语标记语的判定标准。例如"I am so afraid that I couldn't move, so, so ... so I just sit there."这句话中只有第二个 *so* 属于话语标记的用法。第一个 *so* 用作程度副词,修饰 *afraid*,第三个和第四个 *so* 虽然也用于连接两个小句,但是用于话语填充,并不是提示前后的语义关系,也不属于话语标记用法。在 WordSmith7 中输入 *so* 进行检索时,检索的结果包含了 *so* 的所有可能用法,这就需要人工对于非话语标记语的用法进行剔除。

(4) 语料统计和分析:对检索出的话语标记进行原始频数的统计。由于三个不同口语评级的样本中转录文本的总词数各不相同,因此本研究主要比较不同口语评级的样本中每千字中话语标记的标准化频数:标准化频数 = 话语标记数/总词数 ×1000。本研究将分析不同口语水平的学生使用话语标记的差异以及高频话语标记的使用特点。

4 研究结果及讨论

4.1 话语标记语的总体差异和类别分布差异

不同口语评级的考生使用话语标记的原始频数和标准化频数的统计如表 2 所示。

表 2 不同口语评级的考生使用话语标记的原始频数和标准化频数

类型	等级 1		等级 2		等级 3	
	原始频数	标准化频数	原始频数	标准化频数	原始频数	标准化频数
转折类话语标记	117	10.27	132	11.46	156	11.53
阐释类话语标记	269	23.62	277	24.05	309	22.83
推导类话语标记	191	16.77	159	13.81	176	13.01
合计	577	50.66	568	49.32	641	47.37

从话语标记使用的总体分布看,英语口语水平越高的学生,使用话语标记总数也越多,但是使用话语标记总数的标准化频数却越低。这是因为他们在单位时间里语言的产出量要超出低水平的学生,而且话语标记以外口语所表达的内容也超过低水平的学生。这一点可以回溯文本得到印证:从语篇观察来看,高水平学生表达的内容要丰富得多,用词也比较灵活多样。而低口语水平的学生则有较多的重述话语和停顿,表达的内容也较少,并且会话语标记语重复使用的现象,如"The huge bear ... The huge bear just coming, and their and ... and their gun was lost during running."。

Wei(2010)对比了高水平英语学习者和低水平英语学习者使用语用标记的特征,并得出结论:同样的语篇长度,高水平的英语学习者更倾向于使用更多的标记语。Wei 的研究结论似乎与本研究的结论有所出入。虽然有部分研究将话语标记和语用标记混淆甚至等同,例如 Fung 和 Carter (2007)在研究话语标记时,将人际关系标记这一语用标记也纳入话语标记的范围,然而本研究采取的是弗雷泽对于话语标记的定义,将话语标记看成是语用标记的一个子类。Wei (2010)是基于对不同口语水平的学生使用语用标记,特别是人际关系标记的特征得出的结论,与本研究并不矛盾。

从话语标记使用的具体类别分布看,随着学习者英语口语水平的提高,他们使用的转折类话语标记的标准化频数逐步提高,而推导类话语标记的标准化频数逐步下降,阐释类话语标记维持相对稳定的趋势。表 3、表 4、表 5 解释了出现这种现象的原因(表 3、表 4、表 5 中不同口语水平的学生使用频数低于 3 的标记语并入到"其他"类中)。

表 3　不同口语水平的考生使用转折类话语标记的原始频数和标准化频数

转折类话语标记	等级 1		等级 2		等级 3	
	原始频数	标准化频数	原始频数	标准化频数	原始频数	标准化频数
but	104	9.13	95	8.25	102	7.54
however	4	0.35	4	0.35	9	0.67
yet	0	0	5	0.43	8	0.59
still	0	0	4	0.35	13	0.96
even	1	0.088	8	0.69	3	0.22
(al)though	8	0.70	10	0.87	11	0.81
其他	0	0	6	0.52	10	0.74
小计	117	10.27	132	11.46	156	11.53

表 4　不同口语水平的考生使用阐释类话语标记的原始频数和标准化频数

阐释类话语标记	等级 1		等级 2		等级 3	
	原始频数	标准化频数	原始频数	标准化频数	原始频数	标准化频数
and	252	22.13	242	21.01	251	18.55
also	7	0.61	9	0.78	11	0.81
or	0	0.00	3	0.26	4	0.30
in fact	4	0.35	2	0.17	5	0.37
what's more	1	0.09	4	0.35	7	0.52
for example	3	0.26	5	0.43	8	0.59
其他	2	0.18	12	1.04	23	1.70
小计	269	23.62	277	24.05	309	22.83

表 5　不同口语水平的考生使用推导类话语标记的原始频数和标准化频数

推导类话语标记	等级 1		等级 2		等级 3	
	原始频数	标准化频数	原始频数	标准化频数	原始频数	标准化频数
so	83	7.29	68	5.90	61	4.51
as a result	0	0.00	1	0.09	8	0.59
because	56	4.92	54	4.69	57	4.21

(续表)

推导类话语标记	等级1		等级2		等级3	
	原始频数	标准化频数	原始频数	标准化频数	原始频数	标准化频数
therefore	1	0.09	3	0.26	11	0.81
then	50	4.39	31	2.69	34	2.51
其他	1	0.09	2	0.17	5	0.37
小计	191	16.77	159	13.81	176	13.01

由表3分析得出,学生使用话语标记*but*的原始频数差别不大,但是标准化频数随着口语水平的提高而降低。而转折类话语标记的标准化频数却随着口语水平的增加而增加,这说明造成表3中转折类话语标记标准化频数随着口语水平提高而提高的原因不是*but*使用的减少,而是由于其他转折类话语标记使用的增加引起的。

表4显示,阐释类话语标记*and*的标准化频数随着口语水平的增加而减少;*and*以外的其他所有的阐释类话语标记的标准化频数均随着口语水平的增加而增加。这说明造成表2中不同口语水平的学生使用阐述类话语标记的标准化频数相对稳定的原因是高水平学生注重口语用词的多样性,有意识地使用其他类似的表达,如*what's more*等来"替代"*and*,从而减少用词的单调性。

表5中,推导类话语标记*so*和*then*的原始频数和标准化频数随着口语水平的提高大幅下降;同时表2中显示的推导类话语标记的标准化频数也随着口语水平的提高而大幅下降。由此得出,过度使用*so*和*then*是导致低水平学生使用推导类话语标记原始频数和标准化频数远高于高水平学生的主要原因。回溯文本后,笔者发现低水平学生使用*so*的范围非常宽泛。无论上下句有无因果关系,也无论上下句的因果关系是否明显,低水平学生都习惯性使用*so*来衔接前后语义,出现*so*的误用和过度使用现象,例如"So he just fell down, so ... so he pretend to be to be dead."。此外,*then*也是一个过度使用的推导性话语标记。本研究语料选择的是专业四级口试的即席讲话部分,要求说话者讲述自身的某一段经历、故事或者描述一个影响深刻的人。因此有很强的叙述性。在汉语中,说话者经常会使用"然后……然后"来叙述事件的进展,对应到英文里就是"*then ... then*"。受汉语的影响,低水平学生很容易用多个*then*来描述事件发展,例如:"We first had a big picnic, then, took a walk along the river, then we found a hole in the mountain. We entered it, then suddenly, I found them all lost, were all lost."。高水平学生也会用*then*来描述事件的发展,但是也会考虑到用词的多

样性，不大会出现集中使用多个 *then* 的情况。这说明低水平的学生更容易受到母语迁移的影响，而高水平的学生则更能顺应语境，体现出更强的语用能力。

综合表3、表4、表5，笔者发现，英语口语水平越高的大学生在单个类目下使用的话语标记语的种类更加丰富。低口语水平的学生在使用转折类话语标记的时候，局限在 *but*、*however*、*although/though*、*even* 这四个常见的话语标记，并且88.9%的转折类标记都是通过 *but* 的使用实现。而高口语水平的学生在使用转折类标记时，使用的具体话语标记则要丰富得多，除了 *but*、*however*、*although/though*、*even* 外，还涉及了 *still*、*yet*、*rather*、*except* 等话语标记，其中65.38%的转折类标记是通过 *but* 的使用实现。同理，在表达阐释关系的时候，低口语水平的学生局限在 *and*、*in fact*、*for example* 这三个话语标记词，并且 *and* 用于表阐释关系的情况更是高达97.77%。而高口语水平的学生则还会使用 *also*、*or*、*what's more*、*besides*、*namely* 等其他表示阐释关系的话语标记，用 *and* 表示阐释关系的情况为82.5%。在表示推导关系的时候，不同英语口语水平的学生都倾向于借助常用的 *so* 和 *because*，但是水平高的同学也会使用 *therefore*、*as a result*、*thus* 等表达。

Anderson (2004)等人认为，随着第二语言的习得不断深入，从一开始记忆一些陈述性知识，通过不断地输入刺激和练习，将陈述性知识发展成程序性知识，最终达到知识的自动化提取。口语能力较高的学习者，储备了大量可以自动化提取的知识，因此在使用话语标记时，选择的范围更大。而口语能力较低的学习者，虽然也都接触过本研究所列的话语标记，但是大多只是停留在陈述性知识或者程序性知识的阶段，在口语中自动化的提取选择的范围就小，因此话语标记的使用较为单一。安德森(Anderson)的理论可以解释本研究中，英语口语水平越高的大学生在单个类目下使用的话语标记语的种类更加丰富的原因。

4.2 高频话语标记语的使用特点

从不同口语水平的学生使用的高频话语标记看，三类学生使用频率最高的都是 *and*、*but*、*so* 这三个话语标记。Fraser(2009)将 *but*、*and*、*so* 分为称为转折类话语标记、阐释性话语标记和推导性话语标记类目下的主要标记语(primary DM)。Fraser(2009)指出，主要标记语是各自类目下含义最为丰富、使用最为广泛的话语标记语。弗雷泽的发现与本文的结论一致。以下是高频话语标记语 *but*、*and*、*so* 的分析。

4.2.1 高频转折类话语标记——*but*

标语标记 *but* 有丰富的功能,可以标记语义的对比(如例 1)、与预期不符(如例2)、信息的补充(如例3)和话题的转换(如例4)。

例 1 You are so brave, **but** you are not, you are not careful enough.

例 2 I hope my grandma can live forever, **but but** when I was when I was er ten years old ...

例 3 It was a car, **but** it was going in the wrong direction.

例 4 I just cried and cried, **but** then Pipi jumped from my arms and run to into the rivers.

不同口语水平的学生使用转折类话语标记 *but* 的功能如表 6 所示。

表 6 不同口语水平的学生使用转折类话语标记 *but* 的功能分布

But 的功能	等级 1		等级 2		等级 3	
	原始频数	标准化频数	原始频数	标准化频数	原始频数	标准化频数
语义对比	25	2.20	28	2.43	28	2.07
与预期相反	31	2.72	37	3.21	45	3.33
添加具体信息	9	0.79	6	0.52	8	0.59
话题转换	27	2.37	13	1.13	10	0.74
其他	12	1.05	11	0.96	11	0.81
小计	104	9.13	95	8.25	102	7.54

表6 显示,不同口语水平的学生使用 *but* 表示"与预期相反""话题转换"时出现了有趣的组间变化:随着口语水平的提高,话语标记 *but* 用于表示"与预期相反"的标准化频数逐渐提高,表示"话题转换"的标准化频数却在逐渐减少。回溯文本可得出其中缘由:口语水平较高的学生往往注重口语表达的多样化,因此在叙述过程中,除了用 *but* 一词表达话题转换以外,还会用 *however*、*on the other hand*、*nevertheless* 等实现话题的转换。而口语水平较低的学生则会惯性地使用 *but*。而使用 *but* 表示"与预期相反"时,高口语水平的学生明显要高于低口语水平的学生。分析文本可得,高口语水平的学生注重口语表达的多样性。但是在表达与预期相反时,高口语水平的学生 *but* 的使用或者 *but* 与不同副词,如 *unfortunately*、*still* 等搭配,而不是寻找其他替代性表达来实现口语表达的多

样化。

4.2.2　高频阐释类话语标记——*and*

文本中，标语标记 *and* 有丰富的功能，可以标记信息的补充（如例5）、提示顺序（如例6）、提示结果（如例7）、提示转折（如例8）和提示话题（例9）。不同口语水平的学生使用转折类话语标记 *and* 的功能如表8所示。

例5　When there are two minutes left, I just read to the question 98. **And** the questions were ...

例6　**And** I was ... I went home **and** I turned back.

例7　The surroundings are so familiar, **and** I felt a little bit calm down.

例8　She is a nice woman, **and** sometimes she can be very serious.

例9　Love is ability **and** if there is something intuition, people was born to love.

表7　不同口语水平的学生使用转折类话语标记 *and* 的功能分布

And 的功能	等级1		等级2		等级3	
	原始频数	标准化频数	原始频数	标准化频数	原始频数	标准化频数
提示话题	79	6.94	61	5.30	53	3.92
提示结果	66	5.80	71	6.17	74	5.47
信息补充	61	5.36	67	5.82	71	5.25
提示顺序	23	2.02	22	1.91	26	1.92
句意转折	13	1.14	13	1.13	14	1.03
其他	10	0.88	8	0.69	13	0.96
小计	252	22.13	242	21.01	251	18.55

不同口语水平的学生在使用 *and* 作“提示话题”的用法上有较大差异。口语水平越高的学生使用 *and* 来提示话题的用法就越少。回溯文本后笔者发现，低口语水平的学生经常将 *and* 置于 S1 或者 S2 小句的句首来提示话题。在有些转录文本中，甚至出现每一句话都用 *and* 开头的现象，这种 *and* 的滥用现象是说话者口语表达匮乏、能力不足的体现，如例10：

例 10 **And** Jack was Jack climbed first but Tom Tom he failed to failed failed to climb up the tree. **And**, **and** he was he was in a very dangerous situation. **And** The huge bear, the huge bear, the huge bear just coming **and** their **and** **and** their gun was lost during running.

而中、高口语水平的学生使用 *and* 来提示话题的用法则要少很多,口语水平较高的学生也十分注重用词的多样性也没有出现每句话都以 *and* 开头的现象。此外,这个在一定程度上体现了说话者口语表达能力。

4.2.3 高频推导类话语标记——*so*

标语标记 *so* 有丰富的功能,可以提示结果(如例 11)、提示总结(如例 12)、提示话题等(如例 13)。不同口语水平的学生使用转折类话语标记 *so* 的情况如表 8 所示。

例 11 There a rumor that the disease was caused by the dog. **So**, people in the village began to kill all the dogs.

例 12 When you're depressed, you're need comfort. **So**, everybody needs love and everybody needs to be loved.

例 13 I'm ... always honest to everyone. **So**, this this is very important.

表 8 不同口语水平的学生使用话语标记 *so* 的功能分布

so 功能	等级 1		等级 2		等级 3	
	原始频数	标准化频数	原始频数	标准化频数	原始频数	标准化频数
提示结果	26	2.28	27	2.34	29	2.14
总结	14	1.23	13	1.13	14	1.03
提示话题	36	3.16	21	1.82	12	0.89
其他	7	0.61	7	0.61	6	0.44
总计	83	7.29	68	5.90	61	4.51

不同口语水平的学生使用话语标记 *so* 作"提示结果""总结"时,原始频数和标准化频数都差别不大,这说明不同口语水平学生的使用差异是由于 *so* 用作"提示话题"的差异导致的。*so* 用作"提示话题"时,其原始频数和标准化频数都

随着口语水平的增加而大幅减少。回溯文本，笔者发现，低口语水平的学生经常惯性地将 *so* 置于句首，来进行话题的转换或者接续，如例 14：

例 14 Last night, I have a dream, I came back to my hometown, and I, eh, I went to visit my, eh ... friends because they want to climb the mountain with them. **So** and eh ... we also want to see the sunset, so, eh, we, I with them climb the mountain, we climb the mountain, and so we, eh, we fro ... we set about at 〈the〉 one o'clock at night ...

这个例子中，*so* 被用于提示话题，特别是第二句中，三个小句间都是通过 *so* 连接的。这样类似的例子在口语评级为 1 的语料中十分常见。这说明低水平学生有滥用 *so* 提示话题的倾向。中、高口语水平的学生则会根据不同的语境需求选择合适的表达来进行话题的转换或者接续，较少会出现 *so* 过度使用的情况。

在对 *and*、*but*、*so* 这三个话语标记具体使用分析时，本研究发现，不同口语水平的学生使用话语标记表示"提示话题"时，尤其是使用 *and* 和 so 表示"提示话题"时，差异显著。低水平的英语学习者更加依赖于常见的标记词 *and*、*so*、*but* 来提示话题。甚至在有的文本中，几乎通篇用 *and* 或者 *so* 来连接两个句子的情况。这种 *and* 或者 *so* 的过度使用现象是说话者口语表达匮乏、能力不足的体现。而高水平学习者则会使用更加丰富的表达。

5 研究结果

从话语标记使用总体分布上看，英语口语水平越高的学生，标准化频数却越低。这是由于高水平学生的语言产出量超出低水平的学生，而且话语标记以外口语所表达的内容也超过低水平的学生导致的。从各类话语标记的具体分布来看，随着学习者英语口语水平的提高，他们使用的转折类话语标记的标准化频数呈提高趋势，而推导类话语标记标准化频数逐步下降。此外，英语口语水平越高的大学生在单个类目下使用的话语标记语的种类越丰富。从高频使用的话语标记语来看，低口语水平的学生使用话语标记 *and*、*but*、*so* 表示"提示话题"时，出现了话语标记语的过度使用现象。

本研究对英语口语教学具有启示意义，有助于教师注意到不同口语水平的学生使用话语标记的特点，并采取合适的教学策略。在今后的研究中，研究者可从教学实践中收集口语语料，评定具体的口语成绩，利用 SPSS 对两个变量（口语中话语标记语的使用和口语成绩)作相关分析或者方差分析,更细致地探索口语成绩对话语标记使用的影响。

参考文献

[1] Aijmer, K., 2002. *English Discourse Particles: Evidence from a Corpus* [M]. Benjamins: Philadelphia.

[2] Anderson, J. R., Bothell, D., Byrne, M. D., Douglass, S., Lebiere, C. & Qin, Y., 2004. An integrated theory of the mind [J]. *Psychological Review*, 111(4), 1036-1060.

[3] Blakemore, D., 2002. *Relevance and Linguistic Meaning: The Semantics and Pragmatics of Discourse Markers* [M]. Cambridge: Cambridge University Press.

[4] Escalera E. A., 2006. Gender differences in children's use of discourse markers: Separate worlds or different contexts? [J]. *Journal of Pragmatics*, 41(12), 2479-2495.

[5] Fraser, B., 2009. An account of discourse markers [J]. *International Review of Pragmatics*, (1), 293-320.

[6] Fung, L. & Carter, R., 2007. Discourse markers and spoken English: native and learner use in pedagogic settings [J]. *Applied Linguistics*, 28(3), 410-439.

[7] Hellermann, J. & Vergun, A., 2006. Language which is not taught: The discourse marker use of beginning adult learners of English [J]. *Journal of Pragmatics*, 39(1), 157-171.

[8] Hernández T. A., 2011. Re-examining the role of explicit instruction and input flood on the acquisition of Spanish discourse markers [J]. Language Teaching Research, 15(2), 159-182.

[9] Müller, S., 2005. *Discourse Markers in Native and Non-native English Discourse* [M]. John Benjamins, Philadelphia.

[10] Polat, B., 2011. Investigating acquisition of discourse markers through a developmental learner corpus [J]. *Journal of Pragmatics*, 43(15), 3745-3756.

[11] Schiffrin D., 1987. *Discourse Markers* [M]. Cambridge Univerisity Press, Cambridge.

[12] Wei, M., 2011. Investigating the oral proficiency of English learners in China: a comparative study of the use of pragmatic markers [J]. *Journal of Pragmatics*, 43(14), 3455-3472.

[13] 陈新仁,吴珏,2006. 中国英语学习者对因果类话语标记语的使用情况——基于语料库的研究[J]. 国外外语教学,(3):38-41.

[14] 戴炜栋,杨仙菊,2005. 第二语言语用习得的课堂教学模式[J]. 外语界,(01):2-8.

[15] 吉晖,2019. 基于知识图谱的国外话语标记研究热点领域分析[J]. 外语学刊,(04):12-19.

[16] 李巧兰,2004. 英语学习者话语标记语语用石化现象初探——基于真实口语语料的调查分析[J]. 解放军外国语学院学报,(03):53-57+71.

[17] 梁雯,魏兴,张文霞,2018. 中国英语学习者使用话题标记情况探析——以 anyway 为例

[J]. 外国语文,34(03),152-160.
[18] 潘琪,2011. 中国英语学习者英语口语语用标记语使用特征研究——基于 SECOPETS 语料库的实证研究[J]. 外语与外语教学,(03),35-39.
[19] 冉永平,2003. 话语标记语 well 的语用功能[J]. 外国语(上海外国语大学学报),(03):58-64.
[20] 徐捷,2009. 中国英语学习者话语标记语 you know 习得实证研究[J]. 外语教学理论与实践,(03):28-34.
[21] 杨明,2019. 话语标记语 you know 的性别差异[D]. 博士论文,合肥:安徽大学.
[22] 张会平,刘永兵,2010. 基于语料库的中学英语教师课堂话语标记语研究[J]. 外语教学与研究,42(05),356-363+400.

英语学术论文引述句中的评价性语言
——硕士论文和期刊论文的对比研究

张文粲

摘　要：引用是学术论文最明显的特征和重要的组成部分。本文聚焦于英语学术论文中的引述句，将评价理论的介入和级差子系统以及互动元话语相结合，分析所选20篇论文中引述句的评价性语言使用特征；描述各类评价性资源在引述句中的使用频率；对比专家写作者和学生写作者在评价性资源的使用类别和功能方面存在的差异，总结出专家写作者常用的评价性资源，以及学生写作者的不足之处，并分析了两个群体评价性资源使用差异的潜在原因，为硕士生的学术论文写作提供帮助。

关键词：引述句；评价资源；英语学术写作

1　引言

引用*前人的研究是学术文本最直接、明显的特征，是实现对话性和互文性的重要体现（Swales 2014）。专家写作者通常通过引用文献与读者和被引文献的作者进行对话和互动，通过建立与源文本之间的联系（Petric 2007），使用融入式（integral）或非融入式（non-integral）引用句式（Swales 1990）、汇报动词、立场标记语以及总结、直接引用和整合（Charles 2006；Hyland 2000）等方式将其学术成果置于特定的学科社群内（Hyland 2013）；通过引用前人的研究来回顾和讨论其对该领域的贡献，实现知识展示、强化论据和观点（Hyland 2004）等功能。

---

* 本文中，引用、引述均为citation的翻译，意义相同。

引述对于二语学习者来说是一个非常复杂的过程，同时又是学术写作不可缺少的特征。在国际发表的语境下，使用第二语言进行写作和发表，对非英语母语写作者造成巨大的困难，这体现在语言的恰当使用、学术引证的规范等方面。对于学生写作者来说，实现学术写作的对话性和互动性，并恰当地引用非常具有挑战性（Mansourizadeh & Ahmad 2011；Thompson & Ye 1991）。因为学生写作者需要按照符合学科惯例的引用规范进行写作（Hyland 2000），避免故意或无意识的抄袭，并恰当地引用以实现说服功能（Swales 2014）。在这一方面，Hyland（2000）的研究表明，新手写作者越能理解学科团体的惯例、目标和假设，就越能帮助其有效地评估和使用相应的形式或结构。因此，培养学生写作者的引用能力，对于其恰当地使用引文、成为成功的学术写作者来说尤为重要。

如何将所引论据与评价性资源相结合，以支撑其观点，恰当地发挥引用应有的功能是学生写作者面临的巨大难题。因此本研究聚焦专家写作者和学生写作者引述句中的评价性语言使用特点，并比较其差异，希望为硕士生写作者提供帮助和借鉴。

2 文献综述

众多学者认为学术写作具有对话性和互动性特征（Bakhtin 1986；Coffin 2009；Thompson 2001）。国内外学者研究学术语言的人际维度主要从系统功能语言学或评价理论（Martin & White 2005）的角度出发（如 Coffin 2009；Hood 2005）。

在引用的功能方面，部分研究探讨了引用的修辞功能。Petric（2007）比较了高、低水平硕士论文中引文的功能，结果显示低水平写作者倾向于描述性地借用引文，而不是对引文进行评价分析。Mansourizadeh & Ahmad（2011）对同一学科内非母语的专家和新手写作者进行了对比研究，结果表明，学生使用的引文只实现了单一的溯源功能没有实现引用的多重功能，也没有实现不同引用的整合。Samraj（2013）聚焦生物学硕士论文和期刊论文的讨论部分，总结出引用的部分功能，并发现硕士论文作者更多地使用动词支配型的融入式引用，引用策略较为单一。以上研究涉及不同水平写作者、不同学科的引用功能，结果均体现出学生写作者或低水平写作者对引用应当实现的功能缺乏了解，对学术引证的使用策略有待加强。

在引用行为上，目前国内外有大量的研究采用基于语料库的研究方法来调查引用行为，研究发现引用随着学科（如 Hyland 1999）和体裁（如 Thompson &

Tribble 2001)的不同而有所区别。一些研究比较了引文中转述从句的使用,其重点在于转述动词(如 Thompson & Ye 1991)和短语(Charles 2006)的使用。此外,不同文化背景的学者间的引用行为也有所不同。Shi(2004)在对英语母语和非母语学生的引用行为进行调查时发现,由于写作任务和写作者母语的不同,学生们在引用行为上存在差异,英语二语写作者未能为文本借用提供明确的来源。部分学者关注了不同层次写作者的引文使用,包括硕博士论文(Petric 2007; Thompson & Tribble 2001)、期刊论文与硕士论文的对比(Samraj 2013),高年级本科生二语写作者的文章(Wette 2017)。不过,少有研究对比专家写作者和学生写作者这两类群体在引用行为及文本策略使用上的不同,无法为硕士学术写作者提供良好的帮助。

在引用的人际功能上,Friedman(2019)考察了学生在 TESOL 研究生课程中将引用看作社会行为中的表现,结果显示,尽管受试学生在表达个人观点时使用元话语与读者互动,但几乎没有体现与其所引的研究之间的互动。相反,该生对引用的使用是以“突然”的方式直接插入到文本中,留下一种“独白而不是对话”的感觉。因此,如何组织文章中的引述句,体现出作者对引文的态度和立场,而不是简单地罗列文献,这是新手写作者亟待解决的问题。

在学术论文中评价资源的使用方面,国内学者张大群(2010)较早关注了学术论文中的隐性评价,随后运用评价理论从语篇层面、修辞视角等方面进行了分析。国际学者方面,Coffin(2009)发展了关于引用的形式和功能的分析框架,将系统功能语言学和评价理论的介入系统相结合,以分析对话拓展和对话压缩功能是如何实现的。Hu & Wang(2014)应用 Coffin 的框架,认为不同母语、不同学科的写作者在引用的特点上存在相似和不同之处。

一些学者考察了使用评价理论框架的介入子系统如何分析英语学术论文。有学者关注英语母语者博士论文中介入子系统的使用,认为英语母语者擅长使用各种对话资源与潜在读者进行交流,并偏向于使用压缩对话的方式(Loghmani *et al.* 2020)。而其他学者则关注英语为母语的学生与非英语母语学生博士论文的讨论部分(Geng & Wharton 2016),与大多数此类研究得出的结论不同,该研究认为母语并非影响评价性语言使用的要素,非英语母语的中国学生也能与母语英语者无差别地使用评价资源,表达批评、支持等立场。此外,还有学者(Myskow & Ono 2018)聚焦分数高、低的二语写作者在课程论文中使用评价性语言的不同之处,研究发现分数高、低的写作者在评价性语言子类别的使用中无明显差别;该研究认为写作者如何使用评价资源支撑其观点、如何运用论据和评价资源相结合以使作者的观点明确更为重要。

综上,目前少有研究对专家写作者和硕士学生写作者,即高、低水平写作者在文献综述部分的评价性语言使用进行比较。因此,本研究旨在回答以下问题:

(1)学术论文中各类评价性语言的使用频率及分布情况如何?

(2)专家作者在期刊论文的引述句中使用哪些类别的评价资源?学生作者在毕业论文的引述句中使用哪些类别的评价资源?两个群体评价性语言的使用类别有何差异?

3 概念界定与理论框架

本研究中的引述句是指引文所在的整个句子,涵盖汇报动词、汇报从句以及各种形式的引文材料,包括融入式引用和非融入式引用。评价性语言指引述句中用于表明作者态度、实现人际功能的评价资源,具体依照本文的理论框架进行界定。

由于学术引用与评价理论均具有人际意义和互动、交际的特征,评价理论(Martin & White 2005)被高频使用于学术论文及其他体裁在人际维度上的分析。该理论包括"态度"(Attitude)"介入"(Engagement)和"级差"(Graduation)三大子系统。态度系统是指评价者的心理受影响后作出的评价,分为情感、判断和鉴赏,包括"幸福""忧伤"等。介入系统指评价者通过显示自己的态度和立场来影响读者,能够体现出态度来源于自我还是他者,并体现出对话性,即双方的交际空间,包括单声和多声系统。多声系统又被细分为否认、声明、接纳和归属,其实质是借助别人的观点表达自己的态度和立场,其中接纳和归属允许不同观点的出现,同时为读者留出协商空间。

级差系统用于表明态度的强弱、明确程度,包括"语势"(force)和"聚焦"(focus)这两个子系统,如"很""最"等,起到强化、弱化等作用。因介入和级差两大子系统较为符合本文的研究目的,本文采用以上两大子系统作为分析框架的组成部分。

元话语一开始源于 Halliday(1970)的三种语言元功能:概念功能、人际功能和语篇功能。Hyland & Tse(2004)根据 Thompson(2001)提出的引导式元话语和互动式元话语的概念,更新了他们(2000)的分析框架,且在许多研究中得到了应用。Hyland & Tse(2004)认为元话语是促进交流、支持作者立场和建立受众关系的重要手段。本研究基于上述定义,将本文中的元话语定义为:用来协商文本中的互动意义的一种交互的表达方式,帮助作者表达其观点、态度或立场,并作为特定学术群体中的一员与读者进行互动。本文主要聚焦人际功能的使用,因此只选取该框架中的互动式元话语标记语。该框架显示如表 1。

表1　互动式元话语(Hyland & Tse 2004：169)

互动式元话语	模糊语	减弱对命题的全面肯定	might、perhaps、possible、about
	强调语	增强对命题的确定性	in fact、definitely、it is clear that
	态度标记语	表明作者对命题的态度	unfortunately、I agree、surprisingly
	自称语	明确指出作者自己	I、we、my、me、our
	介入标记语	明确指出读者或与读者建立关系	consider、note、you can see that

目前大量相关研究使用评价框架分析学术论文。Hood(2010)首先将评价理论应用于学术论文引言研究,分析了写作者如何通过合理分配评价资源建构立场,实现说服的交际目的。不过,有学者指出评价理论仅描写语义层面人际意义的部分语义特征,仍处于发展之中,对评价范畴的归纳不够完善(房红梅2014)。部分学者曾对评价系统的各个方面加以完善。例如,Hood(2010)曾扩展级差系统,唐韧(2019)曾完善态度资源等。

虽然评价系统和元话语都强调语篇中潜在的"读者"和对话性特点,且强调对人际意义的关注,但是元话语资源更加凸显话语角色,而评价资源则可以补充元话语对评价的传递(王振华、吴启竞2020)。因此,本文采用评价理论(Martin & White 2005)中的介入和级差两个子系统与元话语(Hyland 2004)中的互动式元话语两个分析框架相结合,以弥补评价系统理论框架分析的不足之处,实现元话语和评价系统在人际意义研究上的互补。本文的分析框架具体见表2。

在此需要强调的是,尽管评价的子系统里介入中的接纳和声明与互动式模糊语和强调语略有相似之处,却比元话语包含的更为全面。因此为避免重复标记,互动元话语中的模糊语和强调语被排除在本文的框架之外。

表2　引述句分析框架

子系统	分类	功能	举例
介入	接纳	扩展对话	may、it is possible that、I think/believe
	归属		X proposed/claimed/reported/explored/ that ... 、according to ...
	否认	压缩对话	in contrast、While、not ...
	声明		It is found that ... show/demonstrate/prove/ point out

（续表）

子系统	分类	功能	举例
级差	语势	态度的强弱程度	scrutinize into、critical
	聚焦	明确程度	mainly、further
互动式元话语	态度标记语	显示对命题的态度	surprisingly、I agree
	自称	明确指出作者	we、I
	介入标记语	明确指出读者或与读者建立关系	consider、you can see that

4 研究方法

本研究共选取20篇硕士毕业论文（Graduation Thesis）和研究论文（Research Article）的文献综述部分作为研究语料，其中学生写作者和专家写作者的论文各选取10篇。本文比较两类写作者在文献综述部分对引述句中评价性语言的使用情况。对于中国的学生作者，本研究随机选择了中国知网（CNKI）中检索到的重点大学英语专业毕业生的硕士论文。而对于专家写作者，本文的研究论文来源于应用语言学领域的核心期刊，如*Applied Linguistics*、*The Modern Language Journal*、*Language Learning*等，作者为在其研究领域发表5篇以上的核心期刊论文的专家型写作者。语料选择完毕后转换为文本格式。

此类小样本、特定的语料库适用于回答特定的研究问题（Hunston 2002），且小型语料库适用于质性的、需要联系上下文进行分析的研究（Flowerdew 2004）。本文需要在每个从句和整句的层面，辨析人际维度的评价性语言，并进行细致的标注。由于标记过程较为复杂，且没有非常固定的词块或搭配可循，因此本文选择人工手动进行标记和统计。由于质性的标记性质，需要考虑上下文的因素较多，工作量较大，本文选取20篇论文作为小样本。为保证标记的准确性，笔者在标注过后反复核对，于三个月后重新标记，并将两次的标记结果进行比较，减少因标记错误产生误差的可能性。

本文按照研究框架进行标记，对专家和学生写作者的各个引述句中评价资源以及互动元话语的使用频率等方面进行比较。由于部分期刊论文的导言与文献综述部分没有分开，写在一个部分，本研究选取功能上类似于文献梳理的部分作为文献综述进行检查。

选择研究文献综述部分的原因为,文献综述是学术写作中的基础部分,且需要对所读的大量文献进行评述,因此对于二语学生写作者来说略为复杂,使其难以掌握写作惯例和恰当的写作策略。此外,比较硕士论文与研究论文这两种体裁,两种体裁在相应文献综述部分所起的功能较为相似,都是实现回顾以前文献,提出以前研究的不足之处等功能。

5 结果与讨论

5.1 结果汇报

通过对语料的编码及统计,本文确定了20篇文章中的评价资源和其所属的子系统以及互动元话语,表3为这些资源在文献综述部分的分布情况。

5.1.1 介入资源

从表3可以看出硕士论文和期刊论文全部使用了大量的介入资源,此类资源占有绝大部分。在介入资源的使用上,硕士生写作者(86.83%)与专家写作者(75.86%)无较大差异,不过硕士生写作者使用了86.83%的介入资源也说明了其有过度使用该类资源的倾向,从而忽略对级差等其他评价资源的使用,使引述句中评价资源相较于专家写作者更为单一。

在介入资源子系统的具体使用上,两个群体的使用差异较为明显。硕士生写作者较常用【介入:归属】资源(68.68%),用以转述外部的声音,通常以承认和疏远的使用方式为主。通常使用描述性词汇,如examined、reported、investigated、presented、according to X等来表述所引作者的研究结果或归属观点的来源,而非作者本人对所引内容的看法。这与Lee, Hitchcock & Casal(2018)的研究结果相一致,二语学生写作者通常使用归属这一类非常有限的资源来实现知识展示的功能。

表3 各类评价性语言分布表

子系统	分类	硕士论文		期刊论文	
		次数	占比	次数	占比
介入	接纳	6	1.06%	2	1.15%
	归属	386	68.68%	18	10.34%
	否认	6	1.07%	11	6.32%
	声明	91	16.19%	101	58.04%

（续表）

子系统	分类	硕士论文		期刊论文	
		次数	占比	次数	占比
合计		**489**	**86.86%**	**132**	**75.86%**
级差	语势	29	5.16%	19	10.92%
	聚焦	41	7.30%	14	8.05%
合计		**70**	**12.46%**	**33**	**18.97%**
互动式元话语	态度标记语	2	0.36%	5	2.87%
	自称	0	0	2	1.15%
	介入标记语	2	0.36%	2	1.15%
合计		**4**	**0.71%**	**9**	**5.17%**
总计		563	100%	174	100%

例如：

（1）In another study conducted by【介入：归属】Hu and Lei（2011），Chinese undergraduate students ...（学生样本2）

（2）David and Morley（2015）also explored【介入：归属】the disciplinary differences in ...（学生样本3）

以上例子摘自硕士生写作者样本，引述句通常以文献汇报的形式出现，较多使用【介入：归属】资源，较少运用到【介入：声明】资源（占比16.19%）。而【介入：声明】资源则是专家写作者最常使用（占比58.4%）的介入子系统。专家写作者通过其明确表达出自己的态度，即该作者认同或反对其所引用的研究结果，对此结果予以肯定或否定，使作者的立场更为鲜明。相比于归属资源，声明资源能够较为明确和强势地表现出写作者对所引内容的赞同、批评，而不是仅仅停留在对所引文献的简单描述。

例如：

（1）It is now generally accepted that【介入：声明】written academic discourse makes a rhetorical appeal to the reader, seeking to persuade them to accept the writer's viewpoint rather than simply stating neutral facts

(Gilbert & Mulkay 1984; Latour 1987; Myers 1990).(专家样本1)

(2) Research has shown that【介入:声明】 first-year undergraduates, particularly ESL/EFL students, may find the use of ...(专家样本10)

而学生写作者最常使用的归属资源(68.68%),在专家写作者中的使用频率只占10.34%。该结果与Liardét & Black(2019)的研究结果一致,专家写作者擅长使用压缩对话的汇报动词,清楚地表达立场;而二语学习者依赖于拓展对话的汇报动词,或直接归属引文来源。因此,学生写作者应学习声明资源的使用,减少对归属资源的依赖,从而更直接、清晰地展现作者对所引内容的态度,呈现出批判性思考而不是简单地汇报所引内容。

在接纳类资源的使用频率上,两个群体无明显差别。在否认资源的使用上,两个群体出现细微的差别,学生写作者(1.07%)相比于专家写作者(6.32%)在否定资源的使用上相对较少。这体现出学生写作者较少地否定其所引用的观点。

5.1.2 级差

相比专家写作者(18.97%),硕士生写作者较少地使用级差资源(12.46%)。专家写作者在【级差:语势】方面的使用(10.92%)明显高于硕士生写作者(5.16%)。语势资源的使用涉及态度分级的强度,可以借助程度词来实现。

例如:

(1) In addition, students have a greater tendency【级差:语势】 to engage in "patchwriting" in source-based writing tasks when they use difficult texts because they are not well equipped in secondary school with the skills of paraphrasing (Hirvela & Du 2013; Li & Casanave 2012).(专家样本10)

(2) Metaphors in science and technologies are very popular and often utilized【级差:语势】as inference or reasoning tools (Aubusson, Ritchic & Harrison 2006; Teng et al. 2016).(学生样本3)

专家写作者和极少数水平较高的硕士生写作者在引述句中能合理使用级差资源,以显示态度的强弱程度。而大多数硕士生写作者在引述句中没有很好地使用级差资源来丰富引述句的表达。

5.1.3 互动元话语

总体来看，互动式元话语的使用相对较少。而在这一方面，专家写作者和学生写作者呈现出较大差异。硕士生写作者的互动元话语使用频率（0.71%）相比专家写作者（5.17%）较少。这表明硕士生写作者并不擅长与读者实现互动，而更偏向于自我展示。

硕士学习者“自称”和“态度标记语”的使用频率偏低。所有硕士论文语料的文献综述部分均未出现“I”“my”等称呼作者自己的自称性资源，而期刊论文中存在少量此类资源。且相比专家，硕士生较少地体现出对命题内容的情感态度。

5.2 总结

各类评价资源中，介入资源的使用频率在两个群体内均为最高。其中硕士生写作者在引述句中最常使用介入资源中的归属资源，而专家写作者最常使用介入资源中的声明资源。与专家写作者相比，硕士生写作者缺少对声明资源的使用，表明硕士生写作者不善于用声明资源表达自己对所引内容所持的态度。

此外，学生写作者使用的评价资源较为单一，集中在归属资源；而专家写作者以声明资源的使用为主，其他资源的使用为辅，呈现出多种多样评价资源的使用情况。硕士生写作者在引述句中缺乏多样资源的使用。

在互动能力方面，学生写作者少有互动资源的体现，而部分专家写作者则较为重视互动元话语的使用，这体现出硕士生写作者在这一方面有所欠缺。

5.3 造成上述差异的潜在原因

5.3.1 学术阅读、写作水平的限制

通常归属类资源只能够汇报别人的研究，无法通过汇报动词清晰地表达自己的立场，倾向于使用 propose、examine、argue 这样的描述性评价资源（归属类评价资源）来扩展对话。而没有使用 point out、show 这类较为强势的表达（声明类评价资源）。学生们在引述句中立场表达不够清晰的原因，也许是受到学术阅读、写作水平的影响。马蓉（2015）的研究指出，文献引用能力的影响因素主要包含文献使用认知水平、学术阅读水平和学术写作水平。学术阅读水平对文献引用能力的直接影响最明显，其次是学术写作水平，再次是文献使用认知水平。因此根据该研究的结果，硕士生写作者的学术阅读水平和学术写作水平有限均可能导致其无法合理地运用评价资源。

在教学时可通过增加硕士生国际期刊论文的阅读量,撰写阅读报告或总结等方式提高学术阅读能力;并通过显性的教学方法明确告知学生论文写作时需要注意评价资源的运用,以提高硕士生的学术写作水平,使硕士生写作者的学术文章更加符合国际学术写作惯例。

5.3.2 引用的动机不明确

硕士生写作者在撰写毕业论文的文献综述部分时可能仅仅为了陈列相关的研究而回顾以往的研究,并没有"表达立场"的引用动机。根据蒋雪薇(2019)的研究,硕士生写作者引用的主要动机为归属文献参考、作为背景材料、综合总结前人研究等,少有学生为建构学术身份而进行文献引用。因此,在硕士学生撰写毕业论文前,有必要对其进行引用动机的教学,使其明确引用的目的。

6 结论与不足之处

本研究描述了各类评价性语言在引述句中的使用频率,总结出专家常用的评价性资源,以及学生写作者在使用评价性语言表达所引内容的欠缺之处,以期为硕士生写作者学术论文写作提供帮助和指导。此外,本研究分析了两个群体评价性语言的使用差异存在的潜在原因,期待通过显性的教学使硕士生写作者引述句的写作水平得到改善和提高。

尽管本研究力求实现准确性,仍存在诸多不足之处。首先,样本内部存在差异。尽管本文随机选择了重点大学硕士毕业生的论文,并尽可能使样本群体保持在同一水平,但硕士生样本内部差异仍然较大。比如,语料 7 和 10 的作者使用了较为详尽丰富的评价资源,与其他样本呈现出较大的差异性。这显示出高水平硕士生写作者能够较好地采用与专家写作者相似的方法或惯例进行引述。因此,未来研究可以集中在高水平与低水平的学生写作者在引述句中使用评价性语言的区别,为低水平学生写作者提供帮助和借鉴。此外,本研究的样本量不够大。由于本研究需要手动标记,较为复杂,因此选取了小样本。如能将样本量扩展至更大,研究结果将更具广泛性。第三,本文只研究了文献综述部分。学术写作中,讨论部分的引述密度同样很大,且对于学生写作者来说难度更大,因此未来研究可以扩展至讨论部分。

参考文献

[1] Bakhtin, M. M., 1986. *Speech Genres and Other Late Essays* [M]. Austin: University of Texas Press.

[2] Charles, M., 2006. Phraseological patterns in reporting clauses used in citation: A corpus-based study of theses in two disciplines [J]. *English for Specific Purposes*, 25: 310 - 331.

[3] Coffin, C., 2009. Incorporating and evaluating voices in a film studies thesis [J]. *Writing & Pedagogy*, 1: 163 - 193.

[4] Flowerdew, L., 2004. *Discourse in the Professions: Perspectives from Corpus Linguistics* [M]. Amsterdam: John Benjamins.

[5] Friedman, A. D., 2019. Citation as a social practice in a TESOL graduate program: A language socialization approach [J]. *Journal of Second Language Writing*, 44: 23 - 36.

[6] Geng, Y. & Wharton, S., 2016. Evaluative language in discussion sections of doctoral theses: Similarities and differences between L1 Chinese and L1 English writers [J]. *Journal of English for Academic Purpose*, 22: 80 - 91.

[7] Halliday, M. A. K., 1970. *Language Structure and Language Function* [M]. Harmondsworth: Penguin.

[8] Hood, S., 2005. *Analysing Academic Writing: Contextualized Frameworks* [M]. New York: Continuum.

[9] Hood, S., 2010. *Appraising Research: Evaluation in Academic Writing* [M]. New York: Palgrave.

[10] Hu, G. W. & Wang, G. H., 2014. Disciplinary and ethnolinguistic influences on citation in research articles [J]. *Journal of English for Academic Purposes*, 14: 14 - 28.

[11] Hunston, S., 2002. *Corpora in Applied Linguistics* [M]. Cambridge: Cambridge University Press.

[12] Hyland, K., 1999. Academic attribution: Citation and the construction of disciplinary knowledge [J]. *Applied Linguistics*, 20: 341 - 367.

[13] Hyland, K., 2000. *Disciplinary Discourses: Social Interactions in Academic Writing* [M]. Harlow: Pearson Education Limited.

[14] Hyland, K., 2004. Disciplinary interactions: Metadiscourse in L2 postgraduate writing [J]. *Journal of Second Language Writing*, 13: 133 - 151.

[15] Hyland, K., 2013. *Disciplinary Discourses* [M]. Ann Arbor: University of Michigan Press.

[16] Hyland, K. & Tse, P., 2004. Metadiscourse in academic writing: A reappraisal [J]. *Applied Linguistics*, 25: 156 - 177.

[17] Lee, J. J., Hitchcock, C. & Casal, J. E., 2018. Citation practices of L2 university students in first-year writing: Form, function, and stance [J]. *Journal of English for Academic Purposes*, 33: 1 - 11.

[18] Liardét, C. & Black, S., 2019. "So and so" says, states and argues: A corpus-assisted engagement analysis of reporting verbs [J]. *Journal of Second Language Writing*, 44: 37 - 50.

[19] Loghmani, Z., Ghonsooly, B. & Ghazanfari M., 2020. Engagement in doctoral dissertation

discussion sections written by English native speakers [J]. *Journal of English for Academic Purposes*, 45: 1-13.
[20] Mansourizadeh, K. & Ahmad, U.K., 2011. Citation practices among non-native expert and novice scientific writers [J]. *Journal of English for Academic Purposes*, 10: 152-161.
[21] Martin, J. R. & White, P. R. R., 2005. *The Language of Evaluation: Appraisal in English* [M]. New York: Palgrave Macmillan Publication.
[22] Myskow, G. & Ono, M., 2018. A matter of facts: L2 writers' use of evidence and evaluation in biographical essays [J]. *Journal of Second Language Writing*, 41: 55-70.
[23] Petric, B., 2007. Rhetorical functions of citations in high- and low-rated master's theses [J]. *Journal of English for Academic Purposes*, 3: 238-253.
[24] Samraj, B., 2013. Form and function of citations in discussion sections of master's theses and research articles [J]. *Journal of English for Academic Purposes*, 12: 299-310.
[25] Shi, L., 2004. Textual borrowing in second-language writing [J]. *Written Communication*, 21: 171-200.
[26] Swales, J. M., 1990. *Genre Analysis: English in Academic and Research Setting* [M]. Cambridge: Cambridge University Press.
[27] Swales, J. M., 2014. Variation in citational practice in a corpus of student biology papers: From parenthetical plonking to intertextual storytelling [J]. *Written Communication*, 31: 118-141.
[28] Thompson, G., 2001. Interaction in academic writing: Learning to argue with the reader [J]. *Applied Linguistics*, 22: 58-78.
[29] Thompson, G. & Ye, Y., 1991. Evaluation in the reporting verbs used in academic papers [J]. *Applied Linguistics*, 12: 365-382.
[30] Thompson, P. & Tribble C., 2001. Looking at citations: Using corpora in English for academic purposes [J]. *Language Learning & Technology*, 5: 91-105.
[31] Wette, R., 2017. Source text use by undergraduate post-novice L2 writers in disciplinary assignments [J]. *Journal of Second Language Writing*, 37: 46-58.
[32] 房红梅,2014. 论评价理论对系统功能语言学的发展[J]. 现代外语(3):303-311.
[33] 蒋雪薇,2019. 英语专业研究生学术写作引用行为特征及其影响因素研究[D]. 硕士论文,长春:吉林大学.
[34] 马蓉,2015. 二语学术写作的文献引用能力及其个体影响因素研究[D]. 博士论文,武汉:华中师范大学.
[35] 唐韧,2019. 评价框架中态度资源的完善——以小组讨论中评价语言使用为例[J]. 外语学刊,(1):25-31.
[36] 王振华,吴启竞,2020. 元话语和评价系统在人际意义研究上的互补[J]. 当代修辞学,(3):51-60.
[37] 张大群,2010. 学术论文中的隐性评价及其识别[J]. 外语教学理论与实践,(3):36-43.

试析俄语歌曲中重音的语音特征与分布规律

杨颜榕

摘　要:汉语属于典型的声调语言,而俄语属于典型的重音语言。在歌曲中汉语的声调受曲调本身音高的影响会产生变异,同样,俄语歌曲在演唱时,重音受歌曲本身节奏的影响,与诵读时也有着明显的不同。本文以俄罗斯歌曲《红莓花儿开》《莫斯科郊外的晚上》《山楂树》《我独自一人出门启程》为例,以俄语语音学重音理论为依托,结合乐理知识,探究俄语歌曲中重音的语音特征与分布规律,试图为俄语学习者、俄语歌曲演唱者以及广大俄语和俄语歌曲爱好者提供一点参考。

关键词:俄语歌曲;重音;语音特征;分布规律

1　引言

从语言的超音段特征来看,汉语和俄语完全属于不同类型的语言。汉语属于典型的声调语言,而俄语属于典型的重音语言。汉语的声调与俄语的重音都具有独特的发音和声学特征。其中,汉语声调主要表现为重读音节音高的高低升降变化,[①]而后者主要表现为重读音节音长的增加和音质的圆满。无论是汉语声调,还是俄语重音,都有着区别词义的功能。但是,它们的这种语音特征和区别词义功能,在歌曲中都会产生一定的削弱现象。具体而言,在歌曲中汉语的声调受曲调本身音高的影响往往会发生变异,有时甚至会造成各种歌词误听现象。例如,汉语歌曲《勇气》的高潮部分第一句"爱真的需要勇气",其中的"气"

① 汉语中的重读音节是指汉语轻声音节以外的所有载有四声的音节。详见徐来娣《俄汉语流重音声学实验对比及应用研究》,南京大学出版社,2016 年,第 99 页。

字原本是仄音,为四声系统中的第四声调(调值为51),而在歌曲中其声调结合旋律接近于四声系统的第二声调(调值为35),整句歌词结合旋律被很多人误听为“爱真的需要永琪”,不免令人啼笑皆非。再如,歌曲《爸爸去哪儿》中“宝贝,宝贝,我是你的大树”一句中,“树”字原本是仄音,是四声系统中的第四声调(调值为51),但是,由于歌曲旋律中的“树”字接近于四声系统的第一声调(调值为55),有很多人把该句歌词误听为“宝贝,宝贝,我是你的大叔”,结果导致句义与歌曲主题完全不符。我们认为,汉语歌曲之所以会产生以上误听现象,主要是由于汉语每个字的声调,或者说每个音节的声调,受曲调本身音高的影响而产生各种变异,其作为声调语言最小语音单位的超音段特征已被曲调所削弱,声调区别词义的功能也随之弱化。无独有偶,俄语歌曲中也有类似的现象。俄语不属于声调语言而属于重音语言,但是,在歌曲中其作为重音语言的发音和声学特征同样也会有所削弱,尽管很少会出现汉语歌曲中的误听现象,但是,同样也会给听众的歌词辨听带来极大的困扰。

众所周知,俄罗斯是一个音乐大国,俄语歌曲极为丰富且颇具特色,是世界乐坛的瑰宝。近年来,随着我国“一带一路”倡议的不断推进,中俄关系日趋紧密,国人对于俄语以及俄语歌曲的学习热情正在迅速升温。一方面,我国有越来越多的音乐爱好者对俄语歌曲产生了浓厚的兴趣,在国内热播的《声入人心》《我是歌手》等音乐类节目中,也经常会有歌唱演员选择俄语歌曲作为比赛曲目。另一方面,把俄语歌曲融入俄语教学中去的做法越来越受到我国高校俄语专业广大师生的欢迎,已经成了我国俄语教学中的一个重要辅助手段。已有越来越多的中国俄语师生认识到,学习俄语歌曲是提高俄语听说能力的有效手段。因为音乐和语言有着密不可分的联系,它们都是用声音来传情达意的。将俄语歌曲融入俄语教学中,既有助于培养学生的俄语听说能力,又能增加俄语学习的乐趣,进而可以大幅提升学习效率。因此,国内已有不少专家学者开始关注俄语歌曲教学这一课题。然而,迄今为止,俄语歌曲中的重音语音特征与分布规律暂时还鲜有问津。

本文以俄罗斯歌曲《红莓花儿开》(Ой, цветёт калина)、《莫斯科郊外的晚上》(Подмосковные вечера)、《山楂树》(Уральская рябинушка)、《我独自一人出门启程》(Выхожу один я на дорогу)为例,探究俄语歌曲中重音的语音特征与分布规律,重点分析俄语歌曲演唱时重音的削弱现象及其产生原因,以及俄语歌曲创作者是如何在重音突出程度被削弱的前提下体现单词重音的,试图为俄语学习者、俄语歌曲演唱者以及广大俄语和俄语歌曲爱好者提供一点参考。

2 俄语歌曲演唱时重音的削弱现象

众所周知,俄语是典型的重音语言。俄语单词发音时,主要利用发音器官的紧张状态造成音色清晰度增大、声音强度增大,同时利用延长音节长度等方法,使词内某一个音节得以突出。语音上的这种强调就是重音,被突出强调的音节就是重读音节(徐来娣 2015)。重读音节的语音特征主要有两个方面:一是重读音节发音动作到位,音色完满,无元音弱化现象;二是重读音节一般比非重读音节更长(徐来娣 2015: 10)。而非重读音节恰恰与之相反,其音质通常会有所弱化,有明显的元音弱化现象,其音长通常也会相应地有所缩短。

因此,非重读音节长度相对较短、非重读元音发生一定程度的弱化,是俄语作为重音语言的主要节律特征之一。在朗读俄语单词或句段时,俄语的非重读音节在"量"和"质"上与重读音节形成明显的对立,产生"量的弱化"和"质的弱化"。其中,"量的弱化"表现在非重读音节的音长会有所缩减,"质的弱化"表现在非重读元音会根据其位置发生一定的音变。如果非重读音节的音长并没有明显缩短,非重读元音的弱化也不再那么明显,那么俄语作为重音语言的节律特征也就相应地有所削弱。

根据笔者观察,俄语歌曲演唱时重音会发生一定的削弱现象,主要表现为以下两个方面:一是非重读音节"量的弱化"消失;二是非重读元音"质的弱化"不明显。

2.1 非重读音节"量的弱化"消失

在"量的弱化"方面,朗读时重音所在音节长度明显比单词中其他音节长,而在演唱时,每个音节的长度由其所对应音符的时值决定,非重读音节与重读音节在很多情况下是一样长的。

(1) Ой, цветёткали́нав‿по́леу‿ручья́. / Па́рнямолодо́гополюби́лая. / Па́рняполюби́лана‿свою́ беду́. / Не‿могу́ откры́ться, сло́ване‿найду́! / Не‿могу́ откры́ться, сло́ване‿найду́![1]

例 1 为歌曲《红莓花儿开》的第一段歌词。根据谢尔巴(Л. В. Щерба)和兹

① 此处的符号"‿"表示同一个语音词内单词与单词之间的连读。

拉托乌斯托瓦(Л. В. Златоустова)的实验结果,重读前第一音节与重读音节音长的比例大致为1∶1.5(王超尘等1988：5)。也就是说,第一句中"цветёт"一词在朗读时,"цве-"与"-тёт"的音长比例约为1∶1.5,但在歌曲中,"цве-"对应的E(mi)音与"-тёт"对应的升D(升re)音均为八分音符,也就是说,在歌唱时"цве-"与"-тёт"的音长比例为1∶1。

同样,歌曲第二句中"молодо́го"一词在朗读时,根据俄语重音规则,重读音节"до́-"的音长本应明显长于非重读音节"мо-""ло-""-го",其中的"-го"作为词尾,音长本应极短。但在歌曲中,"мо-"与"ло-"均对应八分音符,"до-"与"-го"均对应四分音符,即"мо-""ло-""до́-""-го"的音长比例为1∶1∶2∶2,与朗读时的比例明显不同。

再如,歌曲第三句中"па́рня"一词在朗读时,根据俄语重音规则,重读音节"па́р-"的音长本应长于非重读音节"-ня",但在歌曲中,"па́р-"和"-ня"对应的音符都是八分音符,也就是说它们在歌曲中的音长是一样的,"-ня"并没有因为是非重读音节而比"па́р-"的音长短。

第四句中的"могу́"和"сло́ва"也能说明上述现象。"мо-"是非重读音节,"-гу́"是重读音节。"сло́-"是重读音节,"-ва"是非重读音节。然而它们对应的音符都是八分音符,它们在朗读时的长度是不一样的,但在歌曲中它们的音长是一样的。

可见,在歌曲中俄语单词的非重读音节"量的弱化"现象受对应音符时值的影响,几乎消失。俄语语流中非重读音节在任何情况下都比重读音节短这一节律特征,在俄语歌曲里不一定成立。这是俄语歌曲演唱时重音突出程度有所削弱的主要表现之一。

2.2 非重读元音"质的弱化"不明显

在"质的弱化"方面,俄语口语中一些非重读音节的元音会根据其位置发生音变。例如,元音字母"а""о"重读时读音为[а]、[о],而它们位于非重读词首或重读音节前一音节时,弱化为短而弱的[ʌ]音,即发生一级弱化;当它们位于其他非重读音节时,弱化为更短更弱的[ъ]音,也就是发生二级弱化。再如,元音字母"е""я"重读时读音为[jэ]、[ja],而它们位于重读音节前一音节时,一级弱化为短而弱的[иᵊ]音;当它们位于其他非重读音节时,二级弱化为更短更弱的[ь]音。而在俄语歌曲演唱中,有些在朗读时原本需要发生音变的非重读元音依旧发生变化,而有些则不然。

(2) Ве́чер ти́хой пе́снею над◡реко́й плывёт. / Да́льнимизарни́ цамисве́титсязаво́д. / Гдé-◡топо́ездка́титсято́чкамиогня́. / Гдé-◡топод◡ ряби́нушкойпа́рниждутменя́. / Ой, ряби́накудря́ваябе́лыецветы́. / Ой, ряби́на-ряби́нушка, чтовзгрустну́латы?

例2为歌曲《山楂树》的第一段歌词。我们先以“ряби́нушка”一词为例来说明“я”弱化消失的现象。根据非重读音节的元音音变规则,非重读的元音字母“я”在单词中原本应该发生一级弱化,发成短而弱的介于[и]和[э]之间的音,用符号[иᵊ]表示,“ряби́нушка”一词的音标为[р'иᵊб' и́нушкъ]。而在歌曲中母语为俄语的歌唱者却往往选择不弱读音节“ря-”,他们倾向于把“я”发字母本来的音[ja]。这里,非重读元音“я”的一级弱化现象消失。同理,“ряби́на”一词中“я”的发音和“ряби́нушка”一词一致,在朗读时发生一级弱化,本该音变为[иᵊ],而歌唱时“я”的一级弱化现象同样消失。这是元音“я”弱化在歌曲演唱中消失的现象。

不仅元音“я”如此,元音“е”同样也发生了类似的弱化消失现象。例如,歌曲第一句中“пе́снею”一词在朗读时应读成[п' э́сн'ьjу],即“е”应该发生二级弱化,音变为[ь],而在歌曲中却往往被唱成[п' э́сн'эjу],即“е”没有发生任何音变。毋庸讳言,对于元音“е”不同的歌者有不同的处理。例如,例2的“меня́”一词朗读时读[м'иᵊн' á],在歌曲中既有人唱成带元音弱化的[м'иᵊн' á],也有人唱成不带元音弱化的[м'эн' á]。当然二者区别本身就不大,既不影响歌曲的美感,也不影响歌词的理解。

在此必须指出的是,并不是所有非重读元音的弱化现象在俄语歌曲中都会消失。如,元音“о”的一级弱化在歌曲里依旧明显,但二级弱化会发生与其一级弱化趋同的现象。例如,前文我们所列举的例一中的“молодо́го”,朗读时读[мълʌдо́въ],“о”根据其相对于重音的位置分别发生一级弱化[ʌ]和二级弱化[ъ]。而在演唱歌曲时,歌者出于撑满音符音值的考虑通常会唱作[мʌлʌдо́вʌ],也就是元音“о”的一级弱化保留,依然弱化成“ʌ”,但二级弱化与一级弱化趋同,也被弱化成“ʌ”。

在对比大量以俄语为母语的歌唱者演绎的作品后,我们发现,歌唱时元音“я”的弱化消失现象最为突出,元音“е”的弱化消失现象也是时有发生,而元音“о”的一级弱化通常保留,二级弱化则与一级弱化发生趋同。总体而言,俄语歌曲中非重读元音“质的弱化”已经变得不再像朗读时那么明显,这便是俄语重音突出程度在歌曲演唱中有所削弱的主要表现之二。

3 俄语歌曲中重音的分布规律

根据俄语语音学的重音理论,"就整个词汇体系而言,俄语词重音具有异位性(разноместность);就一个词的各种语法形式而言,俄语词重音又具有移动性(подвижность)",但是,就俄语语流中的每一个具体词而言,俄语重音的位置又是固定不变的(徐来娣 2016:209)。俄语歌词是由一个个俄语词组成的句子,在演唱时,每个句子中单词原本的词重音位置通常不会因为在歌曲中的所处位置不同而发生变化。虽然在歌曲中俄语重音突出程度有所削弱,但歌曲创作者在创作时通常会根据单词本身的词重音位置,尽量结合歌曲节奏规律来编曲,因此俄语歌曲中重音的分布大多是编曲者悉心考虑的结果,有着一定的规律性特点。根据笔者观察,俄语歌曲的强拍处、转音处、拖拍处,通常会被巧妙地安置词的重读音节,这就是俄语歌曲重音的三个主要分布规律。

3.1 强拍处通常是重音

笔者发现,俄语歌曲中单词本来具有的重读音节通常情况下会被置于强拍处,换言之,强拍上的音节大多是重读音节。下文以歌曲《红莓花儿开》为例,其第一段歌词与乐谱如图 1 所示:

图 1 歌曲《红莓花儿开》第一段乐谱①

① Ой цветёт калина, ноты аккорды, [2020 - 7 - 10]. https://muzon-muzon.ru/index/oj_cvetet_kalina/0-425.

如图 1 所示，本歌曲为四二拍节奏，即以四分音符为一拍，每小节有两拍，其节奏规律为：强弱、强弱……图中共有 20 个小节。强拍处所对应的音节分别为“ой”“ли́-”，“впо́-”“-чья́”“па́р-”“до́-”“по-”“я”“па́р-”“би́-”“на”“-ду́”，“не”“кры́-”“сло́-”“-ду́”“не”“кры́-”“сло́-”“-ду́”。可见，除第 7 小节外，其他 19 个小节的强拍处对应的音符下的音节都不是应当被弱读的非重读音节，而是重读音节。① 歌曲的编写者可谓用心良苦，尽可能地做到单词重音与歌曲节拍重音一致，既有利于保持词重音的区别语义功能，又有利于学习者整体把握歌曲节拍重音。

同样，歌曲《莫斯科郊外的晚上》中大部分小节的强拍处恰好为词重音。下文我们以该歌曲的第一段为例。图 2 为《莫斯科郊外的晚上》第一段的乐谱。

图 2　歌曲《莫斯科郊外的晚上》第一段乐谱②

如图 2 所示，本歌曲同样为四二拍节奏，其节奏规律与《红莓花儿开》一致，每小节的两拍均为先强后弱，强弱交替。忽略反复跳跃记号，歌谱前两行共计 15 个小节。其中 11 个小节的强拍处恰好对应重读音节，它们分别为：“не”“-ду́”“шо́-”“всё”“-ра́”“е́с-”“зна́-”“как”“до́-”“-ко́в”“-ра́”。

当然，其例外情况比《红莓花儿开》要多些，第 4 小节、第 6 小节、第 12 小节、

---

① 歌曲是一种极为特殊的语流。在俄语歌曲中的前置词、感叹词，与一般俄语语流中的前置词不一样，很多时候并不依附于其后实词而失去重音，如，该句子中的“на”“не”。

② Подмосковные вечера，［2020 - 7 - 10］. https://muzon-muzon.ru/index/podmoskovnye_vechera/0 - 411.

第 14 小节强拍处并没有对应重读音节。其中,“Всё здесь за́мерло до утра́.”一句的重音极易被唱错,“за́мерло”一词正确的重音在第一个元音“а”上,而俄语学习者在没有听范唱自行拼读学习演唱时,极易将重音误读到第三个元音“о”上。其原因有二:一来,“-ло”这个音节处于第 6 小节开头,节奏里强拍的位置。由于俄语歌曲中单词本来具有的重音通常情况下会被放置到强拍处,在不知这个单词是何意、如何变化的情况下,很容易想当然认为重音在“-ло”上;二来“земере́ть”一词原型的重音在最后一个音节,其过去时重音是根据性、数变化的。阳性、中性与复数形式的重音在第一个元音“а”上,为“за́мер”“за́мерло”“за́мерли”,而阴性则重音后移,为“земерла́”,重音在最后。俄语中有许多动词过去时的中性和复数形式重音有两种情况,结合第一个原因,不难理解歌曲中所用的过去时中性形式为何会被读错重音。

3.2 转音处通常是重音

《红莓花儿开》一曲第一段中第 7 小节所对应的单词“полюби́ла”的重音不处于强拍处,而处于弱拍处,属于上一节所述规律的特例之一,但它符合转音处通常是重音这一规律。“полюби́ла”一词中,重读音节“би́-”对应升 F(升 fa)、E(mi)两个音符,而非重读音节“по-”“лю-”“-ла”则分别对应一个音符。

一个音节对应两个音符的情况在本段中出现了 5 次,分别是第三小节出现的前置词“у”对应两个音,单词“полюби́ла”中音节“би́-”对应两个音,以及单词“откры́ться”中音节“кры́-”对应两个音。“полюби́ла”和“откры́ться”两个单词在歌曲的第一段中都出现了两次,且两次单词的重音处均出现了转音,可见歌曲的创作者试图利用转音来体现单词的重音之处。

《我独自一人出门启程》一曲中的十个转音也能够说明这一规律。图 3 为歌曲《我独自一人出门启程》第一段的乐谱。

《我独自一人出门启程》是一首著名的俄罗斯抒情曲,由俄国作曲家莎什娜(Е. С. Шашина)于 1861 年创作,其歌词以俄国伟大诗人莱蒙托夫(М. Ю. Лермонтов)于 1841 年所写的同名抒情诗为基础。这首歌完整歌词如下:“Выхожу один я на дорогу; /Сквозь туман кремнистый путь блестит; /Ночь тиха. Пустыня внемлет богу. /И звезда с звездою говорит. //В небесах торжественно и чудно! /Спит земля в сияньи голубом ... /Что же мне так больно и так трудно? /Жду ль чего? жалею ли о чём? // Уж не жду от жизни ничего я, /И не жаль мне прошлого ничуть; /Я ищу свободы и покоя! /Я б хотел забыться и заснуть! // Но не тем холодным сном могилы ... /Я б желал навеки так заснуть, /Чтоб в груди дремали жизни силы, /Чтоб дыша вздымалась тихо грудь; //Чтоб всю ночь, весь день мой слух лелея, /Про любовь мне сладкий голос пел, /Надо мной чтоб вечно зеленея /Тёмный дуб склонялся и шумел. ”。

图 3　歌曲《我独自一人出门启程》第一段乐谱①

从图 3 可以看出，乐谱所示旋律共有两处转音。第一处转音出现在第一句“доро́гу”一词“ро́-”音节所对应的旋律之处，“ро́-”对应 A(la)、F(fa)两个音。第二个转音出现在“бо́гу”一词“бо́-”音节所对应的旋律之处，“бо́-”对应 D(re)、C(do)、降 B(降 si)三个音。两处转音均对应单词的重读音节。

整个乐曲共五段，每段旋律是重复的，但歌词不同。第二段出现的两个转音分别对应“чу́дно”中的“чу́д-”音节和“тру́дно”中的“тру́д-”音节。它们都是重音所在音节，即重读音节。第三段出现的两个转音分别对应“ничего́”中的“-го́”音节和“поко́я”中的“ко́-”音节，它们也都是重音所在音节。同样，第四段中“моги́лы”中的“ги́-”音节和“си́лы”中的“си́-”音节都是重读音节，它们分别对应两处转音。第五段中“леле́я”中的“ле́-”音节和“зелене́я”中的“не́-”音节也都是重读音节，也分别对应两处转音。综上所述，本曲一共出现十处一个音节对应两个及两个以上音符的情况，这十个音节无一例外都是重读音节。

之所以会出现这个现象，原因之一是歌曲本身由诗歌改编，而诗歌的创作要

① Выхожу один я на дорогу，[2020-7-10]. https://muzon-muzon.ru/index/vyxozhu_odin_ya_na_dorogu/0-331.

遵循一定的规律,即诗歌格律,莱蒙托夫的这首诗为典型的扬抑格(хорей)。这首歌曲先有词,后有曲,因此,歌曲的创作者谱曲时必定要充分考虑到歌词的重音规律。我认为,也正是考虑到重音在歌曲中会有所削弱,为了更好地突出重音,编曲者选择了在重读音节进行转音。

值得一提的是,《我独自一人出门启程》歌曲中的十处转音既符合转音处通常是重音这个规律,又符合强拍处通常是重音这一规律。该曲是一首四四拍的抒情歌曲。四四拍就是以四分音符为一拍,每小节有四拍,节奏规律为:强弱次强弱,强弱次强弱……也就是说一个小节中第一拍是最强的,第三拍是次强的,第二拍和第四拍相对是弱的。这十处转音对应的音节都是重读音节,它们也恰好都位于一个小节的第一拍,即强拍处。从这个例子中我们也可以看出,重音在歌曲中可以采用强拍和转音结合的方式进行突出。

3.3 拖拍处通常是重音

除了上文所分析的强拍处通常是重音、转音处通常是重音这两个规律以外,我们还发现,在拖拍频繁的抒情歌曲中,重音常以拖拍的方式进行体现。下文以歌曲《山楂树》第一句为例,其歌词与乐谱如图4所示:

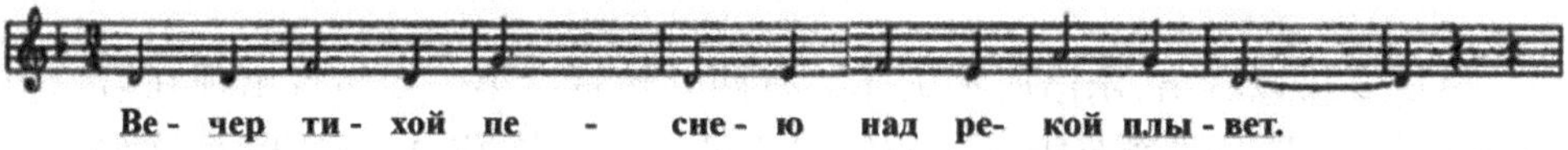

图4 歌曲《山楂树》第一句乐谱[1]

如图4所示,“Ве́чер ти́хой пе́снею над‿реко́й плывёт.”一句中,重读音节拍子至少拖两拍。这首歌为四三拍节奏,即以四分音符为一拍,每小节有三拍,其节奏规律为:强弱弱,强弱弱……

该例句中,所有双音节、多音节词的重读音节均倍长于非重读音节。“Ве́чер”一词填满了一个小节,整整三拍,其中,重读音节“Ве́-”对应二分音符,时值为两拍,而非重读音节“-чер”对应四分音符,时值为一拍;“ти́хой”一词共三拍填满了第二小节,其中,重读音节“ти́-”对应二分音符,时值为两拍,而非重读音节“-хой”对应四分音符,时值为一拍;“пе́снею”一词共六拍,填满了第三、第四这两个小节,其中,“пе́-”为三拍,与非重读音节“сне-”和“-ю”的长度比例

[1] Владимир Васильев: Самую знаменитую уральскую песню слушает треть мира, (2017-6-22)[2020-7-10], https://www.oblgazeta.ru/culture/33754/.

为3∶2∶1；“реко́й”一词中音节“ре-”与“-ко́й”的长度比例为1∶2，“ре-”对应四分音符，时值为一拍，“-ко́й”对应二分音符，时值为两拍；“плывёт”一词中音节“плы-”与“-вёт”的长度比例则为1∶4，“плы-”时值为一拍，而“-вёт”占足足四拍。

歌曲《我独自一人出门启程》中也有重音以拖拍的方式进行体现的现象。例如，第一句中“выхожу́”一词中的音节“-жу́”是重读音节，它在歌曲里被作曲者赋予的音符时值为1.5拍，是同一词中非重读音节“вы-”“хо-”的三倍。作曲者通过在歌曲中赋予重读音节与非重读音节所对应的音符不同的时值，使得这个词的重音比在朗读中更为明显。值得一提的是，这个词也符合强拍处通常是重音这一规律，为了满足这个规律，作曲者选择了弱起的方式进行编曲。乐曲由拍子的弱部分（弱拍或后半拍）开始，叫作“弱起乐曲”或“弱起”。第一条小节线之前的部分，叫作弱起小节。弱起小节叫作不完全小节，它往往和乐曲中的某一段的最后一小节合成一个完全小节（李重光1962：152）。“вы-”“хо-”两个音节所对应的音符是八分音符，分别占半拍，共占一拍，如图4所示，乐曲由弱拍开始，弱起小节里有且只有一拍，对应“вы-”“хо-”两个音节，这样一来，重读音节“-жу́”所对应的音符就顺理成章落在第一小节第一拍，即强拍之处。从这个例子中我们也可以看出，重音在歌曲中还可以采用强拍和拖拍结合的方式进行突出。

《我独自一人出门启程》这首歌中不止一处以拖拍方式体现重音。第一段第二句中的“тума́н”“блести́т”以及第四、五句中重复出现的“говори́т”也符合上述规律。“тума́н”中非重读音节“ту-”所对应的音符为八分音符，占半拍，重读音节“-ма́н”所对应的音符为附点四分音符，占一拍半。“блести́т”中非重读音节“бле-”所对应的音符为占半拍的八分音符，而重读音节“-сти́т”所对应的音符为附点二分音符，占足足三拍，时值远长于前者。同样，两处“говори́т”中非重读音节“го-”“во-”所对应的音符都是八分音符，而重读音节“-ри́т”对应的则是足足占三拍的附点二分音符。

作曲者通过音节对应音符时值的不同，将非重读音节与重读音节进行了明显的区别与突出，重读音节的时值远长于非重读音节。

4 结语

综上，俄语歌曲中的重音有着独特的语音特征和分布规律。在语音特征方面，俄语歌曲在演唱时重音的突出程度有所削弱，具体表现为歌曲中非重读音节

"量的弱化"消失和"质的弱化"不明显;在分布规律方面,俄语歌曲中的强拍处、转音处和拖拍处往往对应词重读音节。

俄语歌曲中重音的语音特征与分布规律研究表明,俄语学习者在学习演唱俄语歌曲时,有必要从两方面入手,正确把握俄语歌曲节律特征。一方面,俄语学习者应该注意俄语歌曲中非重读音节的弱化特点——"量的弱化"消失和"质的弱化"不明显。我们应注意模仿母语演唱者的示范演唱中非重读元音的弱化程度,对于范唱中不再弱化的非重读音节,我们要适度减少其弱化强度;对于范唱中保留弱化的非重读音节,我们也要尽量保留其弱化特征。换言之,我们既不能一味强调俄语朗读时非重读元音的弱化规则,对于歌曲中的非重读音节一概进行弱化;同时,我们也不能过于夸大俄语重音在歌唱时突出程度有所削弱的独特语音特征,对歌曲中的非重读音节一概不弱化,进而影响歌曲的音乐性和演唱效果。

另一方面,俄语学习者还应该注意俄语歌曲中重读音节的分布规律——强拍处、转音处、拖拍处往往对应重读音节,因为这一规律对于我们确定歌词重音位置有一定的辅助作用。尽管俄语歌曲中重音突出程度有所削弱是不可避免的,但是,如果将歌曲中的重音完全抹杀,俄语歌词就会失去节奏感,失去韵律美,严重时还会造成语义不明现象。众所周知,"俄语词重音有自由性和移动性的特点"(张家骅等 2006: 237),历来是俄语学习者的一大拦路虎。而俄语歌曲中独特的重音分布规律——强拍处、转音处、拖拍处通常对应重读音节,恰好可以帮助俄语学习者解决重音位置难以把握这一难题。俄语学习者根据此规律可以确定俄语歌曲中大部分歌词的重音位置,当然偶尔也会有特殊情况。但不管如何,我们认为,上述规律可以在一定程度上帮助我们确定俄语歌曲的歌词重音,进而对于我们的俄语重音习得有所裨益。

此外,俄语歌曲中强拍处、转音处、拖拍处通常是重音的这一规律,还可以运用在汉语歌曲翻唱成俄语歌曲的再创作过程中。在进行翻唱时,汉语歌词同样的意思往往可以有多种翻译方式,如果歌词译文不符合俄语歌曲的重音分布规律,重读音节没有得到巧妙的安置和有效的突出,那么,歌曲演唱者必然会感到极为不适,歌曲欣赏者也很难理解歌词所表述的内容。如果翻唱者根据上述重音规律选择合适的方式翻译歌词,巧妙地安置歌词中的重读音节,尽量使歌词俄语译文中的重音与歌曲中的强拍或者是旋律中的转音、拖拍之处相吻合,那么中文歌曲中优美的旋律、丰富的内涵便可以更为有效地得以传达与分享。随着"一带一路"倡议的进一步推进,中俄文化艺术领域的交流越来越密切。中文歌曲中有各式各样旋律优美、内涵丰富的歌曲,将其恰当地翻译成俄语进行翻唱,既可以为世界音乐的丰富性助力添砖，又有助于让包括俄罗斯在内的俄语国家了解中国音乐的魅力，了解中华文化，对提升我国国家形象、增强文化软实力、扩大国际影响力也将会有一定的促进作用。

参考文献

[1] 李重光，1962. 音乐理论基础[M]. 北京：人民音乐出版社.
[2] 王超尘，等，1988. 现代俄语理论教程[M]. 上海：上海外语教育出版社.
[3] 徐来娣，2015. 俄语词重音基本理论应用研究[J]. 中国俄语教学，(2)：8－14.
[4] 徐来娣，2016. 俄汉语流重音声学实验对比及应用研究[M]. 南京：南京大学出版社.
[5] 张家骅，等，2006. 新时代俄语通论[M]. 北京：商务印书馆.

学习型英汉双解电子词典的比较分析
——以《牛津高阶英汉双解词典(第9版)》与《柯林斯高阶英汉双解学习词典(第8版)》为例

方 婷

摘　要:《牛津高阶英汉双解词典》和《柯林斯高阶英汉双解学习词典》从功能定位来看,都是针对中国二语学习者设计的学习型解码词典,但二者无论是在宏观结构还是微观编排方面,都有着不同程度的区别。以往多数电子词典相关研究都聚焦于词典的使用策略或需求性分析等宏观层面,而对于词典中具体词条的释义、例证等信息的研究较为匮乏。但已有研究证明,电子词典多模态的呈现模式和日趋完善的信息收录系统使得电子词典的功能越来越完善,能够与纸质词典优势互补。本文拟以《牛津高阶英汉双解词典(第9版)》(以下简称《牛9》)和《柯林斯高阶英汉双解学习词典(第8版)》(以下简称《柯8》)两本词典的电子版词典作为分析对象,从词汇的音形、义项分级、释义、标签、语用信息和新词收录六个层面进行比较分析,总结两款电子词典各自的特点,为学习型双语词典的编纂和外语学习者对双语电子词典的选择提供参考。

关键词:学习型词典;电子词典;《牛津高阶英汉双解词典(第9版)》;《柯林斯高阶英汉双解学习词典(第8版)》

1　引　言

伴随着科技的进步,电子设备(尤其是便携式移动设备)的功能也愈加多样、齐全。传统观点认为,与纸质词典相比,电子词典的内容不够详细,权威性也有待考证。例如,一些第三方词典平台收录了来自不同词典的词目释义,但对每本词典的信息做了部分删减。事实上,近年来一些知名词典的出版社纷纷推出了各自词典的专用应用软件。在宏观结构上,这些电子词典缺少了目录、前置、后置和附录等内容,但在特定词条的微观解析层面基本保持了与其对应的纸质词典的内容。此外,由于电子设备的多模态特点,电子词典可以借助语音、色彩和超链接的形式,弥补纯文本难以实现的功能。可见,通过移动设备载入的专用词典软件既能在形式上满足读者随时随地查阅词汇的需求,又能保障词典中所含信息的质量和权威性,甚至在某些方面突破了纸质词典的内在局限性,因而成为众多学习者的首要选择。本文将以《牛 9》和《柯 8》这两款学习型电子词典为例,分析二者在微观内容层面上的编排特点,总结其中的可取之处,为英语学习者在电子词典的选择和使用上提供参考。

2 文献综述

2.1 英汉双解(双语)词典

纵观现有的词典学研究成果,近年来英汉双解(双语)词典主要聚焦在翻译层面,如词目释义方式、谚语或隐喻的翻译、例证的翻译以及对应词的使用等。如郭莹(2014)通过对“功能对等”理论的全面阐述和对例证翻译的详细分析,探讨总结了双语词典例证翻译达到的“功能对等”类型和策略;丁骏(2013)梳理了西方双语词典学中关于“对应关系”及“对应词”的理论,借以对英汉词典中的汉语对应词做一个系统的分析考察;Mushangwe Herbert(2014)研究了英汉互译时对应词的选取难题。王雅雅(2018)以《牛津高阶英汉双解词典》第 8 版和第 6 版为研究对象,抽样第 8 版中的新词,对其进行分类并总结其中不同类型新词的主要释义方法。

2.2 学习型英汉双解(双语)词典

不少学者对学习型英汉双解(双语)词典中的释义方式进行了研究,其中以原型理论的应用为典型代表。如李大国(2016)以原型理论为依据,分析了英汉双语学习词典原型释义模式的构建;佘小敏和林明金(2018)以《牛津高阶英汉双解词典》为例,探索了原型理论对英汉学习型双解词典释义的启示。此外,隐喻信息也是备受学习型双语词典研究者关注的一个话题。唐舒航(2020)以隐喻习语的意义理据为切入点,选取包含名词“fire(火)”的隐喻习语为研究对象,探讨隐喻习语在英汉双解习语词典中的释义模式。杨娜(2016)立足于二语隐喻能力发展的特殊需求,以英汉词典为例,从理论与实践两个方面探索双语学习型词典系统表征隐喻信息的必要性、可行性与有效性。也有学者提出词典介入式教学的必要性,如韩玲(2014)探讨了电子词典辅助下的英语教学对教师话语权的影响,魏向清(2016)结合二语写作教学中的同伴反馈活动,探讨了引入学习型词典作为"反馈支架"的合理性,为"词典介入式二语教学"模式的建构做了初步探索。

2.3 学习型英汉双解(双语)电子词典

电子词典大多都是为二语或外语学习者设计的。对于英汉电子词典在英语学习中的作用,一些学者持保留态度,例如林雳(2014)指出现有电子词典的弊端以及英语专业大学生在词典使用中的误区。但随着电子词典的不断更新完善,越来越多的学者对于电子词典的辅助功能也越加认可,如 Zhiyi Zhou(2018)在分析现有的英汉双语电子词典的基础之上,通过调查数据证明设计为中国商科学生专用的英汉双语电子词典的必要性;钱亦斐(2016)以社会符号学框架下的多模态理论为基础,以学习型词典中的五大家族"Big5"的纸质及新型电子词典为蓝本,对现代学习型词典发展过程中的"多模态化"展开讨论,探究了该类词典的符际模态配置模式。针对电子词典使用策略的研究也有不少,例如于晓燕(2013)调查了英语专业本科学生英语词典使用的情况,提出了正确认识与使用英语词典的建议;朱红(2014)分析了学生在英语阅读中电子词典的使用情况,提出学生在阅读过程中应将电子词典的使用同阅读策略有机地结合起来,最大限度地利用电子词典的功能。

综上所述,现有的研究不乏对学习型英汉双解(双语)词典的探索,但大多只停留在宏观的使用策略或需求性分析上,对于词典中具体词条的释义、例证等信息的研究较为匮乏,不能为电子词典的辅助教学或学习功能提供有力的实质证明。作为英语学习型词典"五大家族"的成员,《牛津高阶英汉双解词典》和《柯林斯高阶英汉双解学习词典》成为很多中国英语学习者的参阅首选。本文拟以上述两本词典的电子版词典为分析对象,从词汇的音形、义项分级、释义、标签、语用信息和新词收录六个微观层面着手进行比较分析,总结二者值得借鉴的地方,为双语电子词典的编纂和二语学习者对双语电子词典的选择提供参考。

3 文本分析

3.1 音形

《牛9》明确标注了英音和美音两种音标，可以满足不同发音习惯的学习者的需求。对于同一地区但有多种读音的单词，该词典也将所有常见音标都标注了出来。例如 garage 一词，一共罗列了三种英音和两种美音。同时，英音和美音分别用红色和蓝色标注，方便读者快速定位并区分它们。而《柯8》虽然由英国柯林斯公司出版，但其电子词典只标注了美式读音，且仅为常用的一种美式读音。两款词典都借用了语音功能，点击每个音标，就能听到该读音的正确示范。

对于英式和美式拼写不同的单词，《牛9》是以英式拼写为主详细展开的。例如对于中文的“荣誉”一词，当我们输入 honor 时，页面显示“ = honour”，并在该词的位置附上超链接，点击“ = honour”就能跳转至该词的详细解释页面。与之相反，《柯8》以美式拼写为主进行详细解释。如果我们输入英式拼写 honour，就可以看到，词典只简要显示它的英式读音，然后指引读者“see— honor”，即该词的美式拼写。当读者点击 honor，跳转至美式拼写的词条时，就可以看到该词的完整释义了。

3.2 义项分级

《牛9》采用了较为传统的分组方法，即首先按照单词的词性划分，再根据每一类词性细化具体的义项。如 catch 一词首先按照名词与动词单独成栏，然后在名词一栏中列了6个义项，动词一栏中列了20个义项。相比之下，《柯8》有所创新，并未将词性作为词目的首要分级标准，而是直接按照意群来划分，再将每个意群分成若干个有细微语义区别的义项。更重要的是，《柯8》采用了情景释义法，使用自然、完整且带有语法意义的句子来解释词目的含义。这样做的好处有两点：一是将词性不同但意思接近的条目合并在一起，引导读者按照语义特征去学习和记忆，而不是机械地按照语法上的词性来归类；二是情景释义通常使用的都是整句释义，能够在帮助读者理解词义的同时，也了解该词目的正确用法及其语境信息。此外，这种释义法也是词典编纂学中规定主义与描写主义的平衡向后者倾斜的典型体现，例如 if 和 when 句型，都是对情景的典型描写，不仅给读者营造了较为真实的语境，也拉进了编者与读者的心理距离，让读者切身体会到词典编者与自己是平等的交流者，而非专制的“发令人”。

例如 catch 作“捉住;捕获”解释时,《柯 8》中描绘的“If you catch a person or animal, you capture them after chasing them, or by using a trap, net, or other device.”就比《牛 9》中的“to capture a person or an animal that tries or would try to escape”要形象得多。再例如《柯 8》中关于 accommodate 的释义:“If a building or space can accommodate someone or something, it has enough room for them.”以及 whip 作为动词的释义:“If someone whips a person or animal, they beat them or hit them with a whip or something like a whip.”。

《柯 8》虽未在一级菜单中区分词性,但在子条目中对此做了明确标注,例如“vi”“vt”“n[count]”等,且这些标注皆为蓝色,与正文的黑色字体明显区别开来,使得读者更容易注意到这些信息。《牛 9》对词性的标注采用了与正文一样的颜色和字体,并且使用了词性的全称(如“intransitive”“countable”等),在这一点上不如《柯 8》的呈现那样简明和突出。此外,对于及物动词的被动语态用法,《柯 8》还添加了 passive 的标注。这样一来,读者能够将动词的被动语态标记与主动形式过去分词的时态标记加以区分。《柯 8》还在词目首行列出了动词和名词这两大类实词的常用变体。通常二语学习者在进行词汇学习时,词形变体(尤其是不规则变体)便是学习者必须掌握的一项基础知识。不规则变体的难点在于两点:一是无法套用大多数单词适用的规律去推断,因此需要单独记忆;二是在不加注的情况下,读者很难注意到某个单词不遵循规则变体的方式。无论是哪种原因,如果能将词形变体放在词目的首行,都可以起到显著提示的作用,让读者在查阅目标词汇时第一时间就能注意到该词的变体形式。

3.3 释义

在释义方面,两款词典都采用了按照意群划分的方法,先将词目分为若干个范畴的基本义,然后再将每个基本义细化成若干义项。例如 catch 一词,《牛 9》中第一个基本义为“hold,接住”,继而细化为“接住;拦住”“接落下的液体”和“抓住;握住”这三个义项。接下来是第二个基本义“逮住;捕捉;捕获”,以此类推。这种按照意群分类的标准,在《柯 8》中体现更甚,对于 catch 一词,柯林斯一共将其分为“hold or touch”“manage to see, hear, or talk to”两大基本义以及“other uses”,然后针对上述每一项再细分为具体义项。区别在于,除了上文提到的是否根据词性来划分义项这一点以外,对于基本义的处理,《柯 8》没有像《牛 9》那样给出对应的中文释义,而是采用整句释义法,使用简单常用的英文词汇编写释义,为读者提供充足的语境,这对于有一定基础的外语学习者来说,理解起来相对比较容易。

在习语和动词词组的编排上，两款词典差异显著。《牛9》单独设置了习语和动词词组的栏目，并以不同颜色的字体加以区分，因此读者能够更加快捷地定位到目标词汇的常规用法和搭配，而《柯8》没有利用专门的栏目来放置习语和动词词组，它把习语包含在动词词组（或其他类型的词组）里，然后将动词词组与词目的基本义列为平级的条目。例如与catch有关的习语和词组就是该词目一级条目中的第四条。从读者的阅读体验来看，这种排列在视觉上不如《牛9》的方法清晰明了。在任何一门语言的习得过程中，习语都是极为重要的一个环节，尤其对于高阶学习者而言，因为语言学习的终极目标就是最大限度地贴合母语者的表达习惯。陈新仁(2007)提出衡量二语学习者语言输出能力的四个指标：准确度（accuracy）、复杂度（complexity）、流利度（fluency）和地道程度（idiomaticity），其中的地道程度就与习语的学习密不可分。但由于中西方的思维、信念、文化背景差异，英汉习语也区别迥异，这对于二语学习者而言无疑是一大挑战。如若能在学习型词典中专设习语栏目，将会吸引读者的目光聚焦于此处。

值得一提的是，《牛9》为常用义项标注了同义词。例如，当catch作“逼真地显示”解释时，《牛9》给出了该释义的同义词capture。一方面，在母语的一个特定词语与目标语的多个对应词之间建立联系，这种关联能够有效扩大学习者的词汇量；另一方面，根据罗伯特·德凯泽（Robert DeKeyser）提出的（语言）技巧习得理论（Skill Acquisition Theory），大量的重复练习使得学习效果发生显著的质变，若涉及的同义词在不同词目下方中反复出现，则是对已有知识的巩固，因而更容易形成长期记忆。

对于高频却易混淆的单词，《牛9》还单独用红色标注了“同义词辨析”这一栏，例如在catch的“看见；听见”这一释义下方仔细解释了see、spot、catch以及glimpse的语义区别，并给出了相应例句。对应词在词典编纂中向来都是学者研究的热点，在实际语言运用的场合中，二语学习者也常常会受母语中相似词汇的影响，对目标语中的相似概念无法准确区分，就像上述四个单词翻译成中文都可以称作“看见”，但它们的外延含义却有所不同。因此《牛9》中专门设置的“同义词辨析”栏目可以有效解决这个问题，让学习者在查阅单词时，不仅了解该词的语义，更能与易混词或近义词加以区分，从而在用词上做到精准取舍，语言更加严谨。

总体来说，《牛9》的义项数量比《柯8》更多，信息更齐全。例如对于life一词，《柯8》的释义有10项，例句共13个。而《牛9》的释义共14项，例句（包括短语)共56个。充足的例证可以创造形象直观的意象环境,通过这些例子,读者能够充分体会该词通常出现的场景。但另一方面,《牛9》的例子虽多,但仔细推敲也能看出其中有少量相似甚至冗余的例证,例如在 life 的第二个义项"人命;性命;人的存活"中,其中三个例句"The flood caused a massive loss of life""The operation saved her life"以及"My grandfather lost his life in the war"原理基本一致,即拯救或丧失生命。因这两款词典都是专为高阶学习者而设计,而对于上述这类用法简单的例证,学习者完全可以做到举一反三,所以这样的例证或许可以精简数量,或是在同一个例句中以"/"隔开目标词目的不同搭配,从而为词典节省篇幅,也减轻读者的阅读负担。

相比之下,《柯8》的例句数量虽少,但编者在选取例子时普遍选取了较为典型的例句。依赖于世界上规模最大的英语语料库"Bank of English",该词典不仅包含了多种英式英语和美式英语的语篇,收录的词汇、解释用语和例证均来源于真实的语言,保证了语料的自然、地道和时代感。

3.4 标签

两本词典都运用了多种标签,如"formal""informal""literary""disapproval""offensive"和"old-fashioned"等标签。有一定英语基础的读者通常都深有体会,了解单词的含义只是词汇学习的初步要求,最困难的在于词汇的输出环节,即将它们恰当准确地运用到实际语境中。上述类型的标签便是语用信息在词典中的典型体现,它能够有效提醒读者使用词目必须注意的场合,尤其是与文化相关的语言现象,如禁忌语、不礼貌用语和带有负面情感的词语等。

《牛9》还添加了词目的词源标签,例如在 catch 一词的最下方标注:"Middle English (also in the sense 'chase'): from Anglo-Norman French and Old Northern French 'cachier', variant of Old French 'chacier', based on Latin 'captare' ('try to catch'), from 'capere' ('take')."。这些信息对于专攻词汇学的读者而言,是有很大参考价值的。对于非专业读者,也提供了一次拓展知识面的契机。

除了上述标签以外,两款词典都采用了"参见"格式的交叉检索法,例如《柯8》在 catch 的第八个释义中提到 to catch fire,后面标注了"see—fire",因此读者在查阅 catch 的用法时也能顺带学习与它经常搭配的 fire 这个单词的详细释义。《牛9》还将交叉检索与短语搭配相结合,首先在一个例证中将包含目标词的短语加粗,以此来提醒读者该词的常用搭配,其次在一些搭配中还引用了 see also 的标注,将这些搭配和与之高度关联的其他词组联系起来。如在例证 articles about the love lives of the stars 中,编者首先将 love lives 加粗,提示读者 life 一词可以组成 love lives 这样的短语；然后编者在下行标注了“see also—sex life”，提示读者除了 love lives 的用法，还有和它相似的说法如“sex life”。

3.5 语用信息

除了上述标签以外，两款电子词典也十分注重其他语用信息的传达。《柯8》在使用 if 句型和 when 句型编写释义时，会依据具体语境使用不同的主语。通常在解释积极的、意象美好的词汇（如 beautiful、confident）时，都会用第二人称 you，而涉及消极的、有冒犯倾向的词汇（如 arrogant、vanity）时，则会使用不定代词 someone、第三人称复数 they 或泛指的 people。由此可见，在词典编纂过程中，编者也时刻遵循着会话中的礼貌原则，即尽可能增加对听话人的称赞，减少对听话人的贬低，营造良好的会话氛围。对于难以用中文区分的近义词，该词典还编排了相关词汇的详细语境解释。例如 preserve、conserve 和 reserve 三个词若翻译成中文，都可以叫作“保留；保持”，但它们的实际用法区别明显，在不同的语境中应该使用不同的单词。该词典是这样解释三者的：“If something is *reserved* for a particular person or purpose, it is kept specially for that person or purpose. If you *preserve* a situation or condition, you make sure that it remains as it is, and does not change or end. If you *conserve* a supply of something, you use it carefully so that it lasts for a long time.”。从释义当中我们可以看出，reserve 表示“为某种目的或人保留某物”，因此，“保留票”应该为 reserve tickets；preserve 表示“保持原状不变”，因此“保持和平”应该为 preserve peace；conserve 表示“小心翼翼使用某物以保留时间长一些”，因此“保护环境”应该为 environmental conservation。

《牛9》在很多中文释义中采取了用括号补充语用信息的方法，这样既能做到形式上的对等翻译，又能补全词目相关的信息。例如在 desperate 一词的某个义项中，就写道“（因绝望而）不惜冒险的，不顾一切的，拼命的”，比起《柯8》中的中文解释“不顾一切的”，前者能够让读者了解该词是指人们在遭遇绝望情景而衍生出“不顾一切”的心理状态，而非因为其他缘故导致的“不顾一切”。因此，读者能容易理解为何该词有两条乍看起来缺乏内在联系的两个义项——既可以表示“不顾一切的”，又可以表示“绝望的”。同时，该中文释义的中心词（括号后面的“不惜冒险的，不顾一切的，拼命的”）又保留了与 desperate 一词的语义对应关系，强调该词的核心意思仍然是“不顾一切的”。

3.6 新词收录

与纸质词典相比,电子词典的更新周期更短,但两款电子词典在新词的收录方面表现有所不同。二者出版时间相差不远,《牛 9》出版于 2018 年 3 月,《柯 8》出版于 2017 年 1 月,但总体看来《牛 9》比《柯 8》收录的新词更多,更新更快。例如近年来兴起的单词 Android 和 QR code 等,在《柯 8》中输入它们时,查询不到任何信息,但在《牛 9》中可以看到详细释义。词目更新速度是电子词典优于纸质词典的一大优势,这也是众多读者选择电子词典或在线词典的重要原因之一,若在这方面电子词典无法保证较高的更新率,那么在内容翔实、权威性高的纸质词典面前,电子词典无疑将会失去明显的优势。

4 总结与展望

总体来说,学习型英汉电子词典对于当代的中国英语学习者来说大有裨益。比起大部头纸质词典,电子设备更加便携,且无论是语音输入还是键盘输入都比翻阅纸质词典的速度更快,能够满足读者随时随地学习词汇的需求。同时,电子词典多模态的呈现模式能够弥补单一纸质文字的功能不足,在任何页面上,点击任何一个单词都可以直接跳转至该词的详细释义页,因而可以大幅度减少读者的查阅时间。从上文的分析中可以看到,《牛 9》和《柯 8》的电子词典信息收录齐全,查阅便捷,同时在词汇的音形、义项分级、释义、标签、语用信息和新词收录六个方面信息的呈现上也有各自的优势和特点。相对而言,《牛 9》的信息更加齐全,例证更加充足,这一点尤其体现在音形和释义方面;而《柯 8》采用的释义方式更具故事性,语境体验感也更强,对于语义相似但语用不同的词汇,辨析也更加清晰易懂。它们可以作为纸质词典的补充,辅助教师教学和学生自学。读者亦可以根据需要检索的信息特点,选择最适合自身学习需求的词典。

以上是对《牛 9》和《柯 8》学习型电子词典的浅显分析。本文只涵盖了词典中以上六个层面的比较,没有涉及宏观结构以及电子词典与同类纸质词典的比较,这也将为我日后的学习研究提供方向。

参考文献

[1] Mushangwe, H., 2014. Translation as a mathematical problem: An analysis of Chinese-English and English-Chinese word equivalents [J]. *Translation & interpreting: the*

international journal of translation and interpreting research 6(2): 55 - 66.

[2] VanPatten, B. & Williams, J., 2014. *Theories in second language acquisition: An introduction* [M]. Taylor and Francis:12 - 22.

[3] Zhou, Zh. Y., 2018. On building a specialized Chinese-English / English-Chinese electronic dictionary for Chinese business English learners [J]. *Journal of language teaching and research* 9(4): 840 - 848.

[4] 陈新仁,2009. 新编语用学教程[M]. 外语教学与研究出版社.

[5] 丁骏,2013. 英汉词典中的对应词之现状分析[J]. 复旦外国语言文学论丛,(01): 53 - 58.

[6] 董娜轶,2010. 论《外教社·柯林斯英汉双解学习词典》的情景释义[J]. 重庆科技学院学报(社会科学版),(01):199 - 201.

[7] 耿云冬,2015. 英汉学习型词典发展历程回顾与反思——基于设计特征视角的分析[J]. 辞书研究,(01):54 - 60 + 94.

[8] 郭莹,2014. 功能对等理论关照下的英汉双语词典例证翻译研究[D]. 硕士学位论文. 广州:暨南大学.

[9] 韩玲,2014. 电子词典辅助下的英语教学对教师话语权的影响[J]. 赤子(上中旬),(20):139 - 140.

[10] 李大国,2016. 英汉双语学习词典原型释义模式的构建[D]. 博士学位论文. 苏州:苏州大学.

[11] 李二占,2017.《牛津高阶英汉双解词典(第8版)》词源的理据信息考察[J]. 外语教学理论与实践,(03):25 - 33 + 56.

[12] 林雳,2016. 英语词典使用误区及原因分析[J]. 泉州师范学院学报,34(01):86 - 90.

[13] 吕靖,2019.《牛津高阶英汉双解词典》"用法说明"聚合模式的演变[J]. 北京科技大学学报(社会科学版),35(05):38 - 45.

[14] 钱亦斐,2016. 现代学习型词典的"多模态化"与符际模态配置研究[J]. 辞书研究,(06):26 - 36 + 93.

[15] 孙思遥,2017. "目的论"视野下的词目翻译初探——以《牛津高阶英汉双解词典(第8版)》为例[A]//2017中国·厦门外国语言文学研究生学术论坛暨厦门大学外文学院第十届研究生学术研讨会论文集. 厦门:厦门大学外文学院.

[16] 唐舒航,2020. 英汉双解习语词典中隐喻习语的释义模式——基于名词"FIRE(火)"语料的分析[J]. 成都大学学报(社会科学版),(02):81 - 88.

[17] 王雅雅,2016. 再探《牛津高阶英汉双解词典(第8版)》新词的译义[J]. 佳木斯职业学院学报,(10):381 + 383.

[18] 魏向清,2016. 二语写作教学中学习型词典的同伴反馈"支架"功能初探[J]. 辞书研究,(03):1 - 10 + 93.

[19] 杨娜,2016. 双语学习型词典隐喻信息系统表征研究[D]. 博士学位论文. 南京:南京

大学.

[20] 余小敏,林明金,2018. 原型·体验·隐喻——原型理论对英汉学习型双解词典释义的启示[J]. 福州大学学报(哲学社会科学版),32(01):90-94.

[21] 于晓燕,2013. 英语专业学生词典使用策略调查研究[J]. 现代交际,(02):212-213.

[22] 张婧,2009. 简评《外教社·柯林斯英汉双解学习词典》的编排[J]. 安徽文学(下半月),(11):297.

[23] 朱红,2014. 浅析电子词典在英语阅读中的使用策略[J]. 海外英语,(08):117-118.

二　流行话语研究

模因论视角下“X子”构式的方言泛化研究

林燕玲

摘　要:“X子”构式作为近来网络流行范式,广受网民模仿与传播,衍生出众多趣味横生的构式变体。本文拟在模因论视角下对“X子”构式进行三维分析,旨在揭示“X子”的信息复制模式与其内在形成动因。本研究从微信平台收集到100例相关语料,对该网络流行构式展开其衍生复制模式和语用动因机理的研究探讨。研究发现,“X子”构式以名词、代词、动词和形容词嫁接的模因表现型传播为主要复制模式,形成动因的实质主要是彰显亲密、缓和语气、博取共情等。本文认为“子”尾接续从地区方言升格为流行范式,得益于网络环境中的积极传播,归因于大众亲密互动的言语需求和认知环境,进一步佐证网络时代带来的方言泛化、语言传播和语言演变。

关键词:“子”尾;模因论;方言泛化

1　引言

在参与式文化(participatory culture)主导下的网络时代,网络话语凸显了语言使用的弹性和语言使用者的创造力,是语言模因的载体。参与式文化是一种与消费式文化(consumer culture)相对立的文化,通常用于指某种类型出版媒体的制作。在这一时代背景下,公众不仅是文化的消费者,更是文化的贡献者与生产者。自女团选秀综艺节目《乘风破浪的姐姐》在网上火热开播以来,广大网友便开始对节目中30位女艺人给予广泛的期待与关注。在节目弹幕以及其他网络社交媒体如微博、微信等公众互动平台上,网友们普遍给姐姐们冠上了“XX子”的昵称,如“静静子”(宁静)、“茜茜子”(万茜)、“绮绮子”(张雨绮)、“萌萌子”(张萌)、“依依子”(黄圣依)等。“X子”构式也愈发普遍地在网络交际中得以运用,除了在人名后接续“子”尾,各类名词、动词、形容词后嫁接“子”尾的现象也屡见不鲜,如“啥子”“可爱子”“工作子”等。本文拟就微信平台上收集到的100例相关语料,从模因论的视角,对该网络流行构式展开其衍生复制模式和语用动因机理的研究探讨。本文认为“子”尾接续从地区方言升格为流行范式,得益于网络环境中的积极传播,归因于大众互动的言语需求和认知环境,进一步佐证网络2.0时代带来的语言传播与演变。

2 回溯方言“子”尾的演变

目前汉语研究文献中对于“子”尾的产生尚未有统一的说法。从汉语史来看,“子”作为后缀产生在东汉(25—220年),发展于魏晋,而“子”名词词缀在唐宋时期开始普遍使用起来(郝红艳2015)。萧黎明(1997)称名词“子”尾由小称的“子”发展而来,早在“郭璞时代”(276—324年)就已产生。力量(2006)谈道,“子”和“儿”作为构词后缀,在唐宋以后的近代汉语中开始得到广泛运用。“子”尾词仍在当今各方言中广泛使用,说明现代汉语方言中的丰富“子”尾用法是古汉语的共时遗留。

“子”尾和“儿”化在普通话及不少方言中普遍存在。“子”尾一般具有成词、转类、变义等构词功能,儿化亦然。某些字不能单独成词,需复合成词,加上“子”尾方能成词称说,一般指其总称;儿化是小称形式,可在词前添加修饰成分(汪如东2012),如对“腿”而言,方言中常见的是“腿子、腿儿、细腿儿、鸡腿儿”等。从古代汉语演变到近代汉语的过程中,书面语更接近当时的口语,同时由于某些方言的影响较大,一般而言,北方(如北京)多用“儿”,南方(如苏北)多用“子”(力量2006)。

近二十年来,关于“子”尾的考察多集中在对于各地区方言的探索。郭辉(2007)论述皖北濉溪方言的“子”尾词及其意义,描写其与名词、量词、动词和形容词连用时的不同语义特征。周政(2007)全面描写陕西省南端平利方言“子”尾词的类型,分析了平利方言“子”尾词的结构形式、语义特征及其语法功能,并进一步阐释该方言拥有大量“子”尾词的原因。史素芬(2012)对晋东南(山西省东南部的长治和晋城)“子”尾的语音特征、结构类型、语义特征、语法意义和作用等进行了较为全面的共时描写和分析,揭示了其丰富多彩的语言事实,往往具体常用的、含有“小”称意义和卑贱的、不值得敬畏意义的人或事物常带“子”尾。郝红艳(2015)从类型学研究的视角对汉语方言中“子”尾的读音、构词、语法功能和语法意义进行考察,发现汉语方言中"子"尾虽然在语音形式、构词特征、语法功能以及语义特征上彼此略有差异,但它们作为名词词尾标志的本质属性是一致的。同汉语中的某些虚成分一样,是粘附性的功能成分,不仅可以粘附在语素、词上,也可以粘附在短语上。

总体而言,目前有关文献多讨论方言中"子"尾使用呈现衰落状态。吴继章(2002)研究河北省最南端的魏县方言,讨论一般"子"尾名词、表示时间的"子"尾名词、含"子"尾的村名、表示"时间"和"约数"的"子"尾名词、非名词性"子"尾词等几类,揭示其偏离标准的独特语义特征,具有明显口语特点的语体色彩,以及部分不可分的内部结构,认为"子"尾词很可能正处在"衰落"当中。王国珍(2007)全面调查了山西定襄方言中的人名加"子"现象,分析其用法和功能,指出了这种现象衰落的趋势。侯超(2012)提出,汉语词缀的主要功能有五个:成词、转类、变义、增义、衍音,其中增义是指词缀的表达性功能,包括指小、增量、轻蔑、亲昵、表敬、口语化等多个方面,而皖北方言的"子"尾具有前四种功能,其增义功能包括"指小""表轻蔑""表亲昵""口语化"四个方面。郭小梅(2012)从语义和语法角度细致讨论了阜阳方言中"子"尾词的八种功能:区别词性、成词功能、衍音功能、区分词义、表示轻蔑、表大量、表某类人、表爱称等,通过社会调研发现,社会的发展变化、普通话强势影响和使用者心理态度使得阜阳方言中"子"尾正处于向普通话"儿"化变化的开始阶段。

上述研究多是从社会语言学角度就具体方言进行描写或从大面积的区域角度进行概括分析。随着时代的发展、社会的变迁、生活的进步,语言的使用也产生了较大的改变。"子"尾构式作为近年来的网络流行范式,广受网民模仿与传播,衍生出众多趣味横生的"X 子"构式变体,我们有必要从更多角度和层面对"子"尾进行更深入的探讨和研究。

3 模因论视角

Dawkins(1976)类比基因的内涵,从自然科学和生物遗传学的视角提出了模因(meme)概念,依托生物进化论的思想和研究方法解释社会文化现象。模因论主要探讨诸如观念、礼仪、信仰、习俗、知识、交际、符号、音乐、意识形态、人工制品和社会行为等一系列文化元素在社会系统内的传播、变异与选择,以及对社会整体产生的冲击与影响。模因论为人类文化和心智世界的起源、发展与传播提供了一个有别于社会学和文化人类学为代表的传统人文社会科学的研究视角和分析方法,诠释了人类何以在如此短暂的时间内就形成"这样一个具有文化和文化进化能力的大脑"(Blackmore 1999)。

模因论认为,模因是一种可能存在的类似于生物遗传因子——基因的文化复制因子和文化传播单位(Dawkins 1976),文化也可通过进化得以分析解读。文化则基于模因模仿而得以传播,正如物种通过基因复制实现繁衍(冯建明、莫爱屏 2019)。何自然等(2007:127)考察了 meme 一词的理论成因,在此基础上结合该术语与"基因"的关系及其近似发音,将 meme 译成"模因",有意让人们联想到模仿现象,是一种与基因相似的现象。基因通过遗传而繁衍,模因却通过模仿而传,是文化的基本单位。"模因"这个译名译出了 meme 的意义且通俗易懂。Dawkins 创造的 meme 具有两个含义:一是文化传播单位;二是模仿单位。英语的 meme 到汉语的"模因",恰好反映出人的模仿天性。

如 Dawkins(1976)所述,模因是一个文化信息单位,不断得到复制和传播的语言、文化习俗、观念或社会行为等即属于模因。Blackmore(1999)强调模仿之于人类生存的重要性,指出模仿是我们生来就具有的能力,我们的一生都在相互模仿。模仿或许不是什么聪明之举,但往往有一种令人意想不到的聪慧蕴含在模仿当中(Blackmore 1999:3)。模仿是文化复制的核心,可以视为复制因子(replicator),也可以作为文化进化单位。人们所持有的观念会因流传得到继承,也可能在流传过程中发生变异。模因定义的形成分为两个阶段:前期被认为是文化模仿单位,其表现型为曲调旋律、想法思潮、时髦用语、时尚服饰、搭屋建房、器具制造等模式;后期的模因被看作是大脑里的信息单位,是存在于大脑中的一个复制因子(何自然等 2007: 130 – 131)。语词、技能和音乐等可以视作大脑里模因的外在呈现,通过感觉器官在个体之间相互传递,在接受者的大脑里留下副本,使模因不断得到复制与传播。

模因作为文化基因,靠复制、传播而生存,语言是它的载体之一。模因有利于语言的发展,而模因本身则靠语言得以复制和传播,可见模因与语言有着极其密切的关系。从模因论的角度看,语言模因揭示了话语流传和语言传播的规律。语言模因,就是指"携带模因宿主意图、借助语言结构以重复或类推的方式反复不断传播的信息表征"(何自然、陈新仁 2014:9)。语言本身就是模因,它可以在字、词、句乃至篇章层面上表现出来。像其他模因一样,语言模因同样可以区分为基因型语言模因和表现型语言模因,前者是"以内容基本相同、形式各异的方式重复传递的语言信息",后者是"以形式基本相同、内容各异的方式类推传递的语言信息"(何自然 2005:54)。

一个语言模因的形成需要具备适切的内部条件和外部条件(陈新仁 2017)。就其内部条件而言,成功的语言模因往往表达精炼、通俗易懂,具有实用性、形象性、时尚性、修辞性等，易被模仿套用且适用于多种语境。就其外部条件而言，成功的语言模因往往传达了宿主的强烈表达需求或符合宿主的交际心理趋向，其传播的空间和渠道具有开放性、容忍度和传播力。正是因为上述内部和外部条件的存在，相关语言模因才会具有长久的生命力、广泛的影响力和丰富的修辞效应，进而被大众普遍模仿、复制和传播。

部分语言模因有较强的生命力得以广泛流行，而另一些则可能只是昙花一现，逐渐甚至很快就被遗忘。模因的存亡取决于它的语用功能。当词语作为模因得到广泛应用，在交际中发挥着积极的作用时，这些模因就变得强大，并能融入这种语言之中，从而不断被复制和传播（何自然等 2007：156 – 157；何自然 2008；2017）。

学界已有不少从模因论视角探析语言演变的文章。梁永红（2019）从模因角度探讨词群“神 X”和“X 神”的衍生变异，提出结构的模仿、语义的引申和通俗化是词群发展的基本路径。刘桂兰、李红梅（2009）从模因论角度研究“XX 门”现象，强调人们在语言使用过程中求新求异的心理，厌倦既有的传统表达，想方设法追求新奇、陌生的表达方式，从而解释语言的发展演变。侯建波、孙静怡（2014）分析网络新文体，认为它具有多个功能，包括指向新的对象、传递人际意义、构建虚拟社团、批评社会现实以及娱乐功能。他们提出，通过模因过程，作为模因寄主的语言获得了新功能，而模因的动力正是来自实现网络新文体的这些功能。

图 1　微信互动中的“X 子”构式现象

4　讨论与结果

笔者在微信平台上收集 100 例“X 子”构式相关用法，就“X 子”构式的衍生模式展开细节刻画，并深入探讨其中的语用动因。如图 1，“X 子”构式展现了其强大的影响力，引起交际双方的积极共鸣，营造趣味横生的聊天氛围,从而推动互动的延续开展并促进双方的情感联结。

笔者检索自2019年1月—2020年9月的个人微信聊天记录,并将高频次出现的"X子"构式相关用法列举如下:"孩子",500条以上;"筒子",100条以上;"样子",700条以上;"脑子",200条以上;"啥子",60条以上。另外还有一些较为常见的相关构式有:澡子、头子、美女子、手子、爪子、号子、伞子、灯灯子、工作子、脑袋瓜子,等等。

4.1 "X子"构式的传播条件

4.1.1 人名+子

正如引言中所提及,随着《乘风破浪的姐姐》综艺选秀节目火热开播,网友们开始乐此不疲地给节目中的姐姐们起"XX子",以名字尾字叠词续"子"尾的昵称。这波潮流引得大众网友纷纷效仿,开始在微信平台上给互动对象起类似的叠词续"子"的昵称,以紧跟时尚、追随潮流。王国珍(2007)枚举山西定襄话表达亲昵意味的小名形式四种:(1)人名的最后一个字重叠,如"花花""香香""娥娥"等;(2)排行加不带"子"的昵称,如"大闺妮""二闺妮""二毛""二狗";(3)姓加排行,如"陈三""王三";(4)人名后"子",如"国珍子""二伟子"。文中指出,这些亲昵小名用法形式丰富,能产性极强,曾经一度非常发达,目前却正处于消亡阶段。然而,时下网络新风带动该昵称形式的再度流行,正凸显了当前网络社交语境下人们对亲昵称呼的需求,该构式正迎合大众网友强烈的表达需求和亲密交际心理趋向。

4.1.2 名物词+子

名物词中,续"子"尾的构式往往由"手、爪、号、伞、头"之类的单音节词接续构成。蔡华祥(2008)在解释单音节数词的"子"尾现象时提出,汉语词汇的双音节化使得当地方言单音节数词需要附加"子"尾变成双音节的形式。这或可在一定程度上解释能够组成双音节词和如"脑袋瓜子"这样构式的类型,却不能有力解释"美女子"这样在发音上并不对称的构式。找到续"子"尾现象的制约条件并不容易,续"子"尾现象看似任意,其实蕴藏着使用者的深层动因。

4.1.3 代词+子

由代词续"子"尾的构式中最为常见的便是"啥子"和"这样子"及其各种变体,如"亚子""酱紫""酱纸"等在发音上有所变异的形式。作为两个高频次出现的续"子"尾构式,其语用动因将在下一部分具体展开论述。

4.1.4 形容词+子

形容词续"子"尾的构式中较为常见的有"可爱子""好看子""不错子""感动子"等,接续的形容词往往带有积极正面的语义倾向。

4.1.5 动词+子

动词续"子"尾现象往往是在名物词接续"子"尾的基础上,如"打卡子""喝水子""洗头子""洗澡子""工作子"等。其中"工作子"与其他稍有不同,因为它不具备名物词接续"子"尾的基础。

4.2 "X子"构式的语用功能

4.2.1 拉近人际距离

就上述传播条件而言,其中"人名+子"和"名物词+子"便充分利用了这一亲昵动因。不论是对艺人的称呼"XX子"还是对互动对象的指称续"子"尾,都凸显了当前网络社交语境下人们对拉近人际距离的渴望,该构式正迎合大众网友彰显亲密的强烈交际需求和心理趋向。如"谢谢XY子"一句中,相比之下若没有"子"尾就难免会稍显冷漠。在以短信息交际主导的微信互动中,我们看不到互动对方的神情、姿态和口吻,只能靠对方发过来的略微滞后的短消息来猜测对方的语气和状态。而要想充分展示自己积极正面的情绪,就需要投入更多的交际资源,才能让交际对方有所明了。这些额外的交际资源或许是我们另外发出的表情包,或许是一个小波浪号"~",或许是一个微表情,也或许是可接续的"子"尾。而这些资源的语用功能不言自明,是彰显亲密,拉近互动双方人际距离,为下一次互动奠定情感联结的基础。

4.2.2 降低面子威胁

当互动一方要谈及抱怨的内容或其他带有消极意义的评价,且不愿伤及对方的情面时,往往会采取一定的话语策略来缓和语气并降低可能的面子威胁。如"老师给我们的屁屁踢(PPT)仿佛都是用了很多年的样子"和"看他hin高冷的亚子",这两个例子都涉及了对谈话第三方不太积极的评价,且第三方和互动对方有着较为亲密的关系,在给第三方消极评价时可能会给互动对方带来面子威胁。在评价末尾加上"样子",可有效降低话语直陈的力度,观点被打造成为随时可被对方一句"其实"所反驳的表面现象。同理,"你干啥子"也会比"你干啥"的语气更缓和,有效降低可能给互动对方带来的面子威胁。模仿"这样子"构式的相关变体尤其丰富,这是互动之中为缓和语气的需求所致。

4.2.3 博取对方共情

在互动中,我们常常需要叙述或描写一些既定的事情或已知的事物,或者说服对方接受某个观点或请求,而适当地接续“子”尾便可有效地博取他人的共情,有利于达到想要的效果。如“回来还把伞子丢了”这句话中,说话者融入了对遗失之伞的亲昵,凸显了该物件遗失带来的伤感、无奈和委屈,更能唤起互动对方的共情。另有,“快来打卡子大家~”一例,为邀请群聊各位填表记录,说话人采取构式“打卡子”让言语更加诙谐生动,博取其打卡兴趣。更有趣味互动“卡子好惨,天天被打”的类似评论,进一步说明了模仿“X子”构式带来的趣味互动效果。

5 结论与展望

本文选用微信互动语料,从模因论视角探析该网络流行构式“X子”的传播效果与语用动因。研究发现,“X子”构式以名词、动词、形容词嫁接的模因表现型传播为主要复制模式,形成动因主要是彰显亲密、缓和语气、博取共情等。

本文认为,如今网络互动上之所以出现如此丰富的“子”尾词,主要原因是各种语用动因需求使得方言升格泛化。此类方言的升格泛化,有两个最为突出的外部条件:一是全民互联网时代信息互通共享的便利与快捷;二是网络用户群体的特殊性。五湖四海方言体系各异的网民在互联网上自由互动,客观上为方言的升格、语言的融合提供了相应的社会条件,不同地区的“子”尾用法都有机会与普通话摩擦碰撞、相融结合。笔者另外发现,该构式更是广泛流行于大学生群体的日常生活。大学生群体具有一定的特殊性,身边同学来自五湖四海,方言各异,包容性强,趣味十足,彼此跟风模仿,从而带动“子”尾在日常生活中的使用。“子”尾接续从地区方言升格为流行范式,得益于网络环境中的积极传播,归因于大众互动的语用需求和认知环境,进一步佐证网络时代带来的方言泛化、语言传播与语言演变。

文章尚有两点不足之处。一方面,本文未详尽探讨方言升格普通话的适切条件,缺乏方言类型泛化的大数据支撑,今后相关研究或可结合大数据对方言升格条件做进一步探讨,从而解剖方言进入普通话所需要具备的条件。此外,本文仅从分析者视角展开讨论,今后或可结合使用者视角,通过问卷和访谈收集佐证资料。

参考文献

[1] Blackmore, S., 1999. *The Meme Machine*[M]. Oxford: Oxford University Press.

[2] Dawkins, R., 1976. *The Selfish Gene*[M]. New York: Oxford University Press.

[3] 蔡华祥,2008. 江苏盐城步凤方言的数词附加“子”尾[J]. 方言,(1):57-58.

[4] 陈新仁,2017. 词汇-语法创新的语言模因论解读——以英语非作格动词“致使化”为例[J]. 外语教学,(3):12-17.

[5] 郝红艳,2015. 类型学视角下的方言“子”尾研究[J]. 河南师范大学学报,(2):163-167.

[6] 郭辉,2007. 皖北濉溪方言的“子”尾词[J]. 方言,(3):216-220.

[7] 郭小梅,2012. 阜阳市区方言“子”尾词变化及原因探析[J]. 大舞台,(1):177-178.

[8] 何自然,2005. 语言中的模因[J]. 语言科学,(6):54-64.

[9] 何自然,2008. 语言模因及其修辞效应[J]. 外语学刊,(1):68-73.

[10] 何自然,2017. 语言模因与公共领域的生态环境[J]. 中国外语,(3):20-27.

[11] 何自然,陈新仁,2014. 语言模因理论与应用[M]. 广州:暨南大学出版社.

[12] 何自然,谢朝群,陈新仁,2007. 语用三论:关联论·顺应论·模因论[M]. 上海:上海教育出版社.

[13] 侯超,2012. 汉语词缀的功能与皖北方言的“子”尾[J]. 南京师范大学文学院学报,(3):177-182.

[14] 侯建波,孙静怡,2014. 模因论视角下的网络新文体[J]. 外语教学,(5):19-22.

[15] 力量,2006. 近代汉语中词缀“子、儿”等的独特用法[J]. 河南师范大学学报,(2):168-170.

[16] 梁永红,2019. 词群“神X”和“X神”的衍生变异——从模因角度谈两类常见词群的衍生路径[J]. 语言文字应用,(4):102-110.

[17] 刘桂兰,李红梅,2009. 从模因论角度看“XX门”现象[J]. 外语学刊,(2):70-73.

[18] 史素芬,2012. 晋东南方言的“子尾”研究[J]. 语文研究,(3):62-65.

[19] 王光全,2009. 构词域与后缀“-子”的语义问题[J]. 世界汉语教学,(3):379-390.

[20] 王国珍,2007. 社会语言学视角中定襄话的“人名+子”现象[J]. 修辞学习,(5): 15-17.

[21] 汪如东,2012. 江苏海安方言的“子”尾词[J]. 方言,(4):372-377.

[22] 吴继章,2002. 魏县方言的“子”尾词[J]. 语文研究,(3):56-58.

[23] 萧黎明,1997. 从郭璞注看名词“子”尾的产生[J]. 中国语文,(4):314.

[24] 姚亦登,2008. 江苏高邮话中的“子”缀[J]. 扬州大学学报,(6):122-125.

[25] 周政,2007. 陕南平利方言的“子”尾词[J]. 语文研究,(3):48-51.

附录

语料收集

(1)“看的好气人子,我发誓最后一次熬夜看尤文。怕猝死”

(2)“末班车回家继续工作子[女孩][电脑](随文附上一张集体合照)”

(3)“get 一枚适合烛光(pao)晚餐(mian)的灯灯子~(随文附上一张夜灯照片)”

(4)“因为想变身小可爱子(不是)”

(5)“手子一抖心儿乱颤”

(6)“各位老师,各位研会干部大家晚上好,这是新的工作群哦,请大家多多关照[爱心][爱心](顺便麻烦有 XY 和 ABC 号子的筒子帮我拉一下两位[捂脸])”(XY/ABC 指代两个人名)

(7)“老师好~筒子萌好~☺☺☺”

(8)“这样子挺好的单独可能还有些刻意[社会社会]”

(9)“补俩卡子~”

(10)“分享一个可爱的老郭子”

(11)“快来打卡子大家~”

(12)“刚好用来热虾子”

(13)“(上文一个[离谱]表情包)我的谱子已经不知道去哪里了”

(14)“九键你要理解伤口和枪口一个打法子”

(15)“嗯嗯你花花我贺卡子”

(16)“——呵——??? 你呵啥子”

(17)“别理他哈哈哈哈哈我也不懂他犟啥子”

(18)“你这么急切干啥子噢”

(19)“我满脑子快逃”

(20)“我真的和几个阿姨关系都挺好的哈哈哈哈多条路子嘛哈哈哈哈”

(21)“我不看微博子哈哈哈哈哈”

(22)“回来还把伞子丢了”

(23)“你是不是在外面有狗子了打到 ta 账号了”

(24)“‘猪猪’拍了拍我的小脑袋瓜子”

(25)“调查啥子哟”

(26)“干巴巴的就哈哈哈哈哈没法子爱吃”

(27)"你们都是用啥子查的"

(28)"酱紫"

(29)"妹纸"(妹子的变体)

(30)"汉纸"(汉子的变体)

(31)"这么一说好像是很有道理的样子"

(32)"——学习 CP 上了头脑子里都是原则准则哈哈哈哈"

(33)"哈哈哈满脑子 cp"

(34)"我点开页面就是这样子"

(35)"诶我要下载怎么这个样子"

(36)"这样子呀~"

(37)"哦哦哦这样子呀~"

(38)"我肯定它是蜘蛛!! 那个脑子! 那个爪子! 那个毛毛!"

(39)"我去准备我的回答了哈哈哈哈哈好难的样子"

(40)"我刚醒来脑子不太正常"

(41)"我不需要用脑子的哈哈哈哈我只需要用眼睛哈哈哈哈哈"

(42)"咱就图个乐子哈哈哈哈"

(43)"这样子呀那我们能不能看下屁屁踢上有没有可以分析的语言资源呀~"

(44)"我上次看了一点说 3.15 报名截止的亚子"

(45)"筒子们有记得当时那个迎新的时候"

(46)"@文体部的筒子们! 外联那边联谊合作群建起来了,上次问策划的时候好像趣味运动会是不是要和联谊结合一下[鸭]你们要一起搞[上面]咩"

(47)"对照这个,主要有没有更新的,就是点子啥的"

(48)"筒子们,明天我要交工作计划了,你们看看你们的活动有没有变化啥的"

(49)"我想的是如果可以的话,尽快把大家搞在一起,好像是有个正式的见面仪式,成为一份子那种"

(50)"哈哈哈哈哈哈哈这是个男孩子我看到人之前以为是个女孩子呢"

(51)"看他 hin 高冷的亚子"

(52)"不错子"

(53)"这样子我们可以捡漏"

(54)"哈哈哈必须给面子"

(55)"新增四个小可爱每个都掀了外联的牌子哈哈哈哈哈哈哈哈"

(56)"你跟康康今天拜了把子"

(57)"喊着嗓子面试"

(58)"一号爪子选手"

(59)"筒子们,来通知一下关于返校的安排哈哈哈"

(60)"只是开了会聊了点子分工撰写"

(61)"我脑子不行"

(62)"各位筒子,这个公众号的活动以及一些点子蛮丰富的,可以参考参考"

(63)"你天天在家找乐子"

(64)"我去找乐子了"

(65)"来来来班子成员们都加入共享文档~"

(66)"新老班子交接"

(67)"混子不要说话[得意]"

(68)"混子洗完澡子要给我稿子"

(69)"女孩子要有女孩子的亚子一人一杯奶茶安排"

(70)"上早课的可怜孩子"

(71)"我刚刚洗头子去了"

(72)"我们也有孩子要拉进来"

(73)"快让你们孩子改备注笑死"

(74)"铁玲子"

(75)"脑子很不清晰"

(76)"后面还要干啥子"

(77)"一人200左右预算的亚子"

(78)"敲板子~"

(79)"结果老师翻硕确定了5个哈哈哈哈哈然后名额一下子就满了嘞~"

(80)"X姐~Y姐生日是今天嘛?想祝福一下子来着哈哈哈哈哈哈哈(X/Y指代单字人名)"

(81)"脑子也没有的"

(82)"X姐我想问一下法语学硕邀请好嘉宾了吗?迎新志愿者这边有一个18法语学硕的学姐可以帮忙约人这样子的~(X指代单字人名)"

(83)"我准备买你发的那个!因为看那个销量比较多的样子"

(84)"还是妮妮子有招"

(85)"他不会宠人诶我也不懂反正你俩刚在一起我就觉得他就很不解风

情的样子”

（86）“就互相都没想把对方带入到自己圈子的感觉哈哈哈哈哈”

（87）“牛津那个妹子”

（88）“这妹子好酷”

（89）“这日子不能出门耍”

（90）“他们有那个养生圈子”

（91）“然后我有一些学术问题不懂请教他吧他又一副好为人师的样子”

（92）“跟北方孩子比起来咱们的教育质量确实比较低”

（93）“我过一阵子还得找你买蜂蜜！”

（94）“美女子，问你一下哈”

（95）“我猜肯定有[捂脸]就是适不适合 mooc 这个场合可能还需要把握一哈子”

（96）“老师还给推荐了一个录音笔说还能直接转写但我觉得大家好像都不咋用的亚子？”

（97）“谢谢 XY 子！”（XY 指代人名，不同字）

（98）“俺只知道语言学的孩子被 XY 老师一棒子打死了。”（XY 指代人名，不同字）

（99）“老师给我们的屁屁踢仿佛都是用了很多年的样子”

（100）各位筒子们好，鉴于结合投票结果以及后期的活动，我们将团建定在了19号哦。（周六，希望可以见到每个小可爱！）大概日程是：下午两点于南门集合，然后去K歌，聚餐，合影酱紫[鼓掌][鼓掌]　然后请能去的筒子们在群里扣一哈子[害羞]

“我酸了”中“酸”的去范畴化机制探讨

鞠晓然

摘　要：近年来，“我酸了”在网络语境中受到广泛的使用。从历时的角度看，“酸”作为味觉形容词时，通感隐喻和转喻触发了其语义的延伸。而在“我酸了”流行语中，“酸”经历了去范畴化的过程，在保留部分语义的同时，存在语义泛化和句法范畴模糊的现象。

关键词：味觉形容词；语义延伸；隐喻；去范畴化

1　引言

2019年12月，国家语言资源监测与研究中心、《咬文嚼字》《语言文字周报》相继公布了2019年年度流行语榜单。而在三份榜单中，“柠檬精”及其引申用法“我酸了”均名列前茅。根据榜单中提供的释义，“柠檬精”字面意思指柠檬成精，指对他人怀有嫉妒之心，现多用于自嘲式地表达对他人从外表到内在、从物质生活到情感生活的多重羡慕。该流行语最初由电子竞技游戏爱好者使用。在2019年WE与RNG战队的比赛结束后，部分WE战队的粉丝不能接受落败的结果，在微博等社交平台上发表了一些对于冠军队伍的嫉妒与嘲讽的言辞。在数月后，这一表达便被广泛应用于娱乐和体育新闻中，如下例：

（1）在亲朋和网友的祝福弹幕中，这对新人的“云婚礼”圆满结束，不少围观用户直言“我酸了”表达了羡慕之情。（20200423，人民网消费频道）

（2）用户“涛”的俯卧支撑挑战收获了许多网友的称赞：“太有水平了”“这身材，我酸了”“我要有你这样的线条，就不会被逼着去相亲

了”。(20200506,人民网体育频道)

(3)“柠檬精”在许多彩民身上得到了完美印证,每每看到中奖新闻,满眼都是羡慕,还会发出“为什么不是我”的感叹。(20200115,中国福彩网)

Langacker(1991)指出,根据语义内容来界定主要词类范围是完全可能的。然而,正如袁毓林(1995)所提出的,词类范畴成员具有家族相似性,范畴之间的界限是模糊的。因此,词在词类范畴中的地位是不固定的,具有可变性。对于特定的某一范畴成员而言,在语篇的作用下,其所具有的范畴属性特征的数量可以发生变化,即经历去范畴化的过程。去范畴化(decategorization)的概念是由Hopper & Thompson(1984)首先提出的,其基本含义为词类在一定的语篇条件下脱离其基本语义与句法特征的过程。刘正光(2006)将其定义为“在一定条件下范畴成员逐渐失去范畴化特征的过程”。尽管“我酸了”是新兴的网络流行语,但“酸”这个味觉形容词已长期存在于汉语之中,并拥有多种语义,承担多种句法功能。按照认知语言学的原型范畴理论,并根据《现代汉语词典(第5版)》中对于“酸”的定义,“酸”应归属于名词及形容词范畴,且多用作形容词。而在“我酸了”这一表达中,我们可以注意到“酸”原有的形容词范畴特征发生弱化,而增加了动词的范畴特征,并且在这一去范畴化的过程中也发生了语义的泛化。

目前有关味觉形容词的研究数量较少,在已发表的研究中,学者大多选取历时的语料,分析汉语味觉形容词的语义演变、句法功能及认知机制。丁慧(2010a, 2010b)研究了汉语基本味觉词(即“酸、甜、苦、辣、咸”)在作主语、谓语等时的句法表现、语法意义及语义功能,并以“酸”为例,探讨其在通感隐喻及转喻作用下的语义延伸。吴尧瑜(2013)选取“酸、甜、苦、辣、鲜、咸”六个基本味觉词,考察这些味觉词的句法功能,并从隐喻的角度总结了味觉词的认知机制。他发现,这些味觉词有着相似的隐喻机制,一是从部分到整体的机制,即由味觉域向其他感觉域映射;二是从具体到抽象的机制,即由具体的味觉范畴向抽象的心理情感范畴的映射。除针对汉语的研究之外,有些学者将汉语与其他语言(如英语、韩语、日语等)中味觉形容词的语义及句法功能进行对比分析。董伟娟、黄小苹(2010)运用概念隐喻及跨域投射理论,讨论“酸、甜、苦、辣”在不同感觉域、心理域的投射,并发现在英汉两种语言中,基本味觉形容词的隐喻映射有共同点,也有因文化不同带来的差异。

由以上过往文献的梳理可以看出,目前国内对于汉语中味觉形容词的去范畴化机制还尚无发表的研究。然而,正如“我酸了”这一网络语言的流行所体现出的,仅在静态的原型范畴化理论框架下进行味觉形容词的语义及句法研究是不足的。对于此类语言使用的创新,应采用去范畴化的视角描述词类范畴的动态性变化。其次,现有的研究多借助历时语料,分类并总结各味觉形容词的语义演变、句法属性及隐喻认知机制,但针对单个味觉词的语义变化及句法功能的探讨还不够深入。

本研究将借助北京大学中国语言学研究中心语料库(CCL)及人民网的相关语料,采用历时的研究方法探讨“酸”这一味觉词的语义延伸及其背后的动因,在去范畴化的理论框架下描述“我酸了”表达中“酸”的语义泛化及句法范畴特征模糊的现象,并试图从语言学的角度分析这一网络语言流行的原因。

2 “酸”的语义延伸

“酸”作为味觉形容词,在我们的日常生活中多用于表示“像醋一般的气味或味道”。通过查阅汉语语料库可以发现,“酸”的使用从周代便有记载,并在近三千年的语言变迁中延伸发展出分布在各词义域的语义。

1.1 名词“酸”

根据《现代汉语词典(第5版)》对“酸”的解释,名词“酸”指电解质电离时所生成的阳离子全部是氢离子的化合物。目前多用于化学、生物等相关专业领域,如强酸、酸性、叶酸、酸化等。由于本研究着重探讨“酸”作为味觉形容词的语义变化,故在此不再赘述。

1.2 形容词“酸”

“酸”自周代开始就被用来指称树木果实的味道。根据《尚书·洪范》中对于“曲直”的定义(“木曰曲直”),可以得出“酸”最初被定义为树木及果实带有的味道。这一定义也出现在或成于汉末晋初的《孔传》之中:

(4) 炎上作苦,曲直作酸。(《尚书·洪范》)

(5) 酸,木实之性。(《孔传》)

《说文解字》一书直接使用“酸”来定义“酢”,而“酢”一字可直接与“醋”通用。由此可见,“酸”可用于指代醋的味道:

(6) 凡味酸者皆谓之酢。(《说文·酉部》)

据《吕氏春秋》记载,战国前后时期的"酸"的语义已突破味道域(taste),进入气味域(smell)范畴,被用来形容醋带有的气味或带有类似醋一般气味的食品。如:

(7) 缶醯[1]黄,蚋聚之,有酸。(《吕氏春秋》)

西汉时期,出现"酸"在除味觉及嗅觉域以外的知觉域引申义,即表示身体酸麻、痛楚的感觉。如:

(8) 且夫观者莫不为之损心酸足,彼乃始徐行微笑,被衣修攫。(《淮南子·修务训》)

(9) 山高谷深,不觉脚酸。(《乐府诗集·陇头流水歌辞》)

隋唐起,"酸"脱离知觉域,用来表示情感上悲伤、痛苦、遗憾之情。如:

(10) 呜呼哀哉!痛割人灵,悲酸盈路,以咸亨二年岁次辛未八月乙丑朔廿日甲申,蓍龟叶辰,象数符节,葬於茨岭之阳颍水之。(《唐代墓志汇编续集》)

(11) 酸,悲痛亦曰酸。(《正字通·酉部》)

"酸"作此义时,还可以用于修饰名词,表示"令人心酸、悲痛"之义。如:

(12) 魏官牵车指千里,东关酸风射眸子。(李贺《金铜仙人辞汉歌》)

(13) 泾水浩浩扬湍波,哀鸿酸嘶暮声急。(李白《豳歌行,上新平长史兄粲》)

在北宋时期编纂的《禅林僧宝传》中,第一次出现了"酸"用于形容人气质不大方、不体面的语义。

---

① 醯:本意指醋。

(14) 今例寒酸,不上人眼。佛法盛衰,自今日始也。(《禅林僧宝传》)

但"酸"的此语义直至元代才逐渐在文学作品中得以较广泛使用。如:

(15)【胜葫芦】哎,你个馋穷酸没意儿,卖弄你有家私,莫不图谋你的东西来到此?(《西厢记杂剧》)

自清代开始,"酸"除了可以用来表示悲痛之情,也可用来表示嫉妒的消极情感。如:

(16) 王太史不看犹可,一见章秋谷和陈文仙这般亲热,一股酸气直从脚底下冒了起来,涌到心头,按捺不住,不由得冷笑一声。(《九尾龟》)

(17) 首先是实物"碰瓷"——无中生有地拿中国国旗做文章。比林斯利在会谈开始前通过社交媒体发布了一张摆放着中国国旗的空荡荡的会议室照片,并酸酸地配文称:"维也纳会谈即将开始。中国没有出现……"(20200625,新华社)

根据以上对于"酸"作为形容词使用时的语义梳理,我们可以将其归纳为下表:

表1 "酸"的语义及其所属语义域

"酸"的语义	所属语义域
树木或果实带有的味道	味觉域
醋或类似醋的食物所带有的气味	气味域
身体酸麻、痛楚的感觉	身体域
悲伤、痛苦、遗憾的情感	情感域
嫉妒的情感	情感域
不大方、不体面的气质	气质域

能够看出,味觉域是"酸"最初所属的语义域,用于体现食物的味觉特征。由味觉向非味觉的气味域、身体域的转变,被用来形容其他感官的生理感受。

"酸"也可应用于知觉域范畴之外的情感域,并且语义与其基本义相关,用于表达个人不愉快的情感,如痛苦、伤心等。除了表达感官和情感范畴的感受外,"酸"也被用于描述人的品格和气质,带有贬义,此时语义的抽象程度也达到最高。

2.3 "酸"的语义延伸机制的讨论

Lakoff & Johnson(1980)提出,词语意义延伸的机制和人类隐喻和转喻这样的认知能力密切相关。我们常常通过自身与外部世界的互动以获得不同的经验。在这类互动之中,感官是最基本的媒介之一,而味觉更是有着举足轻重的地位。借助味觉,我们能够辨别"酸甜苦辣咸",并通过味觉带来的感受,与其他范畴的感受进行类比。隐喻作为跨不同认知域的映射,与在同一认知域内跨不同概念范畴的映射(即转喻)共同作用,促进了"酸"由味觉域向其他范畴的映射。"酸"在作为形容词使用时,语义发生了由"味道、气味"向生理感觉、心理情感、气质的映射。如下图所示:

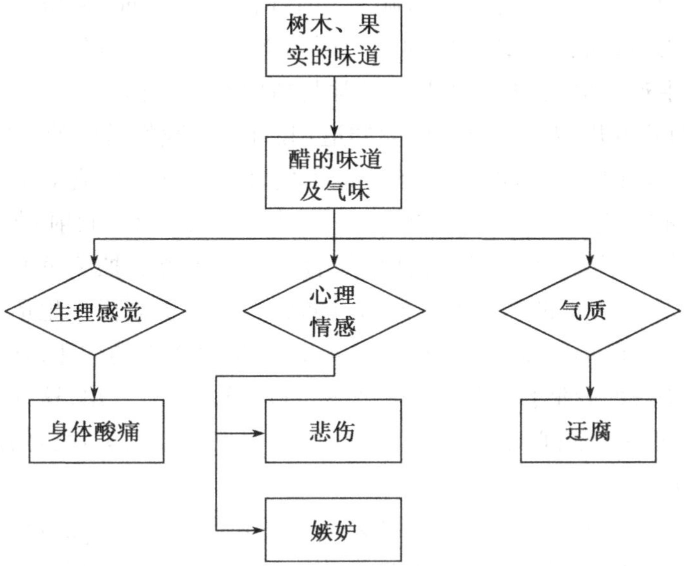

图1 "酸"的语义网络

从此语义网络中可以看出,"树木、果实的味道"是"酸"的原始基本义。由这个语义到"醋的味道及气味"的转变首先经历了转喻,即发生了味觉域内跨概念范畴的映射,使用醋这样一个酸味的来源来指称酸味。随着语言的使用及社会生产力的提高,"酸"的原始基本义逐步消亡,"醋的味道及气味"成为新的基本义,并沿用至今。由此基本义出发,“酸”通过隐喻机制,利用跨不同认知域的映射向生理感觉、心理情感和气质三个语义范畴延伸。

其中,“酸”从味觉范畴的认知域向身体范畴的认知域的映射表现出人类味觉、嗅觉、触觉等生理感觉彼此相通的体验,这便是通感现象。该种通感隐喻的机制也使得“酸”的语义延伸得以完成。人类的五官本来各司其职,但在感官范畴之中,通过不同感官的相通性和人脑中的感官经验,我们的认知会自然而然地从某一感官范畴的认知域向另一感官范畴的认知域映射,也就是说感官中的某些特征从某一感官(源域)映射到另一感官(目标域)(王志红 2005)。“醋的味道和气味”具有一定的刺激性,是一种并不令人愉快的感官感受。因而,基于我们过往的生理体验,“酸”也应用于描述我们身体上感受到的胀痛或刺激感,如腰酸、鼻酸等。赵艳芳(2001)提出,由于人的感觉系统是一个整体,各感受器在大脑皮质的调节下在大脑相应部位的神经细胞之间产生共鸣和联想,因此生理上和心理上的通感也是人类的一种普遍认知方式。

而从味道、气味相关的语义向情感的语义延伸则是隐喻的结果。斯威彻尔(Sweetser)曾在 1990 年提出“以身喻心”的理论(the Mind as Body Metaphor)。他通过对英语和其他印欧语言中知觉动词词义引申规律的研究发现,表示触觉和味觉的词主观性很强,因此其引申义常与情感有关。作为人类共有的认知能力,“以身喻心”的规律在汉语中应同样适用。例如,我们常常使用“苦”这一味觉形容词来表示内心的痛苦。而“酸”也不例外。尝到或闻到酸味是一种并不愉悦的生理体验,这种令人不快的味觉及嗅觉体验从感官域映射到情感域后,使“酸”带上了忧伤、嫉妒等消极的情感,随后又形成了更加抽象负面的气质迂腐之义。在英语中,类似的味觉形容词通过通感隐喻的机制而产生语义延伸的情况同样存在,例如“sour grape”一词中,“sour”原指食物中的酸味,现已被用来形容人们因为妒忌而贬低自己得不到的东西的心理。可以看出,这样一个由味觉到气质,由生理感觉到心理感情的语义延伸过程也符合人类普遍的由具体到抽象的认知规律。

在流行语“我酸了”中,“酸”的语义具有一定的模糊性。在该流行语的传播初期,在电竞游戏的语境之中,我们更常用“柠檬精”的说法,用于形容那些因为自己支持的队伍未能夺冠,而对冠军队伍指指点点的粉丝。从它的传播源头可以看出,由于柠檬往往被认为是酸味水果的代表,人们使用“柠檬”来指称喜欢嫉妒嘲讽别人,同时气量小的粉丝,本质上是保留了“酸”映射到情感域和气质域时的语义,并通过转喻的作用,以带有酸味的柠檬代替整体。“柠檬”虽然味酸,但加上了“精”一词,似乎就带上了贬义。在我们的语言使用之中,无论是文学作品中的"白骨精""狐狸精",抑或是日常口语中的"戏精""杠精",带有"精"的称谓中都隐含着对被指称者的不认可。然而,随着这一流行语的广泛传播,其适用语境远远超出了电竞圈,"柠檬精"原本带有的贬义也逐渐消亡。如下例:

(18) 其实,早前美国一间冰淇淋店就自行采购大白兔奶糖推出大白兔冰淇淋,引发大洋彼岸的中国吃货纷纷化身"柠檬精"高呼"想吃"。(20190603,新快报)

在例(18)中,当我们使用"柠檬精"来指称渴望品尝到大白兔冰淇淋的中国吃货时,语义中并不包含对他们的不认可,只是陈述了他们羡慕美国消费者的心理情感。而在"我酸了"表达中,类似于"嫉妒""嘲讽"的消极情绪已不再存在,仅有"羡慕"的语义。

3 味觉形容词"酸"的去范畴化过程

根据以上对于"酸"作为形容词时语义延伸的讨论,结合"我酸了"这一流行语的语义解释,我们发现自周代开始,"酸"的语义经历了由"树木、果实的味道→醋或类似醋的味道和气味→身体酸痛→消极情感→迂腐气质"的延伸过程,语义逐渐抽象、泛化。而在句法层面,在"我酸了"的表达中,"酸"作为形容词的句法特征逐渐消失,形容词和动词的词类范畴界限逐渐模糊,并形成了新的范畴,反映了"酸"的去范畴化过程。

3.1 "酸"语义的泛化

语义泛化(semantic overgeneralization)作为构成去范畴化的前提,主要指旧意义在演变为新意义的过程中部分概念内涵模糊或者消失的现象(曾静涵、袁毓林 2017)。刘正光(2006)按照词语限定意义和中心意义的变化,将语义泛化类型分为三类。第一类,词语中心意义基本不变,但是限定意义有一部分消失甚至全部消失,进而概念内涵减少。比如,"场景"原指电影或者戏剧中的情景布局等,中心意义为情景或布局,限定意义为电影、戏剧等,后来"场景"语义泛化后仅仅指情景布局,限定意义消失。第二类,限定意义基本不变,而中心意义的范围发生扩展,进而概念外延扩大。语义由具体逐渐变得抽象,由个别逐渐变成一般。比如,祥林嫂本是文学作品中的一个角色,意义泛化后逐渐可以表示具有某类像祥林嫂一样特征的人。第三类,限定意义和中心意义都有所改变，此时限定意义和中心意义的范围都发生扩展。比如，“代价”一词本来指为了获得某样东西而付出的钱财，限定意义为表示目的的状语“为了获得某样东西”,中心意义为钱财。语义泛化后“代价”表示为了达到某种目的而付出的精力、人力或者财力等，限定意义由“获得某样东西”扩大为“获得某种目的”，中心意义也由“钱财”扩大为“精力、人力、财力”等。

由上节对于“酸”的语义梳理可以看出,“酸”在被用于形容人身体和心理上在仿佛闻到醋味一般带有刺激性的气味后,所感受到的消极负面的生理感觉或情感,并延伸出了“嫉妒”的语义。该语义表示对才能、名誉、地位或境遇等胜过自己的人心怀怨恨的情感,其中,中心意义为“怨恨的情感”,限定意义为表示原因的状语“对才能、名誉、地位或境遇或胜过自己的人”。然而在“我酸了”中,“酸”的语义发生泛化,其限定意义保持不变,但中心意义扩大,不再局限于“怨恨”的消极情绪,也包含了“羡慕”的积极情绪。如下例:

(19) OMG,李栋旭、刘仁娜这是什么绝美爱情,我酸了酸了。(20190312,pclady)

在该例中,“酸”表示观众对于韩剧中男女主人公之间的爱情的羡慕之情。此时“酸”的限定意义没有发生变化,即“酸”的原因是看到了自己生活中不能拥有的爱情体验,而“怨恨”的中心意义范围扩大。

3.2 句法特征的弱化

Langacker(1991)界定动词属于关系性词类范畴,凸画一个过程,并且这个过程常常是一个复杂的时间关系。而形容词凸画非时间关系,展示一个事物的某一方面特征与一个通常认识上的标准的关系。丁慧(2010a, 2010b)指出,当味觉形容词带上动态助词后便具有动态化倾向,语句中暗含了时间关系,有了动作的意味,故可表示动态。形容词性质内部的各个状态的连续性使形容词具备了量级特征,而量级特征正是概念化主体实现顺序扫描的基础,从根本上说,形容词的动态性就来自概念化主题在量级上的主观运动(刘玉娟,2011)。换言之,以“酸”为例,当我们使用“酸”时,主观上经历了由“不酸→酸”的程度量级的扫描,因此具有发生词类范畴转化的基础。“酸”在作为味觉词时,描述了食物的特征,或人的生理及心理特征变化。而“我酸了”的表述由“主语 + 形容词 + 动态助词”构成。其中,“了”是汉语中常用的表示时间概念的动态助词。形容词“酸”与体标记结合后,表现出动态性,发生动词化。

而"酸"因前后附带动态助词,而带有动词范畴的句法特征的情况自清代开始便有出现,在现代更为常见。在此之中,"酸"多与"一""了"等动态助词搭配使用。如下例:

(20) 月兰说到这里,良心发现,心上一酸,早呜呜咽咽的,那眼泪就如断线珍珠一般落了下来,点点滴滴的,秋谷手上也沾了几点。(清·《九尾龟》)

在该例中,"一"指明了动作或状态变化的起始点,可以称作"始点体"。它包含的矢量通常是短暂的,动作快捷,在时间轴上不会延续很长时间。这里的"心上一酸"即表现了人物的心理变化。

(21) 七姑奶奶一听心就酸了;急急往门口迎了出去,正好男仆扶着胡雪岩到门口。(《红顶商人胡雪岩》)

在该例中,"酸"后附加了"了"这一表示动作或状态变化终点的动态助词,表达了"心变酸"的结果。

(22) 然而不知为何,1994 年上半年中央电视台播出的一套关于中国老房子的系列专题片竟吸引了千千万万名各阶层的观众,面对屏幕上那些曾经非常熟悉而又渐渐陌生了的建筑,许多人的鼻子突然酸了起来,一丝丝温馨的眷念在他们心中萦绕。(《作家文摘》)

除了常见的动态助词"一""了"之外,"酸"还可以与表示延续性的准动态助词连用,表示"鼻子变酸"的过程。

由此可以看出,"酸"在步入去范畴化过程之后,伴随语义的泛化,其原先所处范畴的句法特征逐渐弱化,在没有获得稳定的另一范畴的功能特征之前,处于暂时的"功能悬空"状态(李宗江 2003)。在与动态助词连用时,此时的"酸"在一方面带有作为形容词本身所带有的量级特征,表现出了一定的延续性,但另一方面也因动态助词的出现,而带有动词范畴所特有的表示动作或状态变化的句法特征。

3.3 "酸"的去范畴化动因

自周代开始,"酸"的语义不断发生延伸,新语义出现,而绝大部分的旧语义并没有消亡,即在同一时期同时存在多种语义。由味觉形容词“酸”到流行语“我酸了”,“酸”的语义尽管发生了泛化,但概念意义间存在相似性。曾静涵、袁毓林(2017)提出,大量的语义处理势必会对大脑处理信息造成负担。因此,去范畴化的机制也是人脑本能弱化范畴特征,只关注语义特征的结果,符合语言经济性的要求。

4 结语

本文以历时和共时相结合的研究方法,对味觉形容词“酸”的语义延伸和“酸”在流行语“我酸了”中句法范畴的变化进行了讨论,认为“酸”在作为形容词使用时,语义经历了由“树木、果实的味道→醋或类似醋的味道和气味→身体酸痛→消极情感→迂腐气质”的延伸过程。而从味觉形容词“酸”到流行语“我酸了”,“酸”的语义发生了泛化,限定意义基本不变,中心意义扩大,并与“了”这一动态助词连用,句法特征上也向动词范畴转变。“酸”的去范畴化的实质是一种基于词语自身的语义核心,对句法特征进行扩张的过程,从而打破了原有的形容词和动词的范畴边界。这一机制符合语言经济性的原则,容易被大众接受,因此在网络等对于语言使用规范要求较低、语用目的多为交际的语境中得到了广泛传播。

参考文献

[1] Hopper, P. & S. Thompson, 1984. The discourse basis for lexical categories in universal grammar[J]. *Language*, 60:703 - 752.

[2] Lakoff, G. & Johnson, M., 1980. *Metaphors We Live By*[M]. Chicago: University of Chicago Press.

[3] Langacker, R. W., 1991. *Foundations of Cognitive Grammar* (*Vol. II*): *Descriptive Application* [M]. Stanford/California: Stanford University Press.

[4] Sweetser, E., 1990. *From Etymology to Pragmatics*[M]. Cambridge: CUP.

[5] 丁慧,2010. 味觉形容词的句法特征和语义属性研究[D]. 硕士论文,上海:上海师范大学.

[6] 丁慧,2010. 英汉语味觉词“酸”的语义特征之比较[J]. 科技信息,(08):162 - 163.

[7] 董伟娟,黄小苹,2010. 英汉基本味觉形容词隐喻对比分析[J]. 黑龙江教育学院学报,(10):158 - 160.

[8] 李宗江,2003. 句法成分的功能悬空与语法化[A] //吴福祥,洪波. 语法化与语法研究(一). 北京:商务印书馆.

[9] 刘玉娟,2011. 名词形容词化与形容词动词化的认知机制[D]. 硕士论文,哈尔滨:黑龙江大学.
[10] 刘正光,2006. 语言非范畴化:语言范畴理化理论的重要组成部分[M]. 上海:上海外语教育出版社.
[11] 王志红,2005. 通感隐喻的认知阐释[J]. 修辞学习,(03):59-61.
[12] 吴尧瑜,2013. 现代汉语味觉词语义语法考察[D]. 硕士论文,苏州:苏州大学.
[13] 袁毓林,1995. 词类范畴的家族相似性[J]. 中国社会科学,(01):154-170.
[14] 曾静涵,袁毓林,2017. 汉语副词“干”的去范畴化——从名词到隐性否定副词的演变历程及其动因[J]. 阅江学刊,(06):18-28.
[15] 赵艳芳,2001. 认知语言学概论[M]. 上海:上海外语教育出版社.

新冠语篇中的疾病隐喻分析
——以《新冠疫情就是第三次世界大战，世界格局将重新划分》为例

宋花乐

摘　要：疫情爆发以来，各大网络媒体积极引导社会舆论，呈现出丰富的话语特征。在有关抗击新冠疫情的文章中，疾病隐喻的使用比比皆是。本文以知乎文章《新冠疫情就是第三次世界大战，世界格局将重新划分》为例，基于概念隐喻和理想化认知模型理论（ICM），将该语料中疾病隐喻分为"战争隐喻""魔怪隐喻"和"国家拟人隐喻"三大类，并分别对其进行举例分析。经分析发现，这三类隐喻不仅可以单独存在，还可重叠出现，均起到突出疫情残酷性，加强人民抗疫决心的功能，使文章更具感染力和说服力，对加强网络社区话语的呼吁功能及宣传效果起到了积极的作用。

关键词：新型冠状肺炎疫情；战争隐喻；魔怪隐喻；国家拟人隐喻

1　引言

突发公共卫生事件（简称"突发事件"），是指突然发生，造成或者可能造成社会公众健康严重损害的重大传染病疫情、群体性不明原因疾病、重大食物和职业中毒以及其他严重影响公众健康的事件，如 2003 年爆发的非典型肺炎（SARS）及其他突发烈性传染病等（《突发公共卫生事件应急条例》2020）。2019 年 12 月底，湖北武汉爆发了新型冠状病毒感染的肺炎，该病毒于 2020 年 1 月 30 日被世界卫生组织列为国际关注的突发公共卫生事件并在此后命名为（COVID－19）（以下简称"新冠肺炎"）。此次疫情爆发突然，肆虐武汉，迅猛蔓

延至中国乃至全世界，影响重大。在此期间，中国第一个展开全民抗疫斗争，官方媒体以及各大网络社区以公开透明的方式及时传递信息，实时向公众跟进疫情进展，占据了舆论话语的主导权。包括国内知名网络问答社区“知乎”也随时跟进疫情发展并对其展开热烈讨论，呈现出丰富的隐喻话语。不难发现，在抗击新冠疫情的文章中隐喻的使用比比皆是。目前已有若干国内外相关文献借助概念隐喻对媒体报道中关于突发公共卫生事件的隐喻认知依据及相关措施方案进行了分析，也有对 SARS、H7N9 型禽流感以及 COVID－19 等公共卫生事件发生时官方媒体报道中的隐喻心理运作机制和传播效应等方面的探讨，但涉及社会化网络问答社区的隐喻讨论还有待完善。鉴于此，本文旨在通过利用概念隐喻和理想化认知模型理论（ICM），分析知乎中一篇热门、高赞文章《新冠疫情就是第三次世界大战，世界格局将重新划分》[①]的呼吁功能和宣传效果，揭示该文章的概念基础，为分析突发公共卫生事件社区讨论话语的多样性提供参考。需要说明的是，知乎是中文互联网的原创内容平台，截至 2020 年 12 月，知乎上的总问题数超过 4 400 万条，总回答数超过 2.4 亿条，年访问人次超过 30 亿，其语篇内容与形式值得关注和研究。本文仅限于语言学中的纯语料分析，语料中的观点不代表作者立场。

2 理论基础

传统意义上对隐喻的研究认为隐喻是一种修辞技巧，用于美化文学语言以增强语言表达效果。Lakoff & Johnson 于 1980 年出版的《我们赖以生存的隐喻》一书中首次提出“概念隐喻”，直接将传统的隐喻研究转向了现在的认知领域，该书将隐喻看作是从一个具体的概念域向一个抽象的概念域的系统映射并通过类比的方式将其分为结构隐喻、方位隐喻和本体隐喻三大类，这些充斥在语言中的隐喻性表达构成了人类概念系统的认知基础，即概念隐喻。概念隐喻理论认为，隐喻是由始源域向目的域的映射关系，其本质是以一类事情或经验理解另一类事情或经验（Lakoff & Johnson 1980）。隐喻是人类认知的一种重要方式，也是词义变化的一个重要途径（束定芳 2008）。它不仅仅是一种修辞手法，更是通过始源域和目的域之间的相似性创造出来的一种认知方式和思维模式，被放在特定的语体表达环境中，起到跨领域的沟通作用（张琳 2020）。也就是说，隐喻通

① 诸葛闹闹，新冠疫情就是第三次世界大战，世界格局将重新划分［EB/OL］.（2020－03－18）［2020－08－16］. https://zhuanlan.zhihu.com/p/114132990.

过语境与概念系统的跨域映射实现对当前事物的理解和体验,是一种思维方式和认知手段。它不仅实现了语言功能、概念功能和交际功能,还能够构建官方话语和民众话语沟通的桥梁,将官方话语中隐含的意识形态传递给公众,从而发挥其说服和引导功能,以达到交际劝说目的。苏珊·桑塔格(2003)在《疾病的隐喻》中指出,"疾病一步步隐喻化,从仅仅是身体的一种病转换成一种人类认知的普遍思维方式",并常常将其他领域某些熟知、常见的概念映射到疾病领域中。张薇、汪少华(2011)搜集了英汉新闻报刊中的疾病隐喻表达并将其归纳为三种类型,分别是战争隐喻、恶魔隐喻和自然灾害隐喻,并依据理想化认知模型(ICM)分析了这些疾病隐喻的认知依据和分布特点,为人类认识疾病隐喻现象的相关研究提供了新视角。在此基础上,本文对知乎中《新冠疫情就是第三次世界大战,世界格局将重新划分》(以下简称"知乎文章")这篇文章新冠肺炎疫情相关话语进行分析,该文章自 2020 年 3 月 18 日发布以来,截至 2021 年 7 月 19 日,获赞 9 070 次,共收录评论 867 条。研究发现该文章主要运用了战争隐喻、魔怪隐喻以及国家拟人隐喻三大类概念隐喻表达。以下分别对这三大概念隐喻类型在进行举例阐述。

3 知乎文章中的认知隐喻表达

3.1 战争隐喻

所谓战争隐喻,即以真实的战争类比非战争行为或事件,往往用战争术语描写赋予其他范畴强烈的对抗性、紧迫性和修辞的认知张力。"治疗疾病即战争"这个结构隐喻是从始源域"战争"到目的域"治疗疾病"的映射关系。治疗疾病的过程与战争的艰巨性和长期性相似,用隐喻认知的方法把始源域"战争"的特点类比映射到目标域"治疗疾病"中去,两个域中相似的认知意向图式,即"战士、战神、战争策略、敌人、战场、战胜、战败"对应"医护人员、医神、治疗方案、疾病、医院、治愈、治疗失败"所构建的场景被激活,是理解这个战争隐喻的关键。在该知乎文章中,抗击疫情话语中的战争隐喻是将"治疗疾病、控制疫情"与"战争"两个概念系统联系起来,战争事件中的整个概念体系都能够被映射到治疗新冠病毒事件中的方方面面,构成我们"治疗疾疫即战争"这个本体和喻体协调一致的概念隐喻。在该映射过程中,它们被激活的图式如表 1 所示。

表 1 “治疗疾疫即战争”隐喻框架

	战争	治疗疾疫
事件参与者	战士、战神、英雄、同盟军、援兵、将领、吹哨人、敌人、逃兵	医生、医神、护士、庸医、病人、病人家属、其他医护人员、病毒、疫情
事前准备	备战、训练、誓师	消毒、医誓、防护服
事件设备	武器、刀、枪、大炮	疫苗、药品、手术刀、呼吸机
事件方法	出征、进攻、抗击、防御、射击	治疗、理疗、打针、ICU
事件结果	阶段性胜利、胜利、失败	病情平稳、治愈、未治好

下面分别以知乎文章《新冠疫情就是第三次世界大战，世界格局将重新划分》中的例(1)、例(2)和例(3)为例来分析战争隐喻模型对文章中“治疗疾疫即战争”隐喻的适用性。

(1) 随着以钟南山、张文宏为代表的战神们开始登场，全国 29 省近两万医疗医院驰援武汉，一省对一市的对口帮扶，国内的抗疫很快取得阶段性胜利。

例(1)中，将战争的重要参与者“战神”映射到抗疫过程中作出重大贡献的“一线医生”钟南山、张文宏等人中来；将战争中的“援兵、军队”映射到医疗系统里的“近两万医疗队”；将战争中的策略动作“驰援”“帮扶”映射到医疗系统之间的“对口扶持”当中，由于抗击疫情不只是普通的疾病治疗，因此它需要更多的医护战士来共同对抗这个病毒。最后，将战争事件中的结果“阶段性胜利”映射到治疗疾疫的事件结果中，更加通俗易懂，为人民吃了一颗定心丸，坚定人民心中抗疫必胜的信念。

(2) 之前，我们是一个省包(湖北)一个市的方式来抗击全国疫情，现在我们是用一个省包一个国的方式抗击全球疫情。四川医疗队奔赴意大利，上海医疗队奔赴伊朗，江苏医疗队奔赴巴基斯坦，广东医疗队奔赴伊拉克，说真的，看这些医护人员穿着土土的白大褂出征的照片，比看着复仇者联盟全副武装打灭霸让我热血沸腾多了。

例(2)中，用战争中“抗击”来理解医护人员治疗疫病的愤慨之心，将各个国家的“抗疫中心”比作一个个“战场”，用战士匆忙的出战方式“奔赴”来隐喻各地医疗队浩浩荡荡援助各国治疗新冠肺炎的紧张状态。最后,联想到战士们全副武装离开家乡出去打仗的威武形象"出征"二字,仿佛看到各位医护人员誓死对抗新型冠状病毒的壮烈场景,甚是触动,直观地用战争的各种特性类比了新型冠状病毒的残酷性和治疗疾疫的紧迫性,更加激发了全中国甚至全世界人民同仇敌忾对抗疫情的坚定决心。

(3) 英国大部分的退休医疗人员,因为怕身心受到伤害,拒绝回来备战冠状病毒,但中国的医护人员,没有一个人愿意做"逃兵"。

例(3)中,将战前准备状态"备战"对应到对新型冠状病毒的"治疗准备"中来,将战争框架中的"敌人"映射到医疗框架中的"病毒"中,进一步简约化、形象化地突出了新冠病毒的致命性和杀伤力。而否定句中加了双引号的"逃兵",作者有意将它凸显出来,用最通俗的语言使得抗击疫情的参与者"中国医护人员"不惧危险、勇往直前的英雄气概更加便于理解,增强了民众团结一致对抗疫情的决心。

3.2 魔怪隐喻

类似于战争隐喻,魔怪隐喻是指将始源域"魔怪"的某些特征或者图式映射到目的域"新冠疫情"的元素当中。魔怪在实体生活中被描述为怪物、野兽,它可怕、丑陋、繁衍力超强且力量无穷,常常依仗自己的力量来蹂躏、吞噬人类或是欺辱其他异类,是邪恶的附身。与之相对应,新型冠状病毒同样可怕,毒性和传染性极强,一旦附着到人类身体上便能够迅速传播,如果不作出严格预防措施,人类将会被其打倒甚至死亡。由于二者的可怕程度及致命性相似,可将魔怪概念系统的特征映射到新型冠状病毒概念系统的各方面特性,构成另一种疾病隐喻模式"病毒是魔怪"。双方在映射过程中唤起的意向图式如表2所示。

表2 "病毒是魔怪"隐喻框架

	魔怪	病毒/新冠肺炎
参与者	怪兽、黑天鹅、瘟神	病毒、细菌
特征	行走、吞噬、吸血	夺命、附着、乏力
对抗方式	隔离、避之不及	戴口罩、消毒
结果	风声鹤唳、草木皆兵	人传人、气溶胶传播

文中魔怪隐喻的表述不是很多，现将其典型表征例(4)、例(5)和例(6)分析如下：

(4) 某些西方人士把戴口罩的中国人看成行走的病毒，唯恐避之不及，如今中国反而几乎是全球最安全的地方。

例(4)中，将魔怪的恐怖特征映射到病毒的特征体系中，魔怪不分青红皂白，到处走动，人们看到都会采取避而远之的方式。同样，这次新冠病毒的杀伤力也给人类内心留下了不可抹去的阴霾，人们认为病毒的传播就像恶魔行走一样会横行乱撞，因此，见到病毒携带者，甚至只是预防病毒而并未患病者，想到病毒如恶魔般的威力，就会像远离魔怪“避之不及”的方式一样远离他们以预防病毒侵蚀。

(5) 疫情刚开始的时候，还觉得中国非常倒霉，增长快车道上偏偏遭遇黑天鹅，不得不高速行驶下踩刹车，今年的增长怕是药丸，还加深了部分西方社会对中国的误解和歧视。如今，你问问美国，股市8天内熔断三次是什么体验，这不是遇到了黑天鹅，这是遇到了黑天鹅全家。

例(5)中，在发现澳大利亚黑天鹅之前，17世纪之前欧洲人认为天鹅都是白色的，但随着第一只黑天鹅的出现，这个不可动摇的观念崩溃了。黑天鹅的存在寓意着不可预测的重大稀有事件，它在意料之外，又改变着一切。一般来说，“黑天鹅”事件是指满足以下三个特点的事件：它具有意外性；它产生重大影响；虽然它具有意外性，但人的本性促使我们在事后为它的发生编造理由，并且或多或少认为它是可解释和可预测的（纳西姆·尼古拉斯·塔勒布 2007）。同样，2019年底新型冠状病毒的出现对即将过年的中国人来说是当头一棒，完全出乎意料；紧接着该病毒人传人至全国随后在全球蔓延开来，使整个人类社会产生重大影响；但很多媒体依旧猜测着该病毒出现的种种缘由，或许是生物实验室所致，或是天灾，或是人祸。因此，把始源域“黑天鹅”的情况映射到目的域“新冠疫情”上的理解是完全吻合的。

(6) 政府一声令下，全国人民在家隔离，无一句怨言，反而苦中作乐，嗨爆抖音。

例(6)中,魔怪的杀伤力和威慑力之大,如果不采取任何防护措施的话,足以让人类遭受巨大灾难,因此面对魔怪可能来袭的威胁,人类只能悄悄躲在家中,将自己与外界隔离开来,才能躲过一劫。对于疫情亦是如此,为了避免这个肉眼看不到的"恶魔",中国人民采取了戴口罩以及在家隔离等一系列的防护措施,在没有任何对抗武器或者能力的情况下,隔离似乎是人类对待病毒这个"魔怪"唯一的方式。

3.3 国家拟人隐喻

"国家是人"是将国家这个概念映射到"人"的概念隐喻,这个概念隐喻进一步衍生出国家拟人隐喻。在一些表达中,国家通常被作为一个整体拟人化,作为"人"的概念来被读者理解。在知乎该篇文章中,国家拟人隐喻出现的频率非常高,把"国家"隐喻为"人",人的出生、成长、发展、健康以及人所具有的各种关系和情感,国家也都拥有。该篇文章多次把国家隐喻为病人或是医生,即另一种特殊的疾病隐喻"国家即病人/医生"。当国家处于某种困境时,它本身是需要某种措施来克服困难、勇往直前的。相应地,当一个具体的病人身患某种疾病时,也需要某些药物或者医疗手段来治疗疾病。同样,作为一名医生,当他面对某种重大疾病时,为了病人的健康他会采取一些治疗手段来拯救病人,所以用这个"医者拯救病人"的概念域隐喻目的域"国家拯救人民"也同样适用。当国家政府和人民遇到特大灾害或困难时,国家就担负起了医生的作用来"救死扶伤",想办法尽快把自己的人民扶持好,把国家的经济发展好。国家所处的境遇状况本身是一种很抽象的概念,通过拟人概念隐喻,结合人自身熟悉的事物和自身的健康经历,就容易引起大众的共鸣,增强说服力和影响力,从而达到政治宣传的意图。从病人/医生的概念框架到国家的概念框架对比见表3。

表3 "国家即病人/医生"隐喻框架

	病人/医生	国家
状态	生病、不舒服、健康/治病、学习、援助	经济危机、疫情蔓延、洪灾
方法	输液、打针、手术、疫苗	扩大内需、人民戴口罩居家隔离、动员全国健将去赈灾
结果	治愈、每况愈下、奄奄一息	好转、崛起、衰退、没落

国家拟人隐喻的人格规约化呈现出不同的源域多样性,以下主要将所引知乎文章中"国家即病人/医生"的隐喻表征呈现如下:

(7) 才发现,原来中国表现还是挺好的,大家纷纷被欧美一些国家的操作惊呆了。

例(7)中,疫情大爆发后,中国这个"病人"并没有气馁,而是想尽一切办法,或调动医护人员,或动员全国人民齐心协力自己拯救自己;而恰恰相反,欧美一些国家作为病人或医生,对于国家目前所处困境视而不见,自信到认为可以凭借原有的"抵抗力"自愈,抑或是靠着自己仅有的一口仙气存活。

(8) 说实话,这样的中国操作,世界学不会。

例(8)中,用医生的操作和学习来理解中国和世界的动作和行为。在遇到某种异常状况时,中国这个医护集团如同面对某种特大疾病一样,想方设法集思广益寻找治疗办法映射到国家面对这种处境进行一系列的挽救措施来改善当前复杂的局面,而另一些"庸医"不一定能在面对同样疾病时作出类似的积极举动并给出合理的治疗方案,虽然这些"庸医"也曾试图模仿过前者的样子,但就是学不会。这里所谓的"另一类医生"就可映射到例句中的"世界其他国家"中来,这个世界其他成员是可以像医护人员之间的一系列学习等促进性行为来互相模仿的。

(9) 毕竟国家体制、文化、信仰完全不同。中国历来是中央集权的农耕社会,不爱冒险,喜欢稳定,不信来生,相信人命大过天、人定胜天,所以我们将生命看得很重;而欧洲一直是四分五裂的海洋文化,喜欢冒险,崇尚自由,信奉物竞天择的社会达尔文主义。

例(9)当中,用医生的专长和技术来映射国家的发展理念和发展体制,国家的发展理念同医生的治疗方案一样,医生会根据病人的病情对症下药制定相应治疗方案选择相应治疗手段,对于不适合该病人却适用于其他病人的方案完全可以选择摒弃。并且每个医生的医治理念不同,有的趋于平稳,有的趋于大胆。映射到国家层面来理解就是,中国和欧洲国家可以像医生一样根据病情以及自身的技术特长采取不同的措施来应对新冠疫情。这里把抽象的国家概念生活化、亲民化,增强了民众对国家的理解,从而调动广大人民的积极性,激发和增强大家能够战胜疫情的自信心。

(10) 一辈子,国家真的有几次会这样需要你。你不站出来,那你就是懦夫。

国家要封城,意大利国民想的是我们要自由,中国人想的是,我还能做点什么贡献。例(10)中,当一个病人真正身患重大疾病时,因自身经济状况和身体抵抗力有限,这个时候是最需要亲人朋友们站出来雪中送炭的,他们可以捐款或借钱,可以献血,可以供食粮,也可以在精神上赋予最大的支持。将这种始源域"病人"认知图式映射到目的域"国家"认知图式中来,就是国家有难,人民支援的动人画面。

3.4 隐喻表达的认知机制(理想化认知模式)

隐喻是不同经验域即"始源域"和"目的域"之间的相互作用(德克·盖拉茨 2012)。它是一种普遍的认知机制,而不是在具体的表达层面上起作用的语言机制。它具有体验性,也就是说,身体体验和个人经历构成了隐喻这个从始源域向目的域的映射关系,如果没有经验基础,隐喻则不能被理解。个人体验和经历的相似性引导人们获得隐喻这个由身体经验和大脑心智共同组合形成的产物。所以要想恰当阐述和理解隐喻,话语者就必须具有类似的经验基础。莱考夫(Lakoff)于 1982 年和 1987 年提出的理想化认知模型(ICM),是指建立于现实世界互动体验的基础上,在某种特定的文化背景下说话人对某领域中的经验和知识所作出的抽象的、统一的、理想化的理解(王寅 2007),是一种具有格式塔性质的复杂认知模式(Baldauf 1997)。当人们需要对隐喻或隐喻性的表达进行理解时,该理解主体就会对某种意向图式进行激活,例如,在理解一场战争的时候,人们会依据经验激活自己已有认知中"战争"的意向图式架构:战场、战士、逃兵、消灭敌人、作战策略、硝烟、胜利、失败、勇往直前、撤退,等等。所有这些战争中所涉及的元素集合起来组成了我们所谓的理想意向图式。人们由战争的这些理想意象图式所激活的价值观以及意识形态,经过脑神经回路,由表及里地与目的域疾病所产生的映射关系能够相吻合时,便产生了一一对应的隐喻作用,而这些隐喻关系作用的集合就形成了上文中提到的理想化认知模式(ICM)。当我们习以为常生活中的隐喻时,又会将该日常隐喻表达约定俗成为简约化、通俗化的始源域,通过它的映射关系来理解更加抽象复杂的目的域,就这样层层递进构成了我们对大千世界的认知。因此,运用莱考夫的理想化认知模式可以基于我们的经验从最通俗易懂的战争、魔怪认知模式类比出知乎文章甚至其他所有类型语篇中对疾病隐喻理解的认知心理过程,进一步挖掘出国家拟人隐喻的认知模式,最终阐释出知乎中该篇内容所起到的呼吁劝说语用效果。以上三种隐喻认知模式的映射关系可总结如下图：

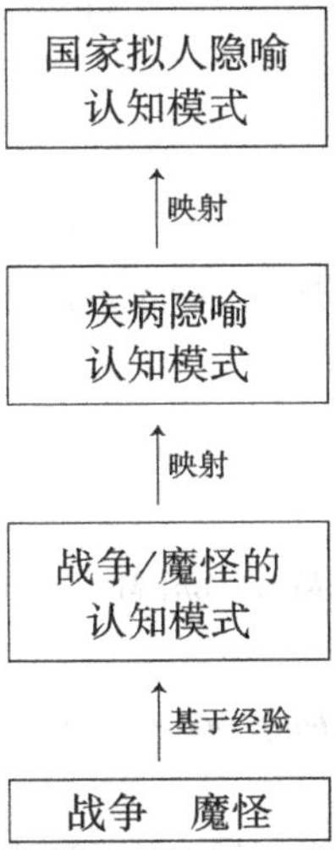

图 1　三种隐喻的认知机制

4　结语

生活中的现象常常具有潜在的相似性，用一种现象阐述和解释相似的另一种现象，往往更生动形象，因此，人们总会自觉或不自觉地将隐喻性表达渗透到生活中来，致使语言中的隐喻无处不在，它是一种基于认知框架的交流，其中始源域的意向图式成分既可以一一映射到目的域的特征当中，也可系统叠加关联平行映射到目的域中，这种跨域映射的实体对应关系使人们能够用熟知的简单具体事物理解和体验另一种复杂抽象的新事物，从而达到交流的目的。在日常语言中，人们常常借助对某一客观对象的认知来诠释和解读对另一客观对象的认知，也就是通过上文提到的概念隐喻这一特有思维方式来传送和加工语言。没有战争的认知图式，就无法理解人类对抗新冠肺炎的真实感受，也就无法诠释并呼吁全国人民在抗击疫情过程中全力以赴、携手同行的真实场景。不难发现，文章中也有新型冠状病毒概念体系中战争隐喻、魔怪隐喻和国家拟人隐喻三种方式重叠出现的场景，该重叠现象能够进一步加强媒体语篇的呼吁功能，如“以往大国世界霸权的更替都是通过战争，重塑世界秩序。而这次疫情，可能会扮演类似世界大战的角色，因为它卷入了世界上几乎所有大国，很多国家都进入了近似战争的状态。但是这是一场没有硝烟的战争,面对的是无形的对手,拼的是综合国力,以及对社会资源的调配和牺牲。这个过程各个国家的表现、力量的博弈将重塑国际秩序和人民认知,跟世界大战一样,只是用更和平的方式。”面对疫情,不同的国家给出不同的“治疗方案”,每个国家的公民在面对新冠肺炎这个“魔怪”时,将疫情看作是颇具杀伤力的“敌人”,并以各种各样的方式与之进行对抗,三种隐喻重叠,更有力加强了人们对病毒致命性和残酷性的深刻认识,共同构建了单一概念三个方面的连贯性,从而加强了作者隐喻疫情防控相关陈述深入人心的说服力。

参考文献

[1] Christa Baldauf, 1997. *Metapher und Kognition*[M]. Berlin; Bern; New York; Paris; Wien: Lang.

[2] Lakoff, G. & Johnson M., 1980. *Metaphors we live by*[M]. Chicago: Chicago University Press.

[3] 德克·盖拉茨,2012. 认知语言学基础[M]. 邵军航,杨波,译. 上海:上海译文出版社.

[4] 纳西姆·尼古拉斯·塔勒布,2007. 黑天鹅[M]. 北京: 中信出版社.

[5] 苏珊·桑塔格,2003. 疾病的隐喻[M]. 程巍,译. 上海: 上海译文出版社.

[6] 束定芳,2008. 认知语义学[M]. 上海:上海外语教育出版社.

[7] 突发公共卫生事件应急条例,2020. 中国政府网.

[8] 王寅,2007. 认知语言学[M]. 上海:上海外语教育出版社.

[9] 张琳,2020. 认知与传播中的概念映射——以疫情报道中的“战争”隐喻为例[J],名作欣赏,(07):54-56.

[10] 张薇,汪少华,2011. 新闻报刊中疾病隐喻表达的 ICM 分析[J],南京审计学院学报,(04):89-93.

“真·X”构式形成的理据性探究

赵文阳

摘　要：从不对称和标记理论角度，本文提出广泛流行的“真·X”构式违背传统认知上的标记特点，并利用原型范畴理论解释“真·X”构式这一特殊语言现象形成和流行的成因，发现利用“真”来标记语言成分，可实现强调原型、完成返源、建构范畴、建立与某一特定原型的联系四个目的，并以此作为“真·X”构式形成及流行的理据。

关键词：“真·X”构式；不对称；标记；原型范畴理论

1　引言

语音、构词、句法等语言的各个层面都存在“不对称”现象，语言的标记现象（markedness）就是用来反映和描述一个范畴内部存在的某种不对称现象。从认知语言学和语用学角度来看，“真”“假”这对反义词是不对称的，“真”往往为无标记项，“假”为标记项。但近年“真·X”构式不仅流行于网络聊天对话，也频频出现在新闻媒体报道，有从流行语走向日常化表达的趋势，该语言现象似乎违反了标记理论。例如：

（1）真·冰火两重天！南北半球两城市温差超90摄氏度（人民日报海外网）

（2）真·迷弟！王俊凯1点18分送周杰伦生日祝福（《重庆晨报》）

日常生活中我们往往标记“真”的反义词“假”，而省略前缀“真”。例如，当我们说“书”时,会默认为真的书,“假书”则需要特别标记“假”以表示非真。而在“真·X”构式中,“真”却是作为有标记项存在。为什么人们不说“假·迷弟”而说“真·迷弟”呢? 借助原型范畴理论,我们或许可以解释这一特殊语言现象的成因。本文首先对“真·X”构式描述和分类,解释形容词“真”的无标记性,提出“真·X”构式的形成是特殊的语言现象,继而从原型范畴理论的角度,探究这一特殊语言现象形成和流行的理据。

2 “真·X”构式现象及分类

2.1 “真·X”构式解析

构式一般被看作是形式与功能(意义)的规约性配对,是人们运用语言的过程中形成的格式。按照 Goldberg(2006)对构式语法的定义,当 C 作为形式与意义的结合体 < fi, si >,fi 和 si 的某些方面不能从 C 的构成成分或从已经确立的构式中精确地推导出来时,C 就是构式。她认为,一个构式的构式意义必定大于各成分意义的简单相加。“真·X”由不可变项“真”及可变项“X”组成,在具体语境下传达说话者特殊意图,是形式和功能的匹配体,同时,不能简单将“真”与可变项“X”的意义叠加来推导构式的具体意义,因此可看作一个构式。

“真·X”是近年新兴的构式,常见于网络社交媒体,尤其是新闻资讯标题,但目前对该构式系统的研究很少。

2.2 “真·X”构式分类

在百度资讯和微信搜索栏分别检索“真·”,共有一百余万条结果。经过筛选和整理,本文根据说话者的使用意图将其分为四类:

第一类,利用“真·X”构式强调“X”特性,此时“X”一般具有某种典型特征,且频繁用于对其他同类事物或事件的描述。例如:

(3) 真·才貌双全,24 岁科学家做着实验当选美利坚小姐(观察者网)

(4) 真·优秀! 女报专访四位女罗德奖学金获得者(“中国妇女报”微信公众号)

以上两例中,“才貌双全”“优秀”为常用表达,被广泛用于描述及判断,从一般“X”到非常“X”都可简单用“X”描述,使得人们对其敏感度降低。此时构成“真·X”构式的前提条件是“X”的判定没有一定的标准,取决于说话人的主观判断。例(3)中,“才貌双全”经常被用来形容才气和相貌兼优的人,此句中“真·才貌双全”表明在说话人来看,既是科学家又能当选美利坚小姐,这样的人更加符合他自身对于“才貌双全”判定的标准。例(4)中“优秀”一词使用频率更高,范围更广,我们可以说一个人“挺优秀”,也可以形容为“非常优秀”,此时“真·优秀”强调四位女罗德奖学金获得者更趋向言者对优秀的界定。

第二类,利用“真·X”构式实现返源。“‘返源’是指偏离了一个词语的通行的一般语义,而返回到它的语源意义上来使用它,以便达到某种反常的效果”(王希杰 1989:39－40)。例如:“从此雌鬼便怀了鬼胎,到十月满足,生下一个小鬼来”(张南庄《何典》一回)。“鬼胎”通行义是不可告人的动机,此处用了语源义:雌鬼怀的胎。此类“真·X”构式中,“X”具有语源意义和通行意义两层不同含义或常用语源意义对事物进行夸张描写。例如:

(5) 真·水果捞

近日,在山西晋城街头,发生了有趣的一幕。暴雨中,水流冲来许多苹果,一男子用漏勺捞苹果,动作快、狠、准。(“新华网”微信公众号)

(6) 真·乘风破浪的姐姐这45人组了一支特殊的队……

最近,云南一群“真·乘风破浪的姐姐”引发关注。端午节到来之际,云南安宁的45岁乳腺癌术后患者组成一支龙舟队,参与龙舟训练迎端午。(中央广电总台“中国之声”微信公众号)

(7) 真金白银就该用来买真·金白银啊(“时尚 COSMO”微信公众号)

“水果捞”通行意义为一种甜品,即把各种水果切块混合。例(5)中,说话人还原“水果捞”的语源意义“捞水果”。“乘风破浪的姐姐”源于芒果 TV 推出的一台女团成长综艺节目,例(6)兼顾其语源意义和通行意义,既表达赛龙舟的特性即乘风破浪,同时体现乳腺癌术后患者乘风破浪、不畏艰辛的品质。例(7)短短一句出现两次“真金白银”,其中,前一次实现其通行意义即钱款,后一次使用“真·金白银”实现返源,即金银首饰。

第三类,利用“真·X”描述特殊现象以表达某种强烈感情。此时“X”往往是对这一特殊现象的描述,为说话人自己创造或定义,并不常见于其他表达。例如:

(8) 真·教练席拴狗!巴拉圭一流浪犬成俱乐部"助教"(虎扑足球)

(9) 现在的"咯噔"文学,真·矫情到狗屁不通("当时我就震惊了"微信公众号)

"教练席拴狗"并不是常见现象,也不是常用的固定表达,例(8)将其置于"真·X"构式中,固化为事件"X",表达对教练席上拴狗现象的震惊。"咯噔"文学为网络用语,用于形容及其矫情,引起人心理强烈不适的文字。例(9)说话人将自己对"咯噔"文学的评价"矫情到狗屁不通"加上前缀"真",表达出对此类文字强烈的不满和鄙视。

第四类,"X"为固定用法或常见表达的改编版本,利用"真·X"构式使人快速联想到原有固定表达,减轻信息接收者理解负担。例如:

(10) 真·你在南方露着腰我在北方裹棉袄#内蒙古东北部开栓供热

受近期持续阴雨和气温下降的影响,内蒙古呼伦贝尔北部地区正式开栓供暖了。今年当地供暖期9个月,时间将持续到明年5月31日。(今晚报微博)

(11) 真·来一本儿!烤肉店复工,顾客点整本菜单!网友:段子成真

之前岳云鹏有个搞笑段子,去饭店点菜怎么才能有排场?菜谱上的菜全都要了,简称"炒一本",之前咱都当成笑话听听,谁知这次成真了。昨天,#烤肉店复工点整本菜单#登上微博热搜("扬子晚报"微信公众号)

两例中"X"都为改编,例(10)改编自民谣歌曲《南山南》歌词"你在南方的艳阳里大雪纷飞,我在北方的寒冬里四季如春";例(11)改编自相声演员岳云鹏经典语录"炒一本"。利用"真·X"结构,说话人使听者轻易识别改编及其用意,营造巧合,增强幽默的表达效果。

3 形容词"真"的无标记性

以上将"真·X"构式分为四类,并分别描述其功能。回到最初的问题:形容

词"真"作为无标记项,在"真·X"语言现象中为什么反其道而行呢? 回答这个问题,首先需要厘清的是在传统认知中,为什么"真"往往为无标记项,其反义词"假"为有标记项,这一现象可用标记理论解释。

3.1 "不对称现象"和标记理论

"对称"和"不对称"是生活中的常见现象,这一现象也大量、普遍地存在于语音、语义、构词、语法、语用等语言的各个层面。例如构词上,吕叔湘(1984:73)曾指出,世间的事物名称,一般是有"大"必有"小",如"大麦、小麦""大脑、小脑",可是也有很多名称是只有"大"没有"小"的,我们会说"大扫除"但不会说"小扫除",说"大海"却不说"小海"。

语言中的标记现象(markedness)是指一个范畴内部存在的某种不对称现象(沈家煊 1999:22),关于这种不对称现象的理论就叫标记理论(markedness theory)。沈家煊(1999)在《不对称和标记论》一书中,将语言类型学和认知语言学结合,形成新的标记理论,本文的理论基础即来自沈家煊的标记理论。

3.2 标记形成的原因

沈家煊先生在《不对称和标记论》中,从语用和认知两个方面来解释标记现象形成的原因。语用方面,标记模式的形成体现了语用原则中的"经济原则",即说话人总想用最少的付出获得信息传递的最大效益,因此,使用频率高、组合形态简单的往往成为无标记项。王冬(2013)根据《现代汉语词典》对"真""假"构词能力进行比较,发现"真"的构词总数为 129 个,高于"假"的构词总数 76 个,这反映出其较高的构词能力和使用频率,因此成为无标记项。

认知上,人的认识和推理过程具有单向性或不对称性,总是从典型成员(无标记项)出发认识和推导非典型成员(有标记项),而不是相反(沈家煊 1999:36)。如果在人们认知中,典型的鸟应该是会飞的,那么不会飞的鸵鸟就是这个范畴中非典型的鸟(这一点在后面的原型范畴理论中会详细解释)。"真"在人类认知中便具有典型性,人们总是首先确立何为"真",凡事符合的则为"真",不符合则为"假",可以推测,人们总是先认识和熟悉与"真"有关的事物,通过"真"认识和推导"假"。

3.3 反义词的标记模式

Greenberg(1966:59)指出任何一种语言,总是正面词为无标记项,反面词为有标记项。沈家煊(1999)参照 Cruse(1986)从逻辑、认知、评价、常规四个方面对普遍的反义词标记模式作出了解释。

从逻辑上看,反义词中的无标记项大多是肯定项,有标记项大多是否定项(沈家煊 1999:178)。如果存在“负负得正”的情况,即被否定后变为对立的含义,那么该词就为否定项。按照这个方法,将“这是假的”否定,变为“这是假的是假的”,则结果为“这是真的”,与原命题含义对立。由此可判断,“假”是逻辑上的否定项,因此为有标记项;“真”为逻辑上的肯定项,也是无标记项。

从认知角度来看,词也有肯定项、否定项之分,认知上的肯定项通常是具有某些显著特征的、更能引起人的注意的一项。人处于一个实物组成的世界,对真实的东西有更加切身的感受。再者,“真”的东西具有最强的真实性,而“假”的则缺乏真实性。如果说“假”的虚假性很强,“真”的东西缺乏足够的虚假性,那么作者的认知过程更为抽象,因此更加费力、复杂。由此,“真”可以看作是认知上的肯定项,对应无标记项。一般来说,人们还倾向于把量级上靠近自然终端的看作是否定项,而把能够无穷延伸的一端看作是肯定项。沈家煊(1999)将“真”“假”归为相反词,他认为在一个概念域内,非真即假,非假即真,因此该概念域不是一个连续体,“真”“假”不能受程度副词修饰。但现在看来,情况不完全如此,这对词能够并且频繁地被程度副词修饰,例如人们可以说“很假”“有点儿假”“很真实”,因此不能简单地将“真”“假”看作是没有中间带的相反词。一件传言为凡·高创作的画作,它的真实性是可以无穷延伸的,人们从风格、技艺、光影运用等方面可以判断画作真实性的强度,真实性向零逼近时,可以判定为假的凡·高作品,而真实性向无穷处延伸时,人们只能说这基本可以看作是凡·高的作品。从这一点来看,“真”依然为认知上的肯定项。由一对反义词构成的并列式复合词,一般总是肯定项在前,否定项在后(吕叔湘、赵元任 1979),因为人倾向于先说自己认知上显著的成分,因此一般我们会说“真假”而非“假真”。

评价上,肯定项和否定项通常对应着褒义词和贬义词,这不仅涉及心理因素还涉及社会因素。“真”最初就是指向褒义,由其引申出的词也都是积极的,如——真诚、真情、返璞归真等;“假”一开始为中性词,但其引申出的词语却是消极的,例如虚假、狐假虎威、假公济私等。判断词的褒义贬义,可以用祈使句“A+一点儿”,若句子得体,则“A”为褒义(张国宪 1995)。若在“B”前加上“有点儿”通顺得体,则“B”为贬义。

真实一点儿	*虚假一点儿
有点儿假	*有点儿真

因此,“真”“假”的语义感情色彩是不对称的,“真”对应的是评价上的肯定项,因而也是无标记项。

还有一类反义词的标记模式无法用评价标准来解释,只能从“常规”(normality)角度解释(沈家煊 1999:191)。这类词有标记形式,但没有相应的无标记形式,例如我们说“假牙”,但通常不会说“真牙”。这是因为人们接触到的牙大多是真的,这是在人们意料之中的常规,不需要通过标记来领悟。沈家煊(1999:193)提出,也许心理上的偏向常规可以统一解释反义词的标记模式,凡是符合常规的就是认知上的“缺省值”(default value),是无标记项。人对事物的认识和评价都倾向于心理的偏向常规,这也是标记形成的根本原因。

以上解释了不对称现象和描述该现象的标记理论。从该理论出发,分析了“真”如何在语用原则、认知规律和评价标准的综合作用下成为无标记项。从各个角度来看,“真”都作为无标记项存在,正因如此,本文探讨的“真·X”构式才有了特殊性和值得思考的意义。

4 “真·X”构式中“真”的标记性

这一部分主要从原型范畴理论出发,结合四类“真·X”构式实例探讨该语言现象形成并流行的原因。

4.1 原型范畴理论

原型范畴理论由对传统范畴观的批判发展而来。亚里士多德是第一个对哲学范畴进行阐述的西方学者。亚里士多德的经典范畴观以唯理主义为基础,认为:(1) 范畴由范畴成员共有的一组充分而且必要的特性来界定;(2) 一个物体如果具备某范畴成员的所有的充要特性,则它属于该范畴,否则不属于该范畴,不存在“好像属于该范畴、又好像不属于该范畴”的情况;(3) 不同范畴之间存在清晰的界限;(4) 同一范畴中各成员之间的关系是平等的,即不存在典型成员与边缘成员之间的差别(Taylor 2001:23-24)。之后维特根斯坦对亚里士多德的范畴学说进行了经典性批判,主要论述见于《哲学研究》(2009),其中维特根斯坦在论述语言游戏说(language-game)时提到,建立语义范畴的基础是相似性即家族相似性(family resemblance)而不是共同性。

在此基础上,罗施(Rosch)比较了不同文化的范畴形成,发现许多范畴的构成都是围绕一个原型(prototype)。罗施提出范畴的边界不是明确的而是模糊的,界定这个范畴的特征不是充分和必要条件,属于这个范畴的成员有典型和非典型之分(Rosch 1978)。罗施的范畴理论即为原型范畴理论。原型范畴理论认为,一个范畴不是由其成员共同具备的充分必要条件界定的,而是由集合了范畴成员最多特征的“原型”和与该“原型”有着不同程度相似性的其他成员以及模糊的边界组成的,即范畴具有三个组成要素:原型、其他成员及边界。例如,“花”是一个使用频率很高的基本词,本义为“植物的繁育器官”,是原型范畴概念的上位词。围绕“花”会出现一批与其具有相似属性和特征的词,如“桃花”“鲜花”“残花”等词,这些词处于“花”这个词的下位范畴。网络词语的诞生和流行也脱离不开类似的规律和模式。例如,“友”在《现代汉语词典》中被解释为“朋友;有好的关系的”,此为“友”的本义,也是其范畴的典型成员,具有最高辨识度。但随着“笔友”“驴友”“发烧友”等与“友”的本义有着相似性的其他成员进入,该范畴不断扩大,处于动态发展的状态。这些网络新词的衍生结果是扩展其基本层次范畴词,这验证了范畴成员间的家族相似性及其边界的不确定性(鄢春艳、刘建立 2006)。

4.2 从原型范畴理论看“真 · X”构式理据性

从原型范畴理论来看,“真 · X”的流行具备理据性,以下将基于四个分类做具体解释:

第一类“真 · X”构式(利用“真 · X”构式强调“X”特性,此时“X”一般具有某种典型特征,且频繁用于对其他同类事物或事件的描述),以“真 · 迷弟！王俊凯 1 点 18 分送周杰伦生日祝福(《重庆晨报》)”为例。原型理论认为,存在于人们大脑的不是意义的成分,而是其理想物。语言操作者头脑中有着概念的中心形式,他们将所见事物与该原型比较,判断吻合或冲突(朱炜 2005)。此例中,说话者内心形成一个“迷弟”范畴,这个范畴的边界是开放的模糊的,小明可以是“迷弟”,小强也可以是“迷弟”,然而说话者心中有一个“迷弟”的原型,其他范畴成员是以家族相似性为纽带延伸,具有和原型或多或少的家族相似性。此例中王俊凯给偶像生日祝福的时间点数字恰好是偶像生日的日期,这一特性使得王俊凯更加接近“迷弟”原型,或者说在说话者心中这就是“迷弟”的原型,因此用“真”来标记“X”,表示其典型性以及与范畴内的边界成员的距离。这也反映出范畴内原型的树立是带有主观性的,可能在另一个人眼中范畴成员“小明”的特征更接近或更足以代表“迷弟”这个范畴的原型。

第二类“真 · X”构式(利用“真 · X”构式实现返源),以“真 · 躲得过初一躲不过十五——正月初六接到报警,初八抓获嫌疑人。(长沙警事)”为例,“躲得过初一躲不过十五”语源意义为即使逃得过初一这天,十五之前也一定会被找到。衍生出的通行意义为“能躲避一时,但终究不能根本逃避”。我们可以认为,说话人将语源意义看作为该范畴的原型,而根据其通行意义,该范畴吸纳了大量的边界成员，即各种逃避一时但最终不得不面对的情况。那么此处，"真·躲得过初一躲不过十五"可以看作是通过标记，强调此处的"躲得过初一躲不过十五"并不是指范畴中众多的非典型成员，而是范畴中经过长久动态变化而逐渐被忽视的"原型"，即语源意义。

第三类"真·X"构式（利用"真·X"构式描述特殊现象以表达某种强烈感情。此时"X"往往是对这一特殊现象的描述，为说话人自己创造或定义，并不常见于其他表达），以"真·教练席拴狗！巴拉圭一流浪犬成俱乐部'助教'（虎扑足球）"为例。这类表达比较特殊，由于"X"的特殊性，往往没有现存的范畴可以吸纳它。"教练席拴狗"显然不是一个常规的现象，是之前（几乎）没有出现过的，是人们认知里不存在或不熟悉的事物，此时"真·教练席拴狗"便强调，这是一个新的范畴，此时"X"可以看作该范畴的原型，或者是目前最接近这个原型的范畴成员。随着网络话语的不断创新、衍变、流传，会有越来越多新的范畴不断被建构，继而像海绵一样迅速吸纳大量的家族成员，边界逐渐扩大，范畴在相对平衡的状态中动态发展。

第四类"真·X"构式（"X"为固定用法或常见表达的改编版本，利用"真·X"构式使人快速联想到原有固定表达，减轻信息接收者理解负担），以"真·你在南方露着腰我在北方裹棉袄#内蒙古东北部开栓供热受近期持续阴雨和气温下降的影响，内蒙古呼伦贝尔北部地区正式开栓供暖了。今年当地供暖期 9 个月，时间将持续到明年 5 月 31 日。"（今晚报微博）为例。此"真·X"构式中的"X"——"你在南方露着腰我在北方裹棉袄"改编自民谣《南山南》歌词"你在南方的艳阳里大雪纷飞，我在北方的寒夜里四季如春"。在这个范畴中，因该句歌词传唱性强、流传度高，人们将其视为范畴的原型，所有在此基础上的改编的"你在南方×××，我在北方×××"句式被吸纳为范畴的成员。此时将"真"作为有标记项标记"X"，可以快速建立起听话人认知上该表达与原型的联系，将其纳入说话人意图的范畴，缩短听话人加工过程，取得最大的交流效益。

5 结语

互联网时代，网络用语以惊人的速度涌现并不断更新换代，"真·X"构式在流行语中生命周期较长，使用趋近官方化、正式化，又因其违背传统语言使用规律，具有特殊性，因此有一定的研究价值。本文根据说话者使用意图分类并描写了近来流行的四类"真·X"构式，借助沈家煊的标记理论，详细解释了在传统认知中，"真"为何作为无标记项存在，继而提出该语言现象具有特殊性。为找到其流行的理据性,本文用原型范畴理论分析“真·X”构式的使用,并发现,利用传统的无标记项“真”来标记某一语言成分,可以实现以下目的:(1)强调“X”的原型或近原型地位;(2)实现“X”意义的返源;(3)建构以“X”为原型的新范畴;(4)快速建立与某一原型的联系,减轻听话人的加工负担。由于此前并未有对该语言现象系统的分析和研究,本文希望为“真·X”构式及其他网络流行语的研究提供些许思路,以能更好地解释更多语言现象。

参考文献

[1] Cruse, D. A., 1986. *Lexical Semantics* [M]. Cambridge: Cambridge University Press.

[2] Goldberg, A. E., 2006. *Constructions at Work: The Nature of Generalization in Language* [M]. Oxford: Oxford University Press.

[3] Greenberg, J. H., 1996. *Language universals: with special reference to feature hierarchies* [M]. The Hague: Mouton & Co.

[4] Rosch, E., 1978. Principles of categorization [A]//In Rosch. E. & B. Lloyd (Eds). *Cognition and Categorization*. New Jersey: Erlbaum, 27-48.

[5] Taylor, J., 2001. *Linguistic Categorization: Prototypes in Linguistic Theory* [M]. Beijing: Foreign Language Teaching & Research Press.

[6] Wittgenstein, L., 2009. *Philosophical Investigation* [M]. New Jersey: Wiley-Blackwell.

[7] 吕叔湘,1984. 语文杂记[M]. 上海:上海教育出版社.

[8] 沈家煊,1999. 不对称和标记论[M]. 南昌:江西教育出版社.

[9] 王冬,2013. 反义词“真”“假”的不对称研究[D]. 博士论文,云南:云南大学.

[10] 王希杰,1989. 返源格[J]. 当代修辞学,(3):39-40.

[11] 鄢春艳,刘建立,2006. 原型范畴理论与新词构筑[J]. 语言理论研究,(4):41-43.

[12] 张国宪,1995. 语言单位的有标记与无标记现象[J]. 语言教学与研究,(4):77-87.

[13] 赵元任,吕叔湘,1979. 汉语口语语法[M]. 北京:商务印书馆.

[14] 朱炜,2005. 原型范畴理论对英语词汇教学的启示[J]. 江苏教育学院学报(社会科学版),(1):98-101.

试论新兴类词缀“精”

朱歆琦

摘　要:近年来网络上涌现了大量的“X 精”结构,“精”出现了词缀化倾向。笔者基于前人研究生成了一套判断类词缀的框架,并从语义、结构和功能三个层面对“精”作为类词缀的理据性进行分析。笔者将共时和历时研究相结合,考察了共时层面“精”的用法以及历时层面“精”语义泛化为类词缀的过程。研究结果表明“精”的语义已经泛化,解读“精”需要进行多次隐喻或转喻。类词缀“精”具有定位性,泛化的指人语义只能出现在组合结构末尾。从黏着性来看,类词缀“精”也无法脱离组合结构而独立存在。从能产性来看,“X 精”结构中的 X 具有音节多样性和词性多样性的特征。因此,笔者认为“精”是一个类词缀。本研究旨在为分析新兴类词缀的合法性提供参考。

关键词:“X 精”;类词缀;词缀化;判断类词缀

1　引言

随着社会的发展,对外交流的增加以及网络媒体的发展,汉语词汇日渐丰富,传播速度加快,出现了大量新词缀,这些新词缀不同于传统词缀,介于词根和词缀之间。早期学者认识到了这种现象,并提出了各种不同的术语,如“类词缀”“准词尾”“准词头”“准词缀”等(任学良 1981;沈梦璎 1986)。经历过百花齐放的术语之争,“类词缀”的概念逐渐确定下来。然而,早期学者对于类词缀的研究主要停留在对现象的描写上,只做列举性描述,不做穷尽性分析。20 世纪末到 21 世纪初期,类词缀研究取得了巨大的发展,一大批学者就类词缀的定义、性质、范围进行讨论,试图得出界定范围和划分标准(沈光浩 2011;苏宝荣、沈光浩 2014;王洪军、富丽 2005)。然而,词汇作为变化最快的语言系统,不断接受着新兴词的冲击,类词缀也在这种新词的繁荣中不断增长,指人语素尤甚。对于指人语素的研究多采用共时描写,对于语素构成和句法功能展开详尽叙述,或者采用历时描写,对于指人语素的语法化演变过程展开叙述。近年来,新兴指人类词缀"精"开始流行起来,"X 精"构成的流行语连续三年出现在年度十大流行语排行榜上。因此,本文拟基于前人界定类词缀的研究成果,提出如下研究问题:

"精"是否是一个类词缀?

1) 从语义上看,"精"是否是一个类词缀?

2) 从结构上看,"精"是否是一个类词缀?

3) 从功能上看,"精"是否是一个类词缀?

近年来,"精"的使用愈发频繁,然而,前人对"精"的研究却不够充分。前人仅仅描写了"精"作为词族的现象,却没有对判断"精"是否为类词缀给出充分的理由。因此,本文将基于前人研究生成判断类词缀的框架,以期对判断新兴类词缀提供参考。

2 文献综述

类词缀研究是在词缀研究基础上衍生出来的,学界发现有些语素的语义并未完全虚化,却又不是词缀,因此类词缀研究应运而生。最早的类词缀研究是通过穷举法明确这一类语素的特征,然后对其进行定义,后来转向研究界定标准,目前学界主要是对各种新兴语素进行个案研究。

2.1 关于类词缀的研究

吕叔湘在《中国文法要略》(1956)中举了 19 个"近似词尾",成为现代研究类词缀的开端。他在《汉语语法分析》中提出了"类前缀"和"类后缀"的概念,认为"他们作为前缀和后缀还差点""因为他们在语义上还没有完全虚化"(吕叔湘 1979:49)。此外,相关概念还有任学良(1981)所称"准词尾""准词头";沈孟璎(1986/1995)所称"类词缀""准词缀"。由此可见,前人对于"类词缀"的定名百花齐放。据沈光浩(2011)统计,多部辞典增加了"类词缀"释义,因此,本文采用"类词缀"这一术语。

前人关于类词缀的研究主要集中在定义和性质上,朱亚军(2001),王洪君、富丽(2005),沈光浩(2011),苏宝荣、沈光浩(2014)等对此多有讨论。朱亚君

(2001)指出类后缀是汉语特有的语言现象,是指那些介乎词素与词缀之间的语言单位,它既不是十足的词,又不是十足的词缀。各家对类词缀的定义都和词、词缀有关。沈光浩(2011)认为类词缀是一个动态的、可变的系统。类词缀由于虚化程度不同而处于不同的等级,都处于“词缀—词根”这个“连续统”(continuum)中。因此,光从类词缀的定义看,很难对类词缀进行明确的划分,早期研究类词缀的学者通过描写的方法进行一一列举,如吕叔湘(1979)列举了18个类前缀和23个类后缀。其他学者如沈孟璎(1986)等也对类词缀进行了列举。

后来学者开始制定界定标准,主要从类词缀的语义、结构、功能层面进行考察,并就语义泛化、能产性、定位性和黏着性达成一致(王洪君、富丽2005;曾立英2008;朱亚君2001)。值得注意的是,王洪君、富丽(2005)基于大规模语料库统计,提出了类词缀的新特点:单项高搭配性和结构类型个别化。单项高搭配性指的是在整体结构保持不变的情况下,一个位置上的成分可替换的同类成分不多,而另一个位置上可以有很多可替换的成分。结构类型个别化则指的是很难将类词缀归纳为定中、联合、述宾、状中、述补、主谓等有限的几种类型,即王洪君(1998)所说的“复合结构”。其中,他们特别提到了定中结构,即结构整体表示中心语的一个下义位,如白菜是一种菜。这种现象几乎不会在类词缀中出现。同样,苏宝荣、沈光浩(2014)也注意到了这一现象,并用列举法比较了“定 + 中”偏正式复合词和“X + 类后缀”的不同。

综上所述,关于类词缀的研究从定义和性质转向界定标准,主要从语义、结构和功能这三个方面对类词缀进行考察。

2.2 对于类词缀的个案研究

学界对于类词缀的研究百花齐放,共时研究主要探讨了类词缀的构词、搭配、语义、性质、传播问题,历时研究主要探讨了类词缀的语法化演化进程,也有一些研究将共时和历时相结合,对类词缀的形成和使用进行全面系统的描写。

张谊生(2003)分别从共时和历时角度分析了“零X”词族的构成搭配和演化动因,认为“零X”和一般的附缀式三音节词比较接近,是一种新兴附缀式复合词,并通过词语模达成能产效果。

崔玉珍(2004)通过历时语料库,以“文化”一词为例,从语义和使用变化上考察了“化”的语法化过程。在这些新兴类词缀中,指人类词缀受到了很多学者的关注,其中包括狗(万晓丽2009)、党(陈昌来、朱艳霞2010)、控(马渺沙2016)等。

近几年,指人语素“精”开始流行,以其为中心语产生的新词“戏精”“杠精”“柠檬精”分别成为2017年、2018年、2019年《咬文嚼字》编辑部公布的年度十大流行语,体现了极强的能产性和类词缀化倾向。目前,对于“精”的研究还不够充分,多数停留在对于“精”作为词族的构成、语义、句法搭配进行简单描写,并分析其衍生机制和传播动因(陈琛2018;李晓萍2018;倪淑珺2019;周文婧2020),并未对“精”是否类词缀化做出判断。黄博雅、康青(2018)和宋珍珍(2019)将“X精”看作是类词缀化现象,却没有给出足够的理据。黄博雅、康青(2018)直接做出了“精”是类词缀的判断,而宋珍珍(2019)仅从定位性、意义虚化和能产性三个方面对“精”做出了判断,并未将“X精”结构与定中结构进行区分,因此仍存在不足之处。为了弥补前人研究的空白,笔者拟基于沈光浩(2011),苏宝荣、沈光浩(2014)以及王洪军、富丽(2005)确定的类词缀性质和判断标准,给出“精”作为类词缀的详尽理据,以期为判断新兴类词缀提供参考。

3 研究方法

笔者采用共时和历时相结合的研究方法。共时研究主要是对于当前“X精”的用法进行描述,考察其在结构上的定位性、黏着性、结构个别化和功能上的能产性。共时语料包括《新华字典》《现代汉语词典》以及笔者在微博以“精”为检索词搜索得到的前20页语料,并仅保留“精”作为网络流行语的语义,作为分析依据。历时研究主要是利用《故训汇纂》和古代汉语语料库①对于“精”的语义泛化进行分析。笔者结合前人研究,生成一套判断类词缀的框架,并将从语义、结构和功能三个角度解释为什么“精”是类词缀。

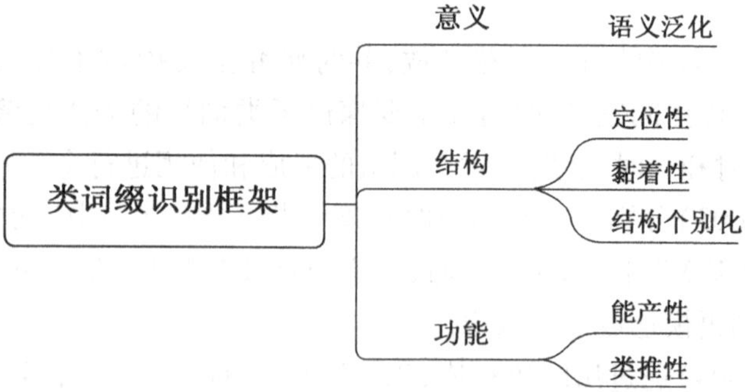

图1

① http://corpus.zhonghuayuwen.org/acindex.aspx

4 研究结果

4.1 意义:语义泛化

语义泛化指类词缀在原有的实义语素的基础上,以"隐喻"联想的思维方式,通过类推形成的一种以原语素的某种语义特征为内涵、外延扩大了的泛指义(苏宝荣、沈光浩 2014)。"精"可以作为名词、形容词、副词语素,在"X 精"结构中,是以名词语素所作为类推的基础,因此,本文主要考察"精"作为名词语素的语义泛化。

结合《故训汇纂》和在线古汉语语料库,"精"的含义次第出现如下:

(1) 食不厌精。——《论语》(精细的大米)

(2) 精也者,气之精者也,气道乃生。——《管子·内业》(自然界的精气)

(3) 人死精亡而形存。——《论衡·论死》(人的魂魄)

(4) 血,气之精也;志,意之荣也。——《荀子·赋》(精华部分)

《故训汇纂》第 110 条释义如下:

(5) 精物者,《易》所谓精气为物也。《说文·虫部》:"魍魉,山川之精物也。"段玉裁注。

因而我们可以推断,"精物"指的是自然界的精气孕育而生的事物,"精"的语义从自然之精扩大到由自然之精生成的事物。而此时,"精"仍旧是实义语素,并未出现泛化的倾向。笔者以"妖怪""精怪""妖精""精灵"等为检索词在古汉语语料库进行检索,以下是年代最早的检索结果:

(6) 太史公曰:学者多言无鬼神,然言有物。○索隐按:物谓精怪及药物也。——汉代《史记》

(7) 世间多有精物妖怪百端:谨按鲁相右扶风臧仲英为侍御史,家人作食设桉,倏有不清尘土投污之。——汉代《风俗通义》

(8) 妖精鬼魅斗神通。——汉代《全唐诗》

由此可见,“精”在汉代诞生妖怪义时,隐含着非我族类的意思。精、物、妖、怪被用来形容一些世人无法解释的现象,并与飞禽走兽并列,被视为与人类完全不同的种族。

从隋唐起,“精”开始能够化人形,吐人语。如:

(9) 太子本是妖精鬼魅,请王须与奔亡。——隋唐五代《敦煌变文》

(10) 妖精在火光中,扒将起来,大叫曰:“姜子牙,我与你无冤无仇,怎将三昧真火烧我?”——元明《封神演义》

妖精化为人形后,与人类之间的种族界限渐渐模糊,借着元明清时代通俗文学的繁荣,“精”的指人内涵逐渐被人们接受。

以笔者在古汉语语料库检索“精”得出的语料来看,“精”在《封神演义》中出现词缀化倾向,有诸如“雉鸡精”“狐狸精”“琵琶精”“羊精”“猪精”“狗精”“蛇精”“桃精”“蜈蚣精”等,不过,这时“精”还是妖怪的本意,没有出现指人的含义。到了清朝,开始出现“精”指代某种特征的人的含义:

(11) 柳氏听了笑道:“你这个小猴儿精又捣鬼了。”——清《红楼梦》(此处,柳氏并不是说小厮是猴子变的精怪,而是说他和猴子一样调皮捣蛋)

(12) 你若是丢了我,再娶了别的妖精,我这观音菩萨最灵验,我只把他背过脸来,朝了墙,叫你同别人睡,偎着枕头就头疼,爬起来就不头疼。——清《儒林外史》(此处,聘娘用妖精来比喻姿色迷人的女子)

自此,“精”的妖怪语义渐渐泛化。意义泛化之后,“精”不再具有实实在在的词义,原有的词义变得抽象概括。这种抽象义从清朝开始不断发展,《现代汉语词典》收录以“精”作为末尾语素的词有“白骨精”“鬼灵精”“猴儿精”“狐狸精”“马屁精”“人精”等。“精”原本的“妖怪”意思逐渐弱化,形成了具有泛指含义的“一类人”的意思,且出现能产倾向。“精”作指人语素时,没有实义。如果有实义,则我们可以加上量词来表示数量,如一个“精”。然而,汉语中并不存在这种用法。因此,“精”没有实际词义,只有泛化了的含义,表示一类人。“精”在表示“一类人”时,主要由以下两种解读方式。

“X精”表示喜欢X的人。X可以是名词或者动词。

(13) 我可能是个芋头精。(喜欢吃芋头的人)

(14) 遇不到杠精,担心他们真的遭了报应。(喜欢抬杠的人)

(15) 作精(喜欢作的人)

(16) 一拖再拖,港府大话精。上周说下周一,现在到下周一了,一点消息没有。(喜欢说大话的人)

“X 精”表示具有 X 特征的人,X 通常是形容词或者名词。X 是形容词时,X 主要用来形容人:

(17) 只要问到之前上网了解过谁,就一定有刘梦,但是和想象中不一样,以为是个酷酷的不爱说话的小女生,却是个嗲精“铁憨软妹”。(说话很嗲的女生)

(18) 时髦精当然不会忽略细节和提亮,搭配一些 bling 元素的助攻可以令整体更加高级清新。(打扮时髦的人)

X 是名词时,X 主要是某种令人羡慕的身体特征,或者某个自然界的事物。表示身体特征时:

(19) 宣美真不愧是南韩腿精。(腿又细又长的人)

(20) 9 个高效虐腹的自重训练,每个动作 12—15 次,一个月变小腰精!(腰肢纤细的人)

X 是自然界的事物时,主要通过隐喻,利用人和自然界的事物之间的相似性,进行类比。

(21) 头发炸得像个海胆精。(海胆长了很多刺,洗完头之后没有吹干,之后头发就会变得像海胆刺一样炸开来)

此外,值得注意的是“X 精”的语境义有时需要多次运作隐喻和转喻机制才能获得,不能直接理解为喜欢 X 的人或者具有 X 某种特征的人。如:

(22) 蜈蚣精绒姐的一面墙鞋柜。

“蜈蚣精”并不能直接理解成喜欢蜈蚣的人或者像蜈蚣一样脚多的人，实际上指的是爱买鞋或者有很多鞋的人。在解读过程中，先经过了一次转喻，脚多变成鞋子多，进而得出的“蜈蚣精”的语境义是爱买鞋的人或者鞋子多的人。

(23) 能没事就逛湖南卫视贴吧的除了芒果精那就是其他卫视的粉丝。

“芒果精”不能简单理解为喜欢芒果的人，或者具有芒果特征的人，而要经过一次转喻。在语境中，由于湖南卫视的台标是芒果，因此芒果经过转喻指代湖南卫视，再将“芒果精”解读成喜欢看湖南卫视的人。

(24) 里面刀子精都是一手见血封喉的好刀法。

“刀子精”在这里不能解释为喜欢刀或者人像刀一样锋利，而应该是指人说的话像刀一样锋利。因此，“X 精”结构在经过隐喻时，不一定指的是人和物之间的直接关联，也有可能是人的行为特征和物的关联。

此外笔者发现，“精”在语义泛化前所表示的“妖精”“精怪”“精物”等，皆是人避之不及的生物，含贬义。语义泛化后，感情色彩更加丰富。“腿精”“睫毛精”等词，表达了说话人的羡慕之情，因此是褒义词。“作精”“骂人精”“杠精”等表达了说话人负面情感态度，含贬义。此外，“芒果精”“辣椒精”(喜欢吃辣椒的人)等只是陈述事实，没有明显的情感取向。由此可见，“精”的情感色彩由单一的贬义变得更加丰富。

综上所述，经过语义扩大，“精”的语义已经泛化，由原来指妖精变成泛指喜欢某物或者具有某一特征的人。“精”的情感色彩也由单一变得更加丰富。在解读语境义时，有时需要对“X 精”进行多次隐喻或者转喻的解码。

4.2 结构

4.2.1 定位性

定位性指的是类词缀出现在组合固定的位置上，“精”作为类后缀只能出现在组合的末尾。“词缀的定位性体现在三方面：一是定词性；二是定义项；三是定词中的位置。类词缀的定位是在某一个词性、某一个或几个义项上定位，而不是说充当类词缀的这个语素在任何情况下都是定位的”(马庆株 1995，转引自曾立英 2008：78)。

语素“精”在进行构词的时候可以是名词语素、形容词语素和副词语素。只有做名词语素表示具有喜欢某物或具有某种特征的人的时候，“精”才是类词缀，如“烦人精”“嗲精”“柠檬精”等。在这一固定义项上，“精”的位置是固定的，都处于组合结构的末尾。同样出现在组合末尾的还有义项a“精华，物质中最纯粹的部分，提炼出来的东西”，如“鸡精”“酒精”“炭精”等，以及义项b“精液”，如“受精”“遗精”等。但由于这两个义项都有实义，并没有泛化，因此这两个义项上的“精”就不是类后缀。

4.2.2　黏着性

类词缀是附加构词成分，只能粘附在词根上，通常不能以其在派生词里的意义独立成词（沈光浩 2011）。类词缀离开派生词后，表达的意思就只是单独的原始词根语素的含义，而不再是在派生词中泛化了的含义。因此，类词缀不能脱离组合结构实现语义表达。观察《现代汉语词典》“精”的释义和所有词语搭配，笔者发现，“精”基本以黏着词素的形式存在于组合结构之中，单独成词的语素“精”仅做形容词语素，表示机灵细心，如“这孩子比大人还精。”因此，“X 精”的“精”不能脱离组合结构而独立存在，具有黏着性。

4.2.3　结构个别化

王洪君和富丽（2005）认为词根与词根能够组合成定中、联合、述宾、状中、述补、主谓等复合结构。由于“X 精”结构是名词语素做中心语，因此形式上和定中结构的派生词一样，但是，两者的语义内涵存在很大差异。定中结构的中心语一般是整个短语结构的上位义，如金鱼、白鱼、鲫鱼都是鱼的下位词。根据王洪君和富丽的基本鉴别式，定中结构可以进行如下描写：现有成词语素 A 和 B，当 B 为自由成词语素时，可写为如下公式：

AB→一＋量词＋B（金鱼→一条鱼）

当 B 不是自由成词语素时，可写为如下公式（苏宝荣、沈光浩 2014）：

AB→一＋量词＋B 的语义内涵（菜圃→一种种蔬菜的园子或园地）

但当 B 为类词缀时则上述公式不成立。

杠精≠一种喜欢抬杠的妖精

因此，上述基本判别式显示了类词缀构成的复合结构与普通定中结构的差异。苏宝荣、沈光浩（2014）认为类后缀泛化之后相对抽象、外延扩大了的类指义，不再是短语复合结构的中心，无法构成上下位关系。因此我们不能将“X 精”从形式上笼统地划分为定中结构，而应该将其视为一种个别化结构，为判别其为类词缀给出了依据。

4.3 功能

4.3.1 能产性

能产性指的是类词缀构词能力强。在笔者考察的20页微博语料中,“X精”出现了31个不同的组合。

从构成“X精”的X的音节来看,X可以是单音节语素,构成一个“1+1”音步的双音节附缀式结构,如:

(25) 时隔这么久又回踩一番,这才是真正的“影后级戏精”吧。

(26) 宣美真不愧是南韩腿精。

(27) 为了避免被别人说杠精我生气,所以我自己先说为敬。

此外,构成“X精”X的也可以是双音节的语素,构成一个“2+1”音步的三音节附缀式结构。

(28) 奶茶真是“害人精”,不喝奶茶又不行。

(29) 我可能是个芋头精。

(30) 一拖再拖,港府大话精。上周说下周一,现在到下周一了,一点消息没有。一个政府的政策犹如儿戏,可笑!

从X的词性来看,X可以是名词、动词、形容词,如:

(31) 别人去探店都是各种拍拍拍,而我和我的姐妹,简直化身为猪精一直在吃hhhhh。

(32) 乘风破浪的姐姐里面,有一位可以说是比虞书欣还作的小作精。

(33) 只要问到之前上网了解过谁,就一定有刘梦,但是和想象中不一样,以为是个酷酷的不爱说话的小女生,却是个嗲精“铁憨软妹”。

有时,X还可以是字母词,如:

(34) 还有一些ky精哦,一天天看见啥你都ky,眼睛不好不会去医院治吗!(ky源于日语,表示没眼力见、不会按照当时的气氛和对方的脸色做出合适的反应)

综上所述,从“X精”的音节看,X既可以是单音节也可以是双音节,从词性看,X可以是名词、动词或者形容词,X甚至还能够用字母。构成搭配的丰富性体现了类后缀“精”的能产性。

4.3.2 类推性

类推性指的是每个类词缀都可以在类推机制的作用下和多种类型的词根成分组合成词,从而形成一系列具有相同类词缀标志的词族(沈光浩 2011:111)。如“杠”和“柠檬”分别是名词和动词,但是和类词缀“精”结合之后变成的“杠精”和“柠檬精”都是名词,两个原本语法功能不同的组合成为语法功能相同的组合,能够指代一类人。根据流行语的构词模式,我们可以类推出一系列具有相同形式复合结构,如:

X是名词语素:戏精→大话精、口嗨精……

X是动词语素:杠精→作精、骂人精……

X是形容词语素:嗲精→粘人精、调皮精……

综上所述,“精”作为类后缀具有类推性和能产性的显著特征,我们有理由将其划分为类词缀。

5 结论

笔者基于前人研究确定的类词缀性质和判断标准,生成了一套判断类词缀的框架,并从语义、结构和功能三个层面对“精”作为类词缀的理据性进行分析。笔者将共时和历时研究相结合,考察了共时层面“精”的用法以及历时层面“精”语义泛化为类词缀的过程。研究结果表明“精”的语义已经泛化,从实义妖怪转变为喜欢某种事物或者具有某种特征的人,对其进行解读时,有时需要进行多次隐喻或转喻。类词缀“精”具有定位性,泛化的指人语义只能出现在组合结构末尾,并与其他出现在末尾的实义义项截然不同。从黏着性来看,类词缀“精”也无法脱离组合结构而独立存在。与此同时,“X精”结构与一般的定中结构只是形式上的相似,实际底层逻辑并不相同。从能产性来看,“X精”结构中的X具有音节多样性和词性多样性。因此,笔者认为“精”是一个类词缀。本研究旨在为分析新兴类词缀的合法性提供参考,并期望为类词缀“精”的指人泛指义进入字典提供一定的依据。本研究的不足之处在于,由于共时语料库较小,对能产性的说明依旧不够充分。未来研究可以建立大型共时语料库,对类词缀“精”进行定性和定量结合的研究,用数据充分说明其能产性。

参考文献

[1] 崔玉珍,2004.“化”字的语法化过程及其辨析[J].语言科学,(6):51-56.
[2] 陈琛,2018.揭开“戏精”的面纱[J].语文建设,(11):62-64.
[3] 陈昌来,朱艳霞,2010.说流行语“X党”——兼论指人语素的类词缀化[J].当代修辞学,(3):64-70.
[4] 黄博雅,康青,2018.网络新生“类词缀”“精”系词族初探[A].载第十一届中文教学现代化国际研讨会论文集,中文教学现代化学会、澳门科技大学:中文教学现代化学会:334-339.
[5] 李晓萍,2018.网络流行语“X精”的小三角分析[J].华中师范大学研究生学报,(4):93-97.
[6] 吕叔湘,1956.中国文法要略[M].北京:商务印书馆.
[7] 吕叔湘,1979.汉语语法分析问题[M].北京:商务印书馆.
[8] 吕叔湘,丁声树,2016.现代汉语词典[C].北京:商务印书馆.
[9] 马渺沙,2016.从词的形成及其结构的角度浅析网络流行类词缀的现象——以“X族”“X控”为例[J],传播与版权,12:99-101.
[10] 倪淑珺,2019.网络流行词“X精”探究[J].汉字文化,(S2):22-23.
[11] 任学良,1981.《汉语造词法》[M].北京:中国社会科学出版社.
[12] 沈光浩,2011.现代汉语类词缀的界定标准与范围[J].河北师范大学学报(哲学社会科学版),(3):109-113.
[13] 沈孟璎,1986.汉语新的词缀化倾向[J].南京师范大学学报(社会科学版),(4):93-99.
[14] 沈孟璎,1995.试论新词缀化的汉民族性[J].南京师范大学学报(社会科学版),(1):35-41.
[15] 宋珍珍,2019.论“精”的类词缀化现象[J].河南牧业经济学院学报,(3):44-48.
[16] 苏宝荣,沈光浩,2014.类词缀的语义特征与识别方法[J].语文研究,(4):6-10.
[17] 万晓丽,2016.“狗”的类词缀化及相关问题研究[J].华中师范大学研究生学报,(1):103-107.
[18] 王洪君,1998.从与自由短语的类比看“打拳”“养病”的内部结构[J].语文研究,(2):1-11.
[19] 王洪君,富丽.2005.试论现代汉语的类词缀[J].语言科学,(5):3-17.
[20] 曾立英,2008.现代汉语类词缀的定量与定性研究[J].世界汉语教学,(4):75-87+3.
[21] 张谊生,2003.当代新词“零X”词族探微——兼论当代汉语构词方式演化的动因[J].语言文字应用,(1):96-103.
[22] 周文婧,2020.浅谈从“杠精”到“X精”[J].汉字文化,(11):27-29.
[23] 朱亚军,2001.现代汉语词缀的性质及其分类研究[J].汉语学习,(2):24-28.
[24] 中国社会科学院语言研究所词典编辑室,2011.新华字典(第11版)[C].北京:商务印书馆.
[25] 宗福邦,陈世铙,萧海波,2003.故训汇纂[C].北京:商务印书馆.

德国民粹主义政治关键词分析

——以选择党如何使用文化概念为例

朱星妍

摘　要：近年来，移民问题日益成为政治语境的热门话题，德国选择党利用选民的焦虑，把移民问题作为主要问题，并利用“认同”“文化”等概念在联邦和州选举层面连连获得选票。本文旨在从语言学和话语分析的角度对德国选择党在移民问题中使用的“文化”概念进行剖析，指出其使用“文化”概念时的语言特点，分析该党如何通过强调“主导文化”和“基督教西方文化”，攻击“欢迎文化”，以及如何用语言激化德国本土民众与外来移民间的矛盾，通过区分自我和他者，迅速获得选民支持。

关键词：德国选择党；民粹主义；话语分析

1　引言

德国选择党（AfD）于2013年在德国诞生，并在2017年德国联邦议院选举中以12.6%的选票进入第19届德国联邦议院，成为议会第三大党，同时也在基民盟和社民党联合执政后成为议会中最大的反对党，该党在移民政策方面十分保守。语言是政治交流中不可或缺的工具，政治语言往往从不同的角度命名和解释事物，从而成为这个党派使用的富有党派特色的关键词，通过对该党政治语篇的关键词研究可以透彻考察他们的思想内涵和语言逻辑。民粹主义也并不仅仅是某种诉诸人民的动员策略，它运用着一套十分特定的话语（米勒 2020：52）。本文将通过整理分析德国选择党联邦委员会成员在关于移民问题的语篇中与“文化”相关的关键词探讨选择党的语言特点和话语内涵。

2 研究设计和研究语料

本文搜集了2016年至2019年德国选择党官方网站中关于移民问题并包含“文化”这一关键词的26篇文本。所有文章均为曾任或现任选择党德国联邦委员会成员的新闻发布会发言稿或媒体采访。在整理“文化”关键词时,保留了“文化”作为名词的关键词和作为复合词词干的关键词,排除了“文化”不是词干的复合词,如“文化机构”(Kultureinrichtung)、“文化部议员”(Kultursenator)。

统计显示符合上述条件的“文化”词共出现了27次,其中出现概率最高(18.5%)的关键词为“主导文化”(Leitkultur)、“基督教西方文化”(christlich-abendländische Kultur)和“欢迎文化”(Willkommenskultur)。此外,“文化”(Kultur)一词出现的概率为14.8%,“远古文化”(archaische Kulturen)、“公共文化”(gemeinsame Kultur)、“多元文化”(Multi-Kulti)、“并行文化”(Parallelkultur)、“石器文化”(Steinzeit-Kultur)等8个关键词出现的概率均为3%。

德语的Kultur(文化)一词源自拉丁语colere(居住,耕种,维护)或cultura和cultus(农业,维护)。在《杜登词典》中,“文化”被定义为“一个群体的智力和艺术创造成就的总和,代表着全人类发展”,同时也代表着“由某个族群在某个时代某个地区创造的智力和艺术方面独具特色的成果”。如今,在社会不断发展进步和全球化的背景下,“文化”这一概念经常在不同领域被使用,也越来越具有更多的含义。早在1952年,克鲁博(Alfred Kroeber)和克拉克霍姆(Clyde Kluckholm)就列出了“文化”的175种不同定义(Nünning 2009)。本文将对出现频率最高的“主导文化”“基督教西方文化”和“欢迎文化”三组关键词进行语言特点和话语内涵分析。

3 关键词分析

3.1 主导文化(Leitkultur)

主导文化是一个复合词,由德语动词leiten词干Leit和名词Kultur组成限定性复合名词,意思为主导或引导性的文化。主导文化这个关键词并不是选择党发明创造的,在目前的德国政治生活中也不仅仅只有选择党在讨论主导文化。

早在21世纪初德国就出现了关于主导文化的辩论(Leitkulturdebatte)。叙利亚裔哥廷根大学政治学教授巴萨姆·蒂比(Bassam Tibi)于1998年提出了外来移民在不必放弃自己原本的文化背景的前提下应当适应当地主导文化准则的思考。时任德国联盟党(CDU/CSU)议会党团主席弗里德里希·默茨(Friedrich Merz)在2000年的一篇文章中将主导文化这个概念首度运用于有关移民和融合问题的讨论中。他强烈主张在德国主导文化的基础上制定有关移民和融合问题的规则,并明确反对多元文化主义。从此刻起,“主导文化”正式演变为“多元文化”(Multikultur)的对立面。

选择党也在2016年明确承认“德国主导文化”,以此来反对多元化理念。选择党在党纲中诠释了德国主导文化的三个来源:“第一是基督教的宗教传播,第二是在文艺复兴时期和启蒙运动中得到了革新的科学人文主义传统,第三,是我们法治国家所基于的罗马法”。选择党通过三个有意挑选的来源展示了他们认为的德国文化渊源。他们在强调基督教信仰、理性和人道以及继承传统的同时,却对犹太教的文化成就和二战期间纳粹的罪行闭口不谈。选择党始终把“主导文化”当作一个具有积极含义的词语来使用。他们把注意力集中在“主导文化”上,并把“主导文化”当成可以区分自我和他者的手段。

> (1) Unsere europäische <u>Leitkultur</u> steht auf den Grundlagen unseres gemeinsamen Wertekanons-den drei Hügeln Golgatha, Akropolis und Kapitol. (我们的欧洲主导文化基于我们共同的价值体系基础:各各他①、雅典卫城和古罗马城堡。)

2017年6月7日时任德国基社盟(CSU)副主席、欧盟议会人民党(EVP)党团主席曼弗雷德·韦伯(Manfred Weber)在接受《德国世界报》(*Die Welt*)专访时强调,现在德国人不应该强调德国主导文化,而是欧盟主导文化。时任德国联邦议会选择党议会党团成员、联邦委员会成员贝娅特丽克丝·冯·施托希(Beatrix von Storch)对此回应说:“欧洲有共同的价值基础。”但是她认为的欧洲主导文化和韦伯所“虚构、臆造”的欧洲主导文化并不同,她认为韦伯这样“强调欧盟的认同感,是为了把更多原本属于每个成员国的职能范围的权利转移到欧盟”。同时冯·施托希强调,欧盟的格言是“多元一体”(Einheit in Vielfalt),而不是“幼稚多元”(Vielfalt in Einfalt)。正如米勒(2020:26)认为,民粹主义的核心主张,是一种道德化形式的反多元主义。

---

① 耶稣基督就曾被钉在各各他山的十字架上。各各他和十字架是耶稣基督被害的标志。

"主导文化"这个原本由叙利亚裔德国学者提出的概念,经过时间的推移竟然变成了保守党派的代表词,如今右翼民粹主义政党利用这个概念来排挤移民。选择党认为德国的主导文化具有领先的优越性,主导文化应该受到保护,外来移民必须适应德国主导文化。与此同时他们不承认其他文化辉煌灿烂的成就,也不认为外来移民能够促进文化交流、丰富本国文化。Eitz(2010)认为,如今的"主导文化"已经成为一个被污名化的词,因为它在某种程度上引起了与国家社会主义意识形态及其社会达尔文主义思想的联系。

3.2 基督教西方文化(christlich-abendländische Kultur)

该词是由两个形容词 *christlich* 和 *abendländisch* 以及名词 Kultur 组成的名词短语,意思是基督教西方的文化。"西方"(Abendland)一词是根据古代和中世纪欧洲的概念定义的,意思是世界上最西端、最靠近夕阳的地方,拉丁语的词源为 occidens。"西方"一词在罗马帝国时期指帝国西部的行政单位(Klöckler 2009:81)。

Maletzke(1996: 39)认为,"西方"的基本价值观是由希腊思想、罗马法律、德国社会思想和基督教信仰这四重遗产所塑造的,并通过文艺复兴、宗教改革、启蒙运动一步步走到了如今崇尚科学的现代欧洲。雅典和罗马是欧洲文化的摇篮。公元前5世纪雅典出现了"公民"的概念,开启了民主的先河。罗马对希腊文化进行了补充,其语言和法律对欧洲至今都起着重要的作用。

第一次世界大战尾声时,德国哲学家斯宾格勒发表了他的主要著作《西方的没落》。他称西方为"如今遍布全球的西欧的文化"。第二次世界大战后,"西方"一词与保守思想联系在一起。Klöckler(2009:82)提出,"西方"这一概念可以作为政治上需要且民众期望的欧洲一体化的思想和历史基础,"西方"一词是欧洲联盟起来的隐喻。

德国选择党认为,德国文化是基督教西方文化,自己代表的是基督教的价值观,他们也一直使用"基督教西方文化"作为自己的核心概念,认为基督徒和德国人具有等同的含义。

3.3 欢迎文化(Willkommenskultur)

"欢迎文化"同样为限定性复合名词,由副词 willkommen 和名词 Kultur 组合而成。该词2015年在奥地利被评选为"年度热词"。由格拉茨大学奥地利德语研究中心的评委鲁道夫·穆尔(Rudolf Muhr)将"欢迎文化"解释为"由于同情战争难民的苦难而施以援手的态度和行动,使他们重获安全和自由的生活"。这年欧洲爆发了难民危机。根据德国联邦移民和难民局(BAMF)的数据,2015 年有 476 649 人在德国寻求庇护,第二年,德国收到了 745 545 份寻求庇护者的申请。当时是“欢迎文化”的鼎盛时期,与此同时,德国总理默克尔的难民政策也遭到了许多批评,极右翼分子的游行示威和暴力袭击层出不穷。在 2019 年选择党第十届党代会上,时任选择党副主席、现选择党名誉主席亚历山大·高兰德(Alexander Gauland)强调了选择党在目前政治形势中存在的重要意义,他们党代表的是默克尔式的“欢迎文化”的对立面。选择党把“欢迎文化”作为政治对手的代名词,利用一切机会污名化。他们认为难民不仅对德国经济发展没有好处并且还会对社会有害,激化德国民众与难民之间的冲突。他们反对“欢迎文化”和多元主义。

4 结论及展望

本文从语言特点和话语分析的角度对德国选择党关于移民问题带有关键词“文化”的文本进行了研究,主要对三组词从“文化”的角度研究选择党移民政策的话语策略,得出以下结论:选择党政客通过特色的语言来表达他们的态度,用“主导文化”和“基督教西方文化”使自己的观点合法化,同时使用“欢迎文化”来污名化对手,他们反对多元主义,挑动对立。政治语言可以使听众情绪化。选择党故意在“自我”和“他者”之间形成对比,将“自我”(“德国主导文化”“基督教西方文化”)与“他者”(“欢迎文化”)分开,拒绝文化的多元概念,反对多样性、平等和宽容,呼吁民众必须捍卫自己的价值观。迪特林(Detering 2019:7)清楚地指出了选择党的语言的策略:“[……]通过挑衅的言语,更确切地说是通过关键词来故意违反礼节和分寸感,从而打破政治正确规定的语言禁忌。按照这些预设规则参加斗争的任何人都已经输了这场斗争。”

米勒(2020: 35)认为,只要民粹主义者居于反对派的地位,他们就总会声称有一群未被纳入体制的人民“存在”着。民粹主义既不是当代民主政治的正当组成部分,也不是非理性公民所导致的某种病态状况。它是代议制民主永远的阴影,但这并不意味着在政治讨论中不应该与他们互动。新一届的德国联邦议院选举将在 2021 年 9 月举行,届时有超过 6 000 万符合条件的选民将在当天投票决定联邦议院成员,并由选举产生的联邦议员选出新一届联邦总理及联邦政府。根据德国选举制度的限制性条款,一个政党仅当获得 5% 以上选票或者不少于 3 个直选议席时方得以进入联邦议院。2017 年举行的第十九届联邦议院选举中,德国选择党跨过这一门槛,首次进入联邦议院。选择党是否会在新一届大选中巩固自己在联邦议院的力量,从而影响德国未来四年的政策形势,是德国媒体关注的焦点。

参考文献

[1] Detering, H., 2019. *Was heißt hier wir?* [M] Ditzingen: Reclam.

[2] Hermanns, F., 1996. "Fremdheit". Zur Semantik eines vielfach polysemen Wortes [A]. In W. Ernest, B. Hess-Lüttich, C. Siegrist & S. B. Würffel (Eds.). Fremdverstehen in Sprache, Literatur und Medien[C]. Frankfurt a. M.: Peter Lang, 37–56.

[3] Klöckler, J., 2009. *Abendland-Alpenland-Alemannien*[M]. Berlin: De Gruyter.

[4] Maletzke, G., 1996. *Interkulturelle Kommunikation: zur Interaktion zwischen Menschen verschiedener Kulturen*[M]. Opladen: Westdeutscher Verlag.

[5] 扬-维尔纳·米勒,2020. 什么是民粹主义?[M]. 钱静远,译. 南京:译林出版社.

[6] Eitz, T., 2010. Das missglückte Wort[OL]. https://www.bpb.de/politik/grundfragen/sprache-und-politik/42726/das-missglueckte-wort.

[7] Nünning, A., 2009. Vielfalt der Kulturbegriffe-Dossier Kulturelle Bildung[OL]. https://www.bpb.de/gesellschaft/bildung/kulturelle-bildung/59917/kulturbegriffe.

三　语言互动研究

医患互动中模糊限制语的使用策略研究

李　聪

摘　要：作为一种委婉语，模糊限制语在医患对话中使用频繁，以达到特定的交际目的。本研究致力于探索医患模糊限制语的使用差异以及模糊限制语被用作（不）礼貌话语时，在医患互动中所起的作用。本研究发现：一方面，从模糊限制语的使用频率来看，医生低于患者，医生和患者使用不同的模糊限制语来达成不同的目标；另一方面，模糊限制语与积极（不）礼貌和消极（不）礼貌相关。为了维护彼此的面子，医生和患者都经常使用礼貌策略。在不礼貌方面，由于医患地位的不平等，医生是不礼貌策略的主要实施者，患者偶尔会表现出不礼貌，目的是希望更多地表达自己的观点。

关键词：医患会话；模糊限制语；（不）礼貌策略

1　引言

随着我国经济的快速发展，人们自我保护意识与法律意识不断增强。患者对医生的服务提出了更高的要求，医患关系正在发生深刻的变化。良好的医患沟通可以减少医患冲突，建立和谐医患关系。因此，医患沟通是现代医学发展中的一个重要课题，受到国内外各级医疗机构乃至学术界的重视。

模糊限制语具有双面性，它既有使话语委婉、礼貌的积极作用，也有表达不礼貌、威胁对方面子的消极作用。医生通过模糊限制语向患者表达同情，从而增强患者对医生的认可，帮助患者与医生达成共识；同时也给医生的诊断留有余地，以保护自己的面子。当患者与医生意见相左时，模糊限制语可以帮助患者委婉表达想法，从而避免直接威胁到医生的面子，使诊断更加顺利（孙飞凤等

2016：37)。

2 文献回顾

2.1 模糊限制语的定义

早期研究模糊限制语大多从语义学的角度着手。Lakoff(1973)认为,模糊限制语是“让事物变得更加模模糊糊的词语”。后来的学者大多从语用视角研究模糊限制语。Brown 和 Levinson(1987)将模糊限制语定义为“在某种条件下可以部分地改变话题真值程度的分词、词或词组。”Yule(1996)在他的《语用学》一书中把模糊限制语定义为“对如何发表言论表达谨慎的看法,例如 as far as I know 所提供的某种信息”。

Zadeh(1972)将模糊限制语分为以下四类：

(1) 类似 sort of、a little bit 的副词；

(2) 带有-ish、-likely、-ly 等后缀的词；

(3) 类似 as if、as though、so ... that、so ... as to 这类显示说话者对某事犹豫不决或不确定的词或短语；

(4) 类似 I think、I guess、I wonder、I believe、as far as 这类帮助说话者更礼貌地表达自己观点的句式结构。

Prince 等(1982)与何自然(1985)依据语用功能将其分为变动型模糊限制语和缓和型模糊限制语。

(1) 变动型模糊限制语。这类模糊限制语是对话语本身进行模糊限制。又可以细分为程度变动语和范围变动语。前者是指对原话语意义进行一定程度修正的词语,例如“很”“(一)点”“稍微”“不太”“比较”“那么(多)”“不怎么(需要)”“没什么(效果)”。后者指给原话语限定某种变动范围的词语,例如“(三十分钟)左右”“大概(一周)”“好几(次)”“什么的”“……之类的”。

(2) 缓和型模糊限制语。这类模糊限制语是指在不改变原意的前提下,使语气更为缓和的词语。可以细分为直接缓和型模糊限制语和间接缓和型模糊限制语。前者常被用来表示说话人的直接猜测,或表明某种态度(Prince et al. 1982),例如,“我觉得”“我认为”“看来”“我也怕”“能”“可以”“会”“可能”“应当”“一定”“如果……”。后者则常被用来间接表达说话者对某事的态度,例如,“据说”“假如……”“某某人说”“我听说……”“有……可能性”等。

2.2 国内外模糊限制语的研究现状

2.2.1 国外模糊限制语的研究现状

有些学者研究特定语境下的模糊限制语，发表了一系列学术论文（Hyland 1996；Lewin 2005）和教材（Holmes 1988；Myers 1992；Hyland 1994）。这些学者研究了特定语境下的模糊限制语，但均属于正式或半正式类型，其发现可能无法解释日常生活情境下医患沟通中使用模糊限制语的原因。虽然国外的研究为后续研究模糊限制语带来启示，然而，仅有几篇文章涉及在医疗语境下的模糊限制语研究（Prince et al. 1982；Salvager-Meyer 1994），且对于医患互动的研究囿于书面医学英语领域，故其无法代替口头话语交际的研究。

2.2.2 国内模糊限制语的研究现状

国内模糊限制语的研究始于20世纪70年代。最初的研究对模糊限制语的发展具有启发意义，但不属于语用学范畴。有的研究从语法角度进行分类（伍铁平 1999），有的研究探讨了模糊句法学（张乔 1998），韩庆玲（1998）综述了模糊修辞学。陈治安、冉永平（1995），董娜（2003），周红（2008）等从语用视角对模糊限制语进行宏观分析，由于不同话语情况各不相同，因此，这些研究发现可能不适用于医患沟通背景下的模糊限制语研究。

2.3 医患模糊限制语研究的局限与不足

早期有关医疗语境下模糊限制语的研究主要有两个方向：一是对模糊限制语与 Grice（1975）的合作原则、Leech（1983）的礼貌原则之间的关系研究（范晓晖 2006；雷蓓蓓等 2009；赵海燕 2012；温玉娟 2013；刘兴兵等 2014；徐玚 2015）；二是把一种类型的模糊限制语对应一种功能。而对于医患互动语境下，模糊限制语与（不）礼貌之间关系的研究却较少涉及。Culpeper（1996）认为，“在权力不平衡的情况下更容易产生（不）礼貌现象”，由于医患权力的不对称，我们可以预想到在医患互动过程中会频繁地出现（不）礼貌现象。本文将根据医生和患者使用模糊限制语的分布情况，探讨双方使用模糊限制语的异同，以及作为（不）礼貌话语的模糊限制语如何在医患互动中起作用。

3 研究方法

3.1 研究问题

(1) 在医患互动中,医生和患者使用模糊限制语有何异同?

(2) 当模糊限制语被用作礼貌话语时,在医患互动中起到什么作用?

(3) 当模糊限制语被用作不礼貌话语时,在医患互动中起到什么作用?

3.2 语料来源

本研究使用的语料均为医患互动的真实语料。一部分语料来自2020年5月至6月在两家医院收集到的医患互动录音语料,另一部分语料来自基于自建语料库的期刊论文。

4 医患互动中模糊限制语的特点分析

参考连英儒(2018)研究中的分类和界定,通过转写和统计语料,本研究发现在所收集到的43篇医患对话中,模糊限制语共出现132次。使用频率从高到低依次为:范围变动语(42次)、程度变动语(38次)、直接缓和语(35次)、间接缓和语(17次)。

4.1 医患模糊限制语的使用差异

由于医生和患者的身份、立场不同,所以在医患互动中,双方在语言使用上也有所不同。因此,本研究将分别从医生和患者的角度来分析模糊限制语的使用。

从模糊限制语的使用频率来看,医生低于患者。医患使用不同类型的模糊限制语,达成不同的目标。例如,告诉患者诊断结果时,医生往往使用程度变动型模糊限制语和缓和型模糊限制语;范围变动语则多用于解释治疗情况。患者话语则不太相同,患者较多使用程度变动型模糊限制语来描述疾病细节。

例1

医生:结果单子你看了吧? 血糖还是有点高。

患者:呀,不会得糖尿病了吧!

医生：还没有还没有，不过有点危险了，平时饮食还是要多注意。

在告知患者诊断结果时，医生往往使用程度变动型模糊限制语，例如"有点"，对所说的命题内容进行修饰。虽然从表面上看，这种做法使医生的话语显得比较模糊、不够精确，却更贴近实际，更客观。

例2

医生：总的来说，恢复得不错，下次复查的时候再检查一下肝功能。

患者：好的好的，药还吃吗？

医生：还要继续的，巩固一下。

在说明治疗情况时，医生较多使用范围变动型模糊限制语，如"总的来说"，由于还没有进行进一步的检查，医生只能对病人的情况作一个大概的描述或评价，使用范围变动语，语气就变得不是很绝对，为医生的诊断留有余地。

例3

医生：好久没来复查了吧，最近有哪里不舒服吗？

患者：前段时间还行。这几天胃有点难受，偶尔还想吐。

在描述疾病细节时，患者比医生更常使用程度变动型模糊限制语，如本例中的"有点"，说明患者在描述自身疾病感受时的不确定性。

例4

医生：脸确实肿得厉害，是过敏了还是这几天脸上涂其他东西了？

患者：我以前没过敏过的，可能这几天辛辣的吃多了还是什么的。

除了程度变动型模糊限制语，患者也经常使用直接缓和型模糊限制语"可能"和范围变动型模糊限制语"什么的"，以此表达自己对疾病的看法。

4.2 医患互动中模糊限制语的使用特点及动因

经过对语料的分析发现，在医患互动过程中，模糊限制语的使用十分普遍。医患双方在交际中对四小类模糊限制语均有涉及，但使用频率有所差异。

医生使用变动型模糊限制语多于缓和型。程度变动语和直接缓和语常被医生用来向患者描述诊断情况,如“有点(肿)”、“相当(严重)”、“我认为……”等等,这一发现与孙飞凤等(2016)的研究发现一致。程度变动型模糊限制语可以使表述更得体,避免过于武断。虽然这使医生的话语从表面上看来不够精确,却更加真实客观。而医生在告知患者如何用药时,往往使用范围变动型模糊限制语,如“(这个药先用)一两周”“(开)几盒(消炎药)(先吃吃看)”“(过)30~40分钟(再来找我)”,等等。在医患互动中,医生使用模糊限制语可以进退有度,有利于后续诊断的顺利进行。

变动型模糊限制语则多见于患者话语中,如“有时候(难受)”、“(胃)似乎很(胀)”、“(头)不太(舒服)”等。一般而言,当患者对自身疾病情况不太确定时,模糊限制语可以使患者体面应对医生的询问。但如果患者对病情比较了解,则可能使用间接缓和型模糊限制语来干涉或补充医生的诊断,如“别人和我说(是有问题的)”“他爸爸说(是骨折了)”“拍片的那个人说……”等。然而患者应力求准确地描述症状,无需过多发表个人看法,以免干扰医生诊断。

5 医患互动中模糊限制语的语用功能

模糊限制语在限定话语的同时,也具备一定的语用功能。在医患互动的语境下,由于医患权力的不对称,我们可以预想到在医患互动过程中会频繁地出现(不)礼貌现象。此时,模糊限制语与(不)礼貌话语有所关联,体现了积极和消极(不)礼貌策略。

5.1 作为礼貌策略的医患模糊限制语

尽管格莱斯提出的合作原则对语用研究有重大影响,但其无法解释清楚现实生活中人们有时故意违背合作原则的现象,因此存在一定局限性。许多言语行为的解释仍有赖于 Leech(1983)、Brown 和 Levinson(1987)提出的礼貌理论。

Brown 和 Levinson(1987)把面子划分为积极面子和消极面子。积极面子指希望被他人接受并认可。积极礼貌策略是指对他人积极面子的维护,包括尊重、赞扬、肯定听话人等。消极面子指希望自己的言行不被他人干涉。消极礼貌策略是指人们对他人消极面子的维护,包括沉默、致谢、致歉等(Brown et al. 1987: 62)。说话人往往会采取礼貌策略来降低使自身或听话人丢面子的风险。

医患互动中模糊限制语的使用遵循礼貌原则,即说话者采用礼貌策略来维护听者的面子。分析语料发现,医患互动中模糊限制语的使用主要与消极礼貌策略有关。医生使用模糊限制语以显示对患者的尊重,维护患者的消极面子。

患者则通过模糊限制语减少对诊断的干扰，为医生保留面子（孙飞凤等 2016：37）。下文分别从医生和患者的视角，探讨作为礼貌策略的模糊限制语。

5.1.1 医生话语中作为礼貌策略的模糊限制语

在医疗语境下，由于医患之间权力的不对等，医生似乎在医患互动中起主导作用。如果医生在医患互动中不使用模糊限制语，可能使他们的话语听起来有强迫性，甚至有命令的感觉。因此，医生在同患者沟通时多使用模糊限制语，会显得更为礼貌。

（1）积极礼貌策略

采取积极礼貌策略意味着听话者的积极面子需求得到满足。在这种情况下，潜在的面子威胁行为得以最小化，有助于缓和医患关系。

例5

医生：这个是开的药，按要求吃。

患者：是一天吃一次吗？

医生：如果只吃药不打针的话，那可能一天要吃两次。

例5中，患者询问医生是否一天只吃一次药，但医生认为一天应该吃两次药。尽管如此，医生并没有直接反驳患者，而是使用直接缓和型模糊限制语“可能”，实施了积极礼貌策略，委婉地表达自己不同意患者的看法。相比于直接对患者表达异议，医生使用模糊限制语的言语行为更为礼貌，既减少了对患者积极面子的威胁，也维护了医生的权威。

（2）消极礼貌策略

采取消极礼貌策略意味着听话人的消极面子需求得到补偿，这种情况“基本上以避免为主”（Brown et al. 1987），通过模糊限制语对面子威胁行为中的语力进行调整。

例6

医生：怎么痘痘又严重了？最近经常吃辣的了？还是用什么药了？

患者：我看网上说，这个洗面奶，还有这个祛痘膏蛮有用的。

医生：我建议你少用这些，为什么呢，就是说这个它短期见效的话，风险也很大，因为这里有激素，突然间一停了，可能会突然又长出来了。

例6的患者近期被痘痘困扰,医生告诉她不要经常使用有激素的化妆品。一方面,医生用程度变动型模糊限制语"很大"和直接缓和型模糊限制语"可能",解释盲目使用含激素化妆品的危害,让患者做好心理准备。另一方面,"我建议"作为直接缓和型模糊限制语,既缓和了医生自身的权势,也维护了患者的消极面子需求,从而实施了消极礼貌策略"避免将自己的意见强加于他人"(Brown et al. 1987)。医生给患者留有选择的余地,让患者拥有表达个人意见的权利。在这种情形下,模糊限制语削弱了医生的权威,有利于医患互动,从而构建良好的医患关系。

5.1.2 患者话语中作为礼貌策略的模糊限制语

医患互动过程中,患者往往对医生表现得很礼貌。他们希望疾病能得到有效的治疗。由于患者自身无法实现该目标,需要医生的帮助才能达成,因而在寻医就诊过程中,患者往往很注意言语的礼貌。

(1) 积极礼貌策略

在医患互动中,患者总是追求与医生保持一致。因此,为了避免冒犯医生,他们常常使用模糊限制语来委婉地表达自己的看法。

例7

医生:你这个病一停药就容易犯。你出差多长时间能回来?

患者:一周左右吧(连英儒 2018:57)。

例7中,医生担心病人出差时间过长会耽误后续治疗,因此希望病人能确切回答复诊时间。而病人使用范围变动型模糊限制语"左右"来避免回答地过于绝对而使医生错误估计复诊时间,同时也体现出对医生积极面子需求的照顾,避免了冒犯医生,从而实施了积极礼貌策略。

(2) 消极礼貌策略

部分患者在和医生沟通的过程中,对自己的情况和应服用的药物充满信心。因此与医生交流时,患者经常使用一些模糊限制语,使自己的看法听起来更容易被医生接受,让医生更为舒服。

例8

医生:开的药吃完了吗?还有没有?

患者:应该没有了,不过今天的药我还没吃。药不怎么需要了。

例8中患者认为无须再吃药,因此使用了程度变动型模糊限制语“不怎么”,不仅委婉表达了自己的观点,也维护了医生的消极面子,使其意见听起来更为舒服、对医生更显礼貌。反过来如果患者直接要求医生不要开药了,则会显得过于武断和不礼貌,可能伤及医生的面子。

上述案例表明,医患模糊限制语与礼貌理论密切相关。医患双方使用模糊限制语来实施礼貌策略,最大限度地维护彼此的面子,从而使沟通更为顺利(孙飞凤等 2016:38)。

5.2 作为不礼貌策略的医患模糊限制语

模糊限制语不仅可以使话语礼貌委婉,有时候也会与不礼貌联系在一起。库尔佩珀建构了不礼貌模式,主要包括五大不礼貌策略:直接不礼貌策略、间接不礼貌策略、积极不礼貌策略、消极不礼貌策略和拒绝执行礼貌策略(Culpeper 1996)。与礼貌策略相反,不礼貌策略不是为了维护对方的面子,而是为了威胁对方的面子。

通过对所收集的语料进行分析,发现模糊限制语的使用主要是与积极不礼貌策略和消极不礼貌策略有关。由于医生和患者的权力不对等,因此,通过模糊限制语来实施不礼貌策略的现象多见于医生话语中。

5.2.1 医生话语中作为不礼貌策略的模糊限制语

同礼貌策略一样,不礼貌策略可分为积极不礼貌策略和消极不礼貌策略。然而,不礼貌的策略不是为了维护听话人的面子,而是损害听话人的面子需求。

(1) 积极不礼貌策略

积极不礼貌策略用来伤害听话人想要得到理解的积极面子。在医患互动中,医生在对患者说话时有时显得有些咄咄逼人,可能使患者处于尴尬的境地。

例9

医生:你看看片子,这些地方都是增生!

患者:看起来还好啊?

医生:你再看看这里,这里,这里都有增生。

患者:哦,这样啊。

在例9中,医生告诉患者从检查结果看来情况不是很好,但患者并不太认可。回答道“看起来还好啊”,意思是认为问题不大。医生认为该行为是有意的面子攻击,所以实施了积极不礼貌策略,采取范围变动型模糊限制语“都有”来反驳患者。

(2) 消极不礼貌策略

消极不礼貌策略的目的是伤害听话人的消极面子,在医患互动中,由于患者和医生相比更加缺乏话语权,因此患者更容易在与医生交流中有不被尊重的感觉。

例 10

医生:还是继续吃药,要坚持吃。

患者:吃了半个月了没什么改善哇。

医生:再吃一段时间,看看效果怎么样。

患者:行。

例 10 中,患者已经吃了一段时间的药,复查之后,医生还是让患者继续吃药,但患者对医生开的药有所担心,并且表达了自己的想法"吃了半个月了没什么改善哇"。这无疑是在怀疑医生的判断,威胁到了医生的积极面子。医生随后使用范围变动型模糊限制语"一段时间"作为回应,反驳了患者的质疑,从而攻击其消极面子。

5.2.2 患者话语中作为不礼貌策略的模糊限制语

(1) 积极不礼貌策略

在医患互动中,患者如果对医生的判断产生疑虑,就有可能威胁医生的积极面子。

例 11

患者:医生,我看脸上的这个。

家属:她脸上到底是疮还是什么? 她那个不像是痘痘啊?

医生:是痘痘。

家属:不是的,不可能长那么多的痘。

医生:是痘痘(孙飞凤等 2016:38)。

在例 11 中,医生诊断患者脸上长得是痘痘,然而患者家属并不相信,并用范围变动语"那么多"暗示了医生的判断不够准确,否定了与医生的共识,威胁了医生的积极面子,从而实施了积极不礼貌策略。面对质疑,医生也避免了直接指出患者家属的判断是错误的,只是强调了两次"是痘痘",一方面维护了自己作为医生的权威,另一方面也避免了冲突的进一步加深,使诊断能够顺利进行。

(2)消极不礼貌策略

消极不礼貌策略即伤害听话人的消极面子。在医患互动中,当患者的看法同医生发生分歧时,就出现了不礼貌,这时患者可能侵入医生的领域,即消极面子。

例12

患者:我这应该是骨折了吧?

医生:没有,就是扭伤了。

患者:那为什么肿得这么大?要拍片子看看吧?

医生:我一看就知道了,刚扭伤都是这样的,抹点药,过段时间一定会好。

在例12中,医生判断患者只是扭伤了,但患者并不相信医生的诊断,所以使用直接缓和型模糊限制语"要拍片子看看吧"来反驳医生,这就伤害了医生的消极面子需求。由于医生对自己的判断十分有信心,因而立即对患者的提议表示了不赞同,使用程度变动型模糊限制语"一定"强调自己判断的正确性。

上述案例表明,在医疗语境下,模糊限制语同积极不礼貌、消极不礼貌策略有关。当双方产生分歧时,医患双方都可能以质疑的方式,威胁对方的积极面子或者消极面子。这时模糊限制语在一定程度上影响了医患关系的构建,可能导致医患话语冲突。

6 结论

6.1 主要发现

在医患互动中,基于共同的目标,即在最短的时间内使患者疾病得到治愈,医患双方都十分注重交际策略,其中之一便是模糊限制语的使用。本研究基于真实语料,经过分析得出以下结论:

一方面,在医患对话中,医生使用模糊限制语的次数少于患者。这是由于医生希望能较为准确且快速地推动诊断过程。在医生话语中,程度变动语和缓和型模糊限制语常用于告知诊断结果,例如"有点"、"可能"、"很大";范围变动语则用于说明治疗情况,例如"总的来说"、"都有"。患者话语则不太相同,患者较多地使用程度变动型模糊限制语来描述疾病细节,例如“有点”、“不怎么”;在表达自己对疾病的看法时,则经常使用缓和型模糊限制语,例如“可能”、“我觉得”。

另一方面,模糊限制语与积极(不)礼貌和消极(不)礼貌相关。为了维护彼此的面子,医生和患者都经常使用礼貌策略。如医生使用模糊限制语“可能”、“我建议”既缓和了医生自身的权势,也维护了患者的面子需求;而患者使用模糊限制语“左右”、“不怎么”不仅委婉表达了自己的观点,也避免了冒犯医生。在不礼貌方面,由于医患地位的不平等,医生是不礼貌策略的主要实施者,如使用模糊限制语“都有”、“一段时间”来反驳患者的质疑,维护自己的权威;患者偶尔会表现出不礼貌,如使用模糊限制语“那么多”、“要拍片子看看吧”来委婉表达自己不同意医生的诊断,导致医患分歧,引发话语冲突。

6.2 启示

本研究发现,模糊限制语是一把双刃剑,在医患沟通中既有使话语委婉、礼貌的积极作用,也有表达不礼貌、威胁对方面子的消极作用。在当前医患关系较为紧张的情况下,本研究也许可以为构建和谐的医患关系给出一些启示。

模糊限制语作为一种委婉表达,可以向对方表示尊重与礼貌。在医患互动中,双方可以适当使用不同类型的模糊限制语,使表达更加礼貌委婉。一方面,医生通过模糊限制语增强患者认可,以便更好地达成共识;另一方面也为诊断留有余地,保护自身面子。而当患者与医生发生分歧时,模糊限制语可以帮助患者委婉表达想法,避免直接对医生面子造成威胁,从而使诊断更加顺利(孙飞凤等 2016:39)。

由于模糊限制语也有不礼貌的一面,可能威胁甚至攻击彼此的面子,导致交际中断。因此医患双方应当合理使用模糊限制语,多将其作为礼貌策略来使用,有助于和谐医患关系的构建。

6.3 本研究的局限性及对未来研究的展望

由于时间、地点的原因,本研究收集到的语料有限,且对模糊限制语作为(不)礼貌策略的阐释也不够全面。因此,后期研究可以尝试建立大型语料库,使研究更系统全面。此外,由于本研究是以国外理论为框架来研究中国汉语语境下的医患互动,将来可以尝试构建国内汉语语境下的理论框架。

参考文献

[1] Brown, P. & S. Levinson(Eds.), 1987. *Politeness: Some Universals in Language Use*[M]. Cambridge: Cambridge University Press.

[2] Culpeper, J., 1996. Towards an Anatomy of Impoliteness [J]. *Journal of Pragmatics*, 25 (3): 349 - 367.

[3] Grice, H. P., 1975. Logic and Conversation [A]. In P. Cole & J. Morgan (Eds.). *Syntax and Semantics*, Vol. 3 [C]. New York: Academic Press, 41 - 58.

[4] Holmes, J., 1988. Doubt and Certainty in ESL Textbooks [J]. *Applied Linguistics*, 9(1): 21 - 44.

[5] Hyland, K., 1994. Hedging in Academic Writing and EAP Textbooks [J]. *English for Specific Purposes*, 13 (3): 239 - 256.

[6] Hyland, K., 1996. Writing Without Conviction? Hedging in Science Research Articles [J]. *Applied Linguistics*, 17 (4): 433 - 454.

[7] Lakoff, G., 1973. Hedges: A Study in Meaning Criteria and The Logic of Fuzzy Concepts [J]. *Journal of Philosophical Logic*, (2): 458 - 508.

[8] Leech, G., 1983. *Principles of Pragmatics*[M]. London and New York: Longman.

[9] Lewin, B. A., 2005. Hedging: An Exploratory Study of Authors' and Readers' Identification of 'Toning Down' in Scientific Texts [J]. *Journal of English for Academic Purposes*, 4(2): 163 - 178.

[10] Myers, G., 1992. Textbooks and the Sociology of Scientific Knowledge [J]. *English for Specific Purposes*, 11 (1): 3 - 17.

[11] Prince, E. F. & J. Frader. & C. Bosk, 1982. On Hedging in Physician-physician Discourse [A]. In J. di Prieto(Eds.). *Linguistics and the Professions*[C]. Norwood: Ablex Publishing Corporation, 83 - 97.

[12] Salager-Meyer, F., 1994. Hedges and Textual Communicative Function in Medical English Written Discourse [J]. *English for Special Purposes*, 13(2): 149 - 170.

[13] Yule, G., 1996. *Pragmatics*[M]. Oxford: Oxford University Press.

[14] Zadeh, L. A., 1972. A Fuzzy-set-theoretic Interpretation of Linguistic Hedges [J]. *Journal of Cybernetics*, 2(3): 4 - 34.

[15] 陈治安,冉永平,1995. 模糊限制词语及其语用分析[J]. 四川外语学院学报,(1): 18 - 24.

[16] 董娜,2003. 模糊限制语的界定及分类[J]. 北京第二外国语学院学报,(4):28 - 34.

[17] 范晓晖,2006. 医患会话中模糊限制语的语用功能[J]. 西北医学教育,(6):740 - 742.

[18] 韩庆玲,1998. 模糊修辞学研究综述[J]. 修辞学习,(2):8 - 10.

[19] 何自然,1985. 模糊限制语与言语交际[J]. 外国语,(5):27 - 31.

[20] 雷蓓蓓,张发祥,2009. 中国医患对话中模糊限制语语用分析[J]. 赤峰学院学报(哲社版),(11):110-111.
[21] 连英儒,2018. 医患对话中模糊限制语语用功能研究[J]. 现代交际,(22):56-57.
[22] 刘兴兵,刘琴,2014. 中国当代医疗语言学研究综述[J]. 医学与哲学,(11A):33-35.
[23] 孙飞凤,阳方玲,2016. 医患模糊限制语的(不)礼貌分析[J]. 医学与哲学(A),37(11):36-39+63.
[24] 温玉娟,2013. 医患会话中作为语用策略的模糊限制语:一项基于顺应性的研究[D]. 博士论文,太原:太原理工大学.
[25] 伍铁平,1999. 模糊语言学[M]. 上海:上海外语教育出版社.
[26] 徐玚,2015. 医患对话中医生模糊限制语的顺应性[J]. 经济研究导刊,(3):299-300.
[27] 张乔,1998. 模糊语义学[M]. 北京:中国社会科学出版社.
[28] 赵海燕,2012. 医患对话中医生模糊限制语的语用功能[J]. 长沙大学学报,(6):97-98.
[29] 周红,2008. 英汉变动型模糊限制语及其语用功能[J]. 外语研究,(2):40-44.

微信同伴聊天中的会话修正研究

林宏宇

摘　要:本研究立足于现实网络互动中发生的交际问题,聚焦微信同伴聊天中的会话修正现象,力图探寻引发修正的失误源以及微信交际者采取的修正类型。研究表明,语言层面的失误和人际层面的失误是驱动交际者进行修正的原因;除了 Schegloff et al.(1977)提出的四种修正类型之外,微信同伴聊天中存在两种新型修正模式,呈现出不同于面对面交际的特点。本研究拓展了会话修正的研究空间,更新了关于会话修正的认识,并在一定程度上可为消除交际阻碍、建构和谐的网络互动关系提供借鉴。

关键词:微信同伴聊天;会话修正;失误源;修正类型

1　引言

会话修正(Conversational Repair)是语言处理的一个重要机制。作为会话分析(Conversation Analysis)的重要部分,会话修正对排除会话阻碍、维持会话平稳进行具有重要作用。人际会话不可能是一帆风顺的,有时会出现说话者使用错误词汇、记错内容或是表达不得体的情况。这种情景下,为保证交际的流畅性,会话修正尤为重要。Postma(2000:98)指出,"To err is human. To self-repair fortunately is also",以此来表明自我修正的普遍性。除自我修正外,他人修正也颇为常见。

随着以计算机为中介的传播(Computer-Mediated Communication,简称 CMC)蓬勃发展,即时性交际潜移默化地影响着人们的生活。微信因其即时性、易操作性,拥有了众多用户,而其特有的会话方式也吸引语言学者进行深入探究。微信话语介于口语和书面语之间,即时性的特点使其偏向口语,无法总是做到流畅和无误,因而微信会话中的修正现象时有发生。微信会话呈现出诸多新特点,例如打字错误频出、会话字数少而简洁、标点符号单独使用(如问号的单独使用可以表达出疑问之意)、表情包的使用、双方乃至多方同时发送消息等。因此,可以预期,触发微信会话修正的机制和会话修正的种类会呈现出独有的特点。学界对微信语言的研究较少聚焦会话修正机制,本文尝试填补这一研究空白。

考虑到语料收集的便利,本研究聚焦微信同伴聊天中的修正现象,探寻触发会话修正的失误源(trouble source),力图阐释与面对面会话中引发修正的不同之处;探讨会话修正的种类,在 Schegloff et al. (1977)对会话修正四种分类的基础上,结合微信即时通信的特点,总结出新型修正种类。

2 文献综述

2.1 会话修正的定义

Schegloff et al. (1977)发表了《会话修正中自我修正的优先性》一文,文中提出了会话修正的模式和方法,并区分了“改正”(correction)和“修正”(repair)两个概念。修正涵盖了改正,因为修正还注重语言的适切性。他们认为修正包括三个部分:失误源(trouble source)、修正的启动(repair initiation)和修正的完成(repair outcome)。

Fox & Jasperson(1995: 80)将修正定义为“正在言说中的话语由于某种原因被中止、放弃或重新开始”。此定义过于模糊,“某种原因”未将失误源解释清楚,而且“中止”“放弃”和“重新开始”并不是修正的所有形式。杨石乔(2010: 4)将修正定义为“当会话发生阻碍时,对已有信息进行补充、加工或替换,其目的是修正不恰当的表达或消除误解”。此定义将触发会话修正的失误源归结为不恰当表达和误解,并总结了会话修正策略是“补充”“加工”“替换”这三种形式。

本研究在总结已有研究的定义基础上将会话修正界定为“交际双方在听、说、理解、维持良好互动关系等方面发生阻碍时,为了消除阻碍,保证交际的顺利进行,交际双方通过多种方式进行会话的修正,包括错误内容的更正和满足适切性的要求”。

2.2 会话修正的分类

Schegloff et al. (1977)根据语料分析总结出四种会话修正模式:自我启动—

自我修正、自我启动—他人修正、他人启动—自我修正、他人启动—他人修正。同时，通过分析大量语料他们发现会话修正中存在偏好，自我启动多于他人启动，自我修正多于他人修正。

2.3 会话修正研究综述

自谢格罗夫(Schegloff)等在1977年对会话修正进行较为详细的探讨后，此后四十多年，会话修正受到越来越多的语言学界学者关注，成为二语习得、机构话语分析、心理语言学、计算机语言学等领域的研究话题。

会话修正在语言习得与教学中具有重要作用。吴勇毅、王琤(2016)通过实证研究，探究汉语二语课堂中会话修正的类型以及比例。研究发现，他人启动—他人修正是主要的修正类型。研究还将教师和学生使用的修正策略进行了归类。Kasper(1985)从外语教学的角度，探究语言聚焦型活动和内容聚焦型活动中的修正模式。会话修正得到了诸多语言习得学者的关注。

此外，部分研究关注机构互动话语中的会话修正。会话修正不仅是日常会话的重要机制，还是机构话语中不可忽视的现象，研究会话修正有利于考察不同机构话语的互动会话特征。杨石乔(2010)自建小型语料库，探讨医患会话中的修正现象，包括修正组织、启动类型、启动技巧、修正策略等。贺小聃(2015)基于对中国法庭庭审互动话语的研究，提出了一个会话修正序列的多维度、多层次的解释模式。研究发现，交际者倾向于使用具有隐形引导特征的自我引导形式，他人引导形式的分布频率最高的是重复阻碍源，最低是否定阻碍源。

第三类学者从心理语言学角度考察修正模式。Levelt(1983)从语言产出角度探究自我监控和自我修正，构建了自我修正的内部结构模式，该结构由被修正部分(reparandum)、编辑(editing)和改正(alteration)三部分组成。此外，他将自我修正分为五类:改变说话内容修正(D-repair)、适宜修正(A-repair)、错误修正(E-repair)、言内修正(C-repair)、其他类型修正(R-repair)，为其他学者探究修正类型提供借鉴。此外，部分学者从其他角度，如计算机语言学(Heeman & Allen 1994)进行会话修正研究。

学界现有的研究主要围绕会话修正和二语习得、机构话语分析、心理语言学、计算机语言学展开。网络交际中的会话修正研究仍存在诸多研究空间。

2.4 网络互动语言的会话分析研究现状

从会话分析视角对网络语言进行的研究涉及的方面较多，如话轮转换、毗邻对、修正等。Tudini(2010)采用会话分析的方法，探究在线聊天对外语学习的作用,关注话轮转换、毗邻对、序列和修正。Meredith(2017)采用会话分析视角,以Facebook中的互动语言为语料来源,研究了网络互动言语的毗邻对等,证明了会话分析是研究网络互动语言的一个有效方法。

就网络互动中的修正现象而言,现有研究较少。李艳梅(2009)探究了QQ和聊天室会话中的照应修正,以及会话修正的启动源、启动技巧和修正策略。但其研究距今较为久远,且网络聊天发展日新月异,该研究不能完全满足解释当下网络聊天会话修正特点的需要。因此,融入当今网络互动特征的会话修正研究是十分必要的。

2.5 小结

会话修正作为会话分析的一个重要组成部分,不仅引起了语用学家的关注,还激起了心理语言学等方面的学者探讨研究,会话修正的研究领域不断拓展。然而,现有的研究仍在以下方面存有不足。一是会话修正和二语习得、机构话语分析、心理语言学、计算机语言学的相关研究较多,但网络互动中的会话修正研究还有待进一步开展。二是现有将会话分析方法应用于网络互动的研究表明,会话分析是研究网络交际互动行之有效的方法。相关研究少有聚焦中国网络互动语境,已有的少量研究距今久远,当时网络交际并未像如今一样在形式、内容上呈现出丰富多彩的特征。因此,汉语微信会话中会话修正类型亟需更系统的研究。

3 研究设计

3.1 研究问题

本研究聚焦微信同伴聊天中的会话修正现象,探讨引发会话修正的失误源以及修正的类型,并关注在网络聊天和现实面对面聊天不同情境下会话修正的不同之处。本研究拟解决以下两个问题:

(1)微信同伴聊天中触发会话修正的失误源是什么?

(2)失误源引发微信交际者采取何种类型的修正?

3.2 语料收集和分析

本研究收集120个含有会话修正的汉语微信同伴聊天片段,聊天者年龄在20—30岁之间。在征得同意后,每对朋友的聊天记录选取自2020年6月1日开始出现的6个会话修正片段。由于修正模式或多或少会受到不同人说话风格的影响,因此每对朋友只收集6个片段,总共分析20对朋友聊天内容。研究运用扎根理论(Corbin & Strauss 2014),首先将收集到的含有会话修正的聊天片段进行标注,标记引发修正的失误源和修正的类型,其次进行归类,最后总结出微信即时通信和面对面交际中修正的不同之处。

4 微信同伴聊天中触发会话修正的失误源

失误源的出现触发了会话修正。通过分析语料,本研究总结出两个层面触发会话修正的失误源,即语言层面和人际层面。语言层面的失误包括打字错误、内容有误、模糊指代、省略不当、表达困难、理解困难等;人际层面的失误则包括面子威胁言语。具体如下。

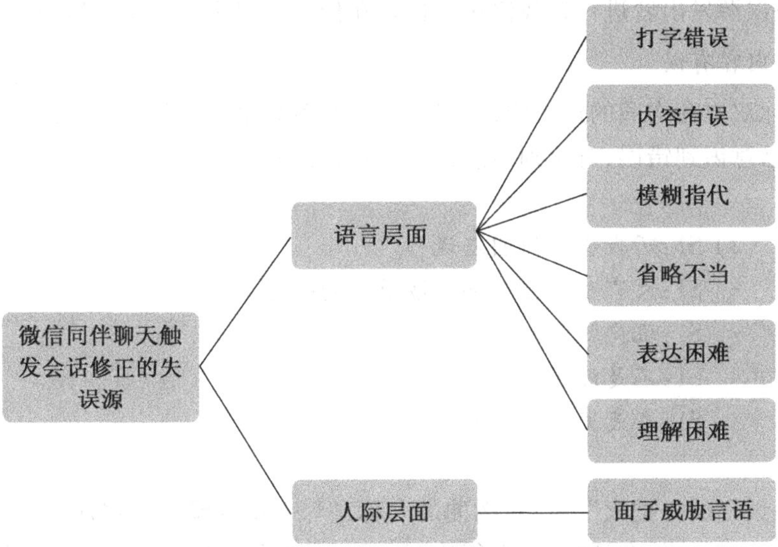

图1 微信同伴聊天触发会话修正的失误源

4.1 语言层面

语言层面的失误是指由语言内容和意义方面的问题而引发会话修正,具体可以分为打字错误、内容有误、模糊指代、省略不当、表达困难、理解困难等。

4.1.1 打字错误

微信会话利用键盘输入文字,而微信即时聊天打字速度较快,因而出现打字错误是很常见的情况,往往发生在拼音相似的字词上,如“很香”(很像)、“不是”(博士)等。此外,由于聊天对象是不存在权势关系的朋友,因此打字会更加随意,较少反复斟酌、检查。

(1) S1:老师不是让没人发言吗
S1:每人

在这个例子中,打字错误引发了S1进行修正。“没人”和“每人”的拼音方式一样,在快速即时通信中,S1打错字并且很快地自己进行修正。“没人”和“每人”的含义大相径庭,如不加以修正则有可能会引起受话方的误解。因此就打字错误而言,一般情况下是失误源发出者自己进行修正,即失误源发出者立刻意识到错误,判断错误所在位置并进行修正。或者是当他人表达疑惑进行引导之时,失误源发出者进行自我修正。也存在他人可以进行修正的情况。

4.1.2 内容有误

交际双方在沟通的过程中,所述的信息并不总是正确的,有时失误源发出者可以自己意识到错误,有时则不能,需要他人帮助。

(2) S1:听我去了的朋友说
S1:大家都只会唱那个沙漠里的一把火
S1:吼完就集体沉默
S1:不是沙漠里
S1:冬天里的一把火

“冬天里的一把火”是一首歌曲的名称,但S1将其错误记忆成了“沙漠里的一把火”,在后续的会话中S1自行修正。S1的会话修正并不是紧跟在错误内容之后,而是中间插入了“吼完就集体沉默”这句话,但还是属于自我意识到了错误而引发的自我修正。当触发修正的失误源属于内容有误时,失误源发出者并不总是能够意识到错误。如果失误源发出者没有正确内容的知识储备,无法意识到失误源,则需要他人启动修正,他人帮助失误源发出者进行修正。

4.1.3 模糊指代

代词指代对象不明确容易带来误解。“那个”作为常见代词,在对话中出现频率较高,有时会指代不明,从而引发修正现象。

(3) S1:群里那个表格你填了吗
S1:最后一项经历咋写
S2:啊?我在填,可我没看到这一项啊
S2:你说的是什么表
S1:我指的是之前的情况统计表,不是刚刚发的汇总表[笑哭的表情],之前的还没填

在例3这个对话中,“那个表格”因其指代不清而造成了对方的误解。S1指的是之前群里发布的情况统计表,而S2误以为是群里刚刚发布的汇总表。S2的疑惑和提问具有启动修正的作用,让S1意识到了问题所在,并及时进行了会话修正。

4.1.4 省略不当

在即时通信中,为了快速高效,发送的信息会较为简略,省略一些信息,但如果省略不当则会变成失误源,触发修正。

(4) S1:你知道下午的会还开吗,我到了但是一个人也没有
S2:不
S1:是不开了吗?我怎么不记得改时间了
S2:不不不我的意思是我不知道开不开[笑哭的表情]我最近在外地,没注意群消息

在例4这个对话中,失误源来自第二个话轮,即S2的回答“不”。它有两种解释:一是S2说下午的会取消了,二是S2不知道下午的会议是否开展。但是根据对话所在的语境和S1提出的问题,第一种解释更容易被联想到。一般来讲,“你知道下午的会还开吗”重点在于开不开,发话者希望对方回答会议是否开展。这里的“不”既可以是“不开”的省略,也可以是“不知道”的省略,但是前者更容易被人联想到。因此,S2在第二个话轮中的回答省略不当,形成了失误。

4.1.5 表达困难

有时,由于语言知识匮乏,发话者面临不知如何用合适的语言来表达的问题,从而触发修正。

(5) S1:反正实在没合适的我今年就不打算招了

S1:有个成语叫宁什么来着,哎呀,突然一下子想不起来
S1:宁空毋啥?
S2:宁缺毋滥?
S1:对

在例5中,S1忘记如何用合适的词汇表达他宁愿职位空缺也不愿意随便招一个人的态度,只是隐约记得"宁X毋X"这一表达,因而抛出了一个错误且不完整的线索"宁空毋啥",S2根据这个线索进行合理猜测,进行修正。引发此会话修正的失误源是发话者因知识储备不够加上记忆的短暂空缺所造成的词语输出困难。因该种原因而导致的会话修正多是由他人进行修正,因为失误源发出者的产出存在困难,自己并没有能力进行修正,通常需要依靠他人的帮助。

4.1.6 理解困难

随着互联网交际的飞速发展,网络语言也应运而生,更新换代的速度非常快。网络语言通常具有创新性,受话者有时对此完全不了解,造成理解困难,引发修正的产生。

(6) S1:我觉得你应该先把手头上的东西做了再去想别的
S2:nsdd
S1:???
S1:这是一个单词吗
S2:是你说得对的缩写啦

在上述例子中,"nsdd"是网络流行语,是"你说得对"的拼音缩写。在该对话中,S1不知道这个缩写,S1和S2没有该词汇共同的语言知识。三个问号表达了S1的疑惑,S1进而提出了自己的猜想并且询问S2,S2对此回应并进行了修正。S1对S2打出来的缩写完全不理解,因而引发了S2的修正。

4.2 人际层面——面子威胁言语

语言层面的失误源都是聚焦语言本身含义的问题,而在网络互动交际中,如何维护良好的人际关系也被纳入交际者的考虑范围。当发话者发出具有面子威胁意味的言语时,根据受话者的反应,发话者如果要维持和谐良好的人际关系,就要根据面子被威胁者的反应进行会话修正。有时为了幽默效果,发话者故意说出面子威胁言语,或是对自己面子的威胁,或是对他人面子的威胁,但很快自

己进行修正，从而既达到了幽默效果，又维护了自身或对方的面子。这些情况下的修正并不是为了内容正确，而是出于人际关系的考虑进行的修正。

(7) S1：看看你肉嘟嘟的小肚子，你还准备吃晚饭吗
S2：[表情包文字：请不要再联系了]
S1：哈哈哈开玩笑啦，身体重要，再说你也不胖

在例7中，话轮1中S1的话语是具有面子威胁性的，因为说别人体型胖是一种不礼貌的言语，从S2做出的反应——表情包中可以看到S1的话确实威胁到了S2的面子。S1根据S2的反应做出了会话修正，解释他并没有恶意，这只是一个玩笑，并加了一句"再说你也不胖"。S2的表情包触发了S1进行会话修正。在网络即时通信中，有时不需要言语，只需要一个表情包就能表达说话者的情感，触发修正。

(8) S1：一上午电脑开着啥也没干
S1：挥霍时间是我的格言
S1：:(不是
S1：吃了饭马上开工

在例8中，S1的话语"挥霍时间是我的格言"虽然是一句玩笑话，但塑造了一个浪费时间的负面形象，威胁到了自身面子，因此S1先进行了否定，再表示"吃了饭马上开工"，从而修正了之前所说的"挥霍时间是我的格言"所传达出的意思。

4.3 网络互动聊天与面对面会话触发修正的失误源不同之处

与面对面会话相比，触发网络互动修正的失误源主要有两方面的不同：一是打字错误，二是网络新词的使用。由于信息通讯的即时性，网络聊天中如果两人同时在线，打字速度会很快，加之是同伴之间的聊天，所以信息打出来之后互动双方不会反复检查是否有纰漏，因而打字错误不可避免。网络用语一般用于网络聊天，现实生活中面对面交谈较少使用，网络用语由于更新快，所以不是所有人都懂得某个网络语言，有时在交际中会造成一方不理解，从而引发修正。

5 微信同伴聊天中会话修正的类型

当微信聊天中产生失误源,发生交际障碍后,发话者或受话者会采取策略进行会话修正的提醒,即修正启动,从而引发交际双方的修正行为。

5.1 自我启动—自我修正

5.1.1 失误源发出者否定并修正

此种类型的修正是指失误源发出者对上文错误的字词或者产生误解的句子等进行否定,进而找到合适的词语进行修正。先否定再给出修正的目的是引起对方的注意,提示接下来会进行修正。例2中"不是沙漠里"中的"不是",即点明了错误项,引发对方对接下来要进行的修正的注意。

5.1.2 失误源发出者直接修正

"无标记引导又被称为零启动,是修正序列中交际参与者没有对阻碍源采取任何修正引导而直接进行修正的启动形式"(贺小聃 2015:94)。例1中失误源的发出者发觉将"每人"错打成"没人"并直接修正,由于对方很容易看出修正之处,因而他选择了直接修正。此种情况多见于由打字错误引发的修正。

5.2 自我启动—他人修正

5.2.1 失误源发出者提问,他人答复

有时失误源发出者能够意识到失误源,却又无能力自己修正,因而常常会请求对方的帮助。例5中"宁空毋啥"即为失误源发出者的提问,对方回答了"宁缺毋滥"并得到了失误源发出者的肯定。

5.2.2 失误源发出者否定,他人修正

失误源发出者没有明确地否定,没有使用否定意味坚决的词"不是""不对",而是使用"好像不对"这类词,增加了模糊限制语"好像"。在此种情况下,如果对方认为失误源发出者没有能力进行修正,那么对方在知道如何修正的情况下则会进行修正,此时是自我启动的他人修正。

(9) S1:这公司够远的,都要坐到一号线底站了吧
S1:好像不是一号线
S2:快到二号线底站

例9中S1初来乍到不了解城市轨道交通具体情况,只对线路有模糊的概念。S1对公司位置进行一个错误的定位,但不确定自己的判断,便否定所述,触发S2进行内容的修正。

但是由于网络聊天是隔着屏幕,看不到彼此的状态,因而还会出现双方一起进行修正的现象,本文后续会在5.5进行讨论。

5.3 他人启动—自我修正

5.3.1 他人提问,失误源发出者答复

表示疑问的途径有多种,例如通过语言直接表达(wh-问句),通过标点符号表达(问号),通过表情包表达(表示疑问的表情包)。当另一方提出疑问时,失误源发出者会回溯之前的对话并进行修正。如例6中,当S2说完"nsdd"后,S1打出了三个问号,并且提出了合理的猜测。S2直接给出了正确解释。日常会话修正中,wh-问句出现频率较高。wh-问句有三方面功能:询问、寻求信息的功能;反诘、质疑的功能;寻求信息和质疑功能兼备(Koshik 2003; Egbert & Voge 2008)。而在微信会话中,标点符号和表情包的使用是独特的表达疑问、启动修正的方式。

5.3.2 他人重复失误源,失误源发出者修正

作为一种修辞手法,重复可以起到强调的效果,在网络互动中配合问号可以表达惊讶、不理解之意,在现实面对面会话中重复的表现形式包括加重语调、使用疑问语气。找出阻碍理解的话语进行重复,是引发修正的一个策略。

(10) S1:你想上午爬山还是下午
S2:下午
S2:那可以中午一起吃晚饭
S1:晚饭?
S2:啊啊啊,午饭

例10中,"那可以中午一起吃晚饭"是一句不合逻辑的话语,但因双方约定下午爬山,因此一起吃午饭和晚饭均有可能,S1无法进行合理的猜测,并且S2也没有意识到错误,因而S1重复了"晚饭"这个词并且附以问号,从而引发S2的注意,提醒S2检查自己所说是否有误。

5.3.3 他人否定,失误源发出者修正

有时对方发现失误源发出者的错误,但又不确定如何修正,因而只进行了否

定,失误源发出者自己进行修正。常见的否定有“不是吧”“我好像记得不是这样”等,其显著特点是否定方的语气不是非常肯定,借助语气词和模糊限制语来暗示失误源发出者进行修正。

(11) S1:安徒生的夜莺与玫瑰你读过嘛
S2:好像不是安徒生写的吧,俺也不确定
S1:哦对想起来了,王尔德

例11中,S2根据已有知识察觉S1所述有误,但是并不能肯定自己的判断,因此对S1的否定并不坚决,S1意识到了失误源并进行修正。

5.3.4 他人负面反应,失误源发出者修正

在涉及面子问题的修正中,他人做出彰显负面情绪的反应引发失误源发出者进行修正。例7中,S1评论S2身材的话语威胁到了S2的面子,S2的表情包文字“请不要再联系了”表达出了S2的不满,触发了S1进行会话修正。S1意识到问题所在,立刻进行修正以维护良好的人际关系。

5.4 他人启动—他人修正

5.4.1 他人否定并修正

他人先否定失误源发出者所述然后进行修正。否定可以表达出修正者的态度,引发对方对修正内容的注意。

(12) S1:听说打印店关了
S2:不是
S2:店没关,自助打印功能关了而已

在例12中,针对打印店是否关门问题,S1所知是一种错误的情况,S2先发送否定词“不是”,进而修正。在此种情况下,S1所获信息有误,无法意识到错误,更不会自行修正,此时需要他人帮助。

5.4.2 他人表示疑惑并尝试修正

他人对失误源发出者的话语表示疑惑,根据语境和已有知识可以推测出修正内容,因此为了尽快解决交际障碍,顺利进行沟通,他人会给出他所猜测的修正,而要真正完成修正,还需失误源发出者表态,另一方的猜测是否正确,若正

确,则修正成功;若不正确,则需进行新一轮的修正。

(13) S1:我刚从爷爷家回来,现在满脑子都是各种乐器的声音
S2:哪?
S2:你是不是想说音乐节[笑哭的表情],我记得你跟我提过
S1:打错了,还没从音乐节缓过来

例 13 中,“爷爷家”和“音乐节”拼音缩写都是“yyj”,S1 打字时未能准确选择导致句子逻辑产生问题。S2 先对 S1 的话语表示疑惑,接着根据 S1 之前跟他提到的安排进行推测,并得到了 S1 的肯定,打字错误得以修正。

5.4.3 他人重复失误源并尝试修正

会话中出现阻碍理解之处时,重复是一种常见的表示疑惑、不理解的策略。他人作为受话者直接重复失误源发出者话轮中阻碍理解的话语,并进行修正内容的猜测,争取主动权来完成修正。

(14) S1:我觉得送茶叶蛋比较好吧
S2:茶叶蛋??
S2:茶叶吧,你输入法怎么回事
S1:哈哈哈哈[捂脸的表情]

例 14 中交际双方在讨论送长辈的礼物,S1 多打了一个“蛋”字,在此讨论话题语境下,S2 可以察觉出送茶叶蛋不合时宜,猜测 S1 打字错误,重复错误项并进行了修正。

5.4.4 他人直接修正

当他人意识到失误源时,如在他的能力范围内会直接修正,这种情况多见于失误源发出者出现客观常识的错误。如果是需要依靠语境、较难判断的,他人则不会直接修正,而是采取 5.4.2 所述的策略,先表示疑惑再尝试进行修正。

5.5 自我启动—自我修正和他人修正并存/他人启动—自我修正和他人修正并存

由于微信聊天双方不能看到对方的状态,因此存在两者同时发送修正内容的情况。由于面对面交际中副语言的使用会让话轮转换更加清晰,因而在面对面的日常会话中双方同时进行修正的概率较小。以下是一个自我启动—自我修

正和他人修正并存的例子。

(15) S1:快,给我一个努力的好丽友(18:22:24)
S1:错了(18:22:28)
S1:好理由(18:22:31)
S2:好理由?(18:22:32)
S1:对哈哈哈哈哈哈(18:22:35)

为了更直观,例15标出了会话时间。在例15中,S1错把"好理由"打成"好丽友",S1很快地表明"错了"并给出正确词语,当S2看到"错了"这个启动修正标志时,也进行了修正,两者几乎是同时修正。出现自我修正和他人修正并存的原因,一是与聊天内容有关,二是与网络交际特点有关。当失误较为明显且易于修正时,失误源发出者会进行修正,有时结合上下文他人可以猜测到失误源发出者想要表达的意思,并尝试进行修正。或是经他人启动,他人准备完成修正,与此同时失误源发出者意识到了问题所在也立刻进行修正。加之微信互动者隔着手机屏幕,无法了解到对方的状态,不知发话者让出话轮还是在继续打字控制话轮,因此自我修正和他人修正并存的现象在网络交际中是存在的。

6 结语

作为言语交际的主要方式之一,网络互动吸引着越来越多的学者进行研究。与日常会话相似,微信互动中存在诸多会话修正现象,由于会话修正的存在,减少了微信交际中的误解或是不理解,促进交际双方顺利沟通。但同时,微信聊天中的修正呈现出不同于日常面对面会话的特点,融合了一些新元素,例如打字错误以及网络新词使用造成的不理解成为失误源;一个问号的使用、表情包的使用可以启动修正;除Schegloff等(1977)提出的四种修正类型外,存在自我启动的自我修正和他人修正并存、他人启动的自我修正和他人修正并存这两种新的修正类型。

本文对微信同伴互动中的触发会话修正的失误源、修正类型的把握,可以拓展会话修正的研究范围,增进关于会话修正的认识。不仅如此,本研究的结果还可以协助交际者更好地展开网络交际,帮助双方认识到失误源所在,从而加以避免,并且采取合适的方式进行修正。

由于语料数量的限制,本文可能没有能够穷尽微信同伴之间引发会话修正的失误源及修正类型,未来研究可以在更大规模、更为多样化的语料基础上进一步探索。此外,需要说明的是,本文仅仅关注了微信同伴之间的会话修正情况,未来还可以探讨权势不平等的微信互动双方之间、多人会话之间的会话修正情况。

参考文献

[1] Corbin, J. & A. Strauss, 2014. *Basics of Qualitative Research: Techniques and Procedures for Developing Grounded Theory* (4th ed.) [M]. London: Sage Publications.

[2] Egbert, M. M. & M. Voge, 2008. Wh-interrogative formats used for questioning and beyond: German warum (why) and wieso (why) and English why [J]. *Discourse Studies*, 10(1): 17 - 36.

[3] Fox, B. & R. Jasperson, 1995. A syntactic exploration of repair in English conversation [A]//P. Davis (Ed.). *Descriptive and Theoretical Modes in the Alternative Linguistics*. Amsterdam: John Benjamins, 77 - 134.

[4] Heeman, P. & J. Allen, 1994. Detecting and correcting speech repairs [A]//*Proceedings of the 32nd Annual Meeting on Association for Computational Linguistics*. Stroudsburg: Association for Computational Linguistics, 295 - 302.

[5] Kasper, G., 1985. Repair in foreign language teaching [J]. *Studies in Second Language Acquisition*, 7(2): 200 - 215.

[6] Koshik, I., 2003. Wh-questions used as challenges [J]. *Discourse Studies*, 5(1): 51 - 77.

[7] Levelt, W. J., 1983. Monitoring and self-repair in speech [J]. *Cognition*, 14(1): 41 - 104.

[8] Meredith, J., 2017. Analysing technological affordances of online interactions using conversation analysis [J]. *Journal of Pragmatics*, 115: 42 - 55.

[9] Postma, A., 2000. Detection of errors during speech production: a review of speech monitoring models [J]. *Cognition*, 77: 97 - 131.

[10] Schegloff, E. A., Jefferson, G. & H. Sacks, 1977. The preference for self-correction in the organization of repair in conversation [J]. *Language*, 53 (2): 361 - 382.

[11] Tudini, V., 2010. *Online Second Language Acquisition: Conversation Analysis of Online Chat* [M]. London/New York: Continuum.

[12] 贺小聃,2015. 中国法庭互动中的修正序列研究[D]. 博士论文,武汉:华中师范大学.

[13] 李艳梅,2009. 网络会话语体的照应修正研究[D]. 硕士论文,成都:西南交通大学.

[14] 吴勇毅,王琤,2016. 汉语二语课堂会话修正策略探究[J]. 华东师范大学学报(哲学社会科学版),(1):104 - 110 + 171.

[15] 杨石乔,2010. 基于语料库的汉语医患会话修正研究[D]. 博士论文,上海:上海外国语大学.

国内新冠肺炎疫情防控标语宣传的礼貌策略研究

张小于

摘　要:2020 年初,新冠病毒肺炎肆虐神州大地。在新冠疫情防控宣传工作中,标语发挥了重要作用。本文以国内疫情防控标语为研究对象,从礼貌策略出发,结合大量实例,探索疫情防控标语的语用效果,及其在实施礼貌策略上的具体体现,希望有助于国内疫情防控宣传工作更好地开展。

关键词:疫情;防控标语;礼貌策略

1　引言

2020 年初,一场突如其来的新型冠状病毒肺炎疫情爆发,随着疫情扩散范围的不断增大,各式各样的疫情防控宣传形式大量涌现,如标语口号、诗歌绘画、广告宣传等,这些形式在一定程度上增强了防疫知识的宣传力度,助力了国内疫情形势的向好转变,也发挥和体现了语言的力量。其中,疫情防控标语更为普遍和突出,线上线下、城市乡村,随处可见。此外,疫情防控标语在特殊社会环境背景下产生,作为社会语用的一部分,其内容和形式需要考虑适切性,但笔者发现疫情防控标语中也存在一些不礼貌的言语。因此,在大力提倡建设文明社会和团结全国人民共克疫情的今天,我们有必要重视疫情防控标语中的(不)礼貌现象,研究其(不)礼貌策略的实施效果,使其更好地为国内疫情防控宣传服务。

2 文献综述

2.1 疫情防控标语的相关研究现状

从时间上来看,新冠肺炎疫情防控标语研究是一个相对比较新的话题,相关研究成果相对较少。笔者通过中国知网(CNKI)资源检索发现,防控标语研究以学术文献和新闻评论为主。李成伟、邹国芳(2020)聚焦农村防疫标语,探讨了农村标语的功能、特征,认为部分“土味”“硬核”标语朗朗上口、通俗易懂,但也有部分标语存在过于粗俗的问题并提出了完善建议。林纲(2020)从语言生态角度出发,分析了防疫宣传标语的内外生态系统,探索了防控标语内部发展的生态规律与生态功能,并剖析了防控标语的非生态状况。杨光志(2020)从宣传通俗化概念出发,结合人类学、社会语言学、大众传播学等理论,分析研究了乡村防控宣传标语的传播效应,评估了宣传标语的优与劣。张艺旋(2020)从句法、语义、语用三个平面对抗疫标语进行了认知分析,重点论述了此类标语的语用功能。

整体上,目前疫情防控标语的相关研究主要集中探讨了标语的宣传效果和语用效果,后者的分析也多从防控标语的音、形、义等层面出发进行分析,对本文的研究具有较大的借鉴和参考意义。值得一提的是,防疫标语作为社会用语中非常突出的一部分,蕴含着极其丰富的言语交际策略,尤其是礼貌策略。遗憾的是,上述研究都未能深入探讨标语在礼貌策略方面的实施情况,这也为本文的研究提供了一个切入点。

2.2 关于礼貌策略的研究

礼貌策略是“为了促进各方关系的融洽发展而设计的策略”(徐盛桓 1992:6)。谢朝群、何自然(2005)指出,甘柏兹(Gumperz)在会话研究中首次使用了“策略”这个词,并阐明了策略在跨文化交际中的使用情况。后来,布朗和莱文森(Brown & Levinson)采纳了甘柏兹关于会话策略的概念,认为礼貌就是避免冲突的一种策略。在他们看来,礼貌是表达者与别人交际时所运用的一种策略行为,表达者总是要考虑自己说的话会不会对接受者造成所谓的“威胁”,并根据自己与对方的熟悉程度和权力关系来修改自己的话语。在 Leech(1983)提出礼貌原则之前,布朗和莱文森等语言学家对语用学的礼貌问题进行了研究(曾文斯 2020),认为礼貌策略可分为积极策略和消极策略。

西方有关礼貌问题的研究对分析汉语语言交际有一定借鉴作用。值得一提的是,西方礼貌策略强调的是“外在的表达,而不是内在的真情;注重的是攻击的巧妙性,也就是表达批评或触犯别人的意思时,不直接说出受话人的话,却一定要使他推导出讲话人的言外之意;如果所讲的话与事实相悖,也可因别人抓不住把柄而逃避反驳”(毕继万 1996,参见刘凤玲、戴仲平 2002:89),而汉语礼貌原则突出“自谦尊人”“关切体谅”“图吉禁忌”等礼貌模式,这一点在国内疫情防控标语中尤为凸显,笔者将在下文进行具体分析。

3　现有疫情防控标语分析

3.1　疫情防控标语的特点

标语是“用简短文字写出的有宣传鼓动作用的口号”,①如“讲究社会公德,爱护公共卫生环境。”口号是“供口头呼喊的有纲领性和鼓动作用的简短句子”,②如“好好学习,天天向上!”刘凤玲、戴仲平(2002:337 - 338)认为,“从定义看,标语与口号都是为了特定的目标,用简短的语言(短语或短句)来达到宣传鼓动的目的;不同之处在于前者主要用于书面语,后者主要用于口语”,不过,“二者之间并没有绝然的界限,有时,标语也可用作口号,口号书写出来便成为标语”。疫情防控标语“属于突发性事件标语,旨在指导群众对突发事件可能造成的危害或已经造成的危害在行动上应立即采取哪些措施”(孙昕 2020:33)。疫情期间,官方防疫标语和民间防疫标语呈现“百花齐放”之势,各具特点,但基本都以防疫、抗疫等内容为主,总体上呈现了以下特点。

a) 语音上,以偶数音步为主,节奏分明,韵脚和谐,朗朗上口,富有对称美,便于记忆和传诵,如(拼音为笔者标注):

(1) 少吃一顿饭(fàn),亲情不会淡(dàn)。(押“an”韵)

(2) 戴口罩(zhào)、福星高照(zhào);不串门(mén),福气临门(mén)。(押“ao”和“en”韵)

① 见《现代汉语词典(第5版)》第88页。

② 同上,第784页。

b）结构上，一是采用对偶模式，这种模式以字数相等的两个短语和句子出现，匀称整齐，如：

(3) 神仙也要戴口罩，疫情不是开玩笑。

(4) 孤独两星期，热闹一辈子。

二是采用组合模式，该模式由长短句或短语组合而成，张弛有度，具有较强的鼓动性、鞭策力和震撼力，如：

(5) 你小心、我注意，防控全靠你我他。

(6) 不串门，不聚餐，待在家就是为国家做贡献。

三是采用单句模式，这种模式结构简单，表达有力，简洁明晰，如：

(7) 现在请吃的饭都是鸿门宴。

(8) 湖北回来不报告的人都是定时炸弹。

四是采用排比模式，将三个或三个以上结构相似、语气一致、含义密切的句子或句子成分排列起来，这种结构模式有利于表达强烈的语气或感情，如：

(9) 早发现，早报告，早隔离，早治疗。

(10) 守好自己的屯，看好自己的门，管好自己的人。

c）感情色彩上，一是积极表达，用语文明、语义和谐，如：

(11) 武汉人，不服输，疫情面前不低头；你加油，我加油，战胜病毒有盼头。

(12) 少出门，多居家，十四天后乐哈哈。

五是消极表达，用语粗俗、语义伤人，触及汉语中的禁忌语言，如：

(13) 拜年就是害人，聚餐就是找死。

(14) 偷吃野味，黄泉C位；蝙蝠炖汤，棺材反光。

3.2 疫情防控标语的分类

基于国家语委科研机构和武汉大学中国语情与社会发展研究中心联合打造的“中国语情”微信公众号上发布的一份名为《良言三冬暖,恶语六月寒:危难之时更需语言正能量》的研究报告,并结合其他大众媒体上的防控标语宣传,笔者将疫情防控标语大致归纳为七类(见表1)。对比实例可知,各类别标语之间存在着一定程度的交叉关系,一条标语可能同时属于几个类别,这也体现了标语的多元化特点。

表1 疫情防控标语的类别

类别	教育类	劝诫类	暖心类	警告类	恐吓类	攻击类	诅咒类
举例	“疾病防控你得会:勤洗手、少出门、不聚会”“健康第一位,不要吃野味”	“返乡回来莫乱串,左邻右舍捏把汗”“要听晚辈好言劝,不戴口罩万人嫌”	“湖北人,是同胞也是同袍”“隔离病毒,不隔离爱”	“敢从武汉来,坚决不接待”“不戴口罩你试试,试试就逝世”	“今年串门,明年上坟”“今天沾一口野味,明天地府相会”	“发烧不说的人,都是潜伏在人民群众中的阶级敌人”“今年过年不串门,来串门的是敌人,敌人来了不开门”	“出来聚会的是无耻之徒,一起打麻将的是亡命之徒”“带病回乡不孝二郎。传染爹娘丧尽天良”

此外,通过全网舆情监测系统平台、舆论舆情监控分析软件蚁坊软件平台给出的一份名为《新冠肺炎疫情下的标语传播》的舆情分析报告①(见图1)可知,对于防疫标语,网民正面情绪占比最大,达到71%,说明绝大多数人对于激励性、接地气的防控标语持肯定态度,由此可见,这一类标语也产生了较好的防疫宣传效果。中立情绪和负面情绪的占比分别为22%和7%,说明部分过于低俗化的标语让网友难以接受,该类标语的宣传效果相对欠佳。

为何同一主题的疫情防控标语让网民产生了不同的情绪?(不)礼貌策略在这一言语交际活动中是如何产生影响的?礼貌策略的实施在疫情防控标语中有哪些具体体现?陈新仁(2013)指出,从语用效果来看,社会用语可分为两类:规范、文明的社会用语和不良社会用语。疫情防控标语属于社会用语的一种,参

① https://www.eefung.com/hot-comment/20200221150411

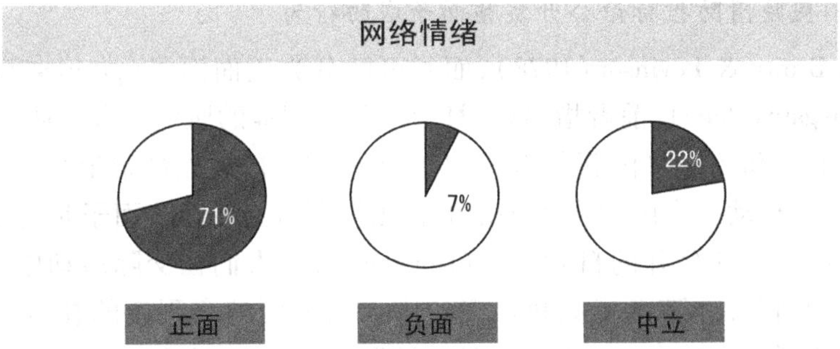

图 1　网民如何看待防疫宣传标语

照社会用语的分法，笔者将疫情防控标语亦分为文明防控标语和不良防控标语，以便后续讨论分析。通过图 1 中疫情防控标语的分类可知，文明防控标语呈现出的特征有：情感积极向上，语气和缓，多幽默色彩。如：

(15) 低眉谢绝您入村，花开春暖您再来。
(16) 口罩还是呼吸机，您老看着二选一。

例(15)和(16)在传达建议时，委婉而幽默，温情可亲，听话人也乐于接受。

不良防控标语虽比较“硬核”，在一定程度上起到了威慑作用，却包含了冷血的诅咒和地域歧视信息，在疫情防控阶段反而容易伤人心，不利于群众积极情绪和团结精神的培养。如：

(17) 串门就是互相残杀，聚会就是自寻短见。
(18) 此户为武汉返乡人员，请勿互相来往。

例(17)和例(18)尽管强调了人员聚集的危险性和疫情的严重性，但用语过于暴力和冷血，让人不寒而栗，无法接受。

事实上，两类防控标语的意图都是为了劝说听话人少出门，加强个人防护，但却对听话人造成了截然不同的心理冲击，一个是舒心，一个是寒心。它们产生的语用效果也相应转变为愉悦接纳和抵触排斥。其背后深层次的原因还是在于“是否顾及到了听话人的面子，是否有效实施了礼貌策略”（许漫 2016:92）。接下来，笔者将分别讨论这两类标语中的（不）礼貌表现。

3.2.1 不良疫情防控标语公开实施面子威胁行为

根据 Brown & Levinson(1978),面子可区分为正面面子(positive face)和负面面子(negative face),前者指“每个社会成员希望他的愿望受人顺从,他的自我形象被人欣赏和赞许”(陈新仁 2002:49),后者指“社会成员希望其行动不被人干涉,即具有行动的自由和自主决定的自由”(同上:46)。“面子是每个社会成员想为自己争取的公开的自我形象(self-image)。人们在交际活动中希望彼此维护对方的面子,并随面子威胁程度的增大而采用较高程度的礼貌策略”(同上:46)。当说话人的言语行为内在地威胁到听话人的面子时,威胁面子的行为就会发生,交际就可能会受到影响。此外,“中国文化中人们对被接纳和被欣赏这样的正面面子表现得特别敏感”(同上:52),汉文化的礼貌特别强调尊敬原则、体谅原则和热情原则。

不良防控标语不受人待见的很大原因就在于其威胁到听话人的面子。“说话人为了最大限度地宣传其交际目的,不惜采用一些极端的话语手段,直接忽视了礼貌策略的使用”(许漫 2016:93)。在此类标语中,诅咒性的、恐吓性的、歧视性的公开的言语行为比比皆是。如:

(19) 今年上门,明年上坟。
(20) 拜年就是害人,聚餐就是找死。
(21) 今天沾一口野味,明天地府相会。

“上坟”“找死”和“地府”这样的诅咒恐吓性字眼在中国传统文化背景下算是忌语,一般是不会随意说出口的,却以标语的形式堂而皇之地出现在公众视野里,不仅容易引起广大民众的反感心理,也污染了语言环境,与文明社会建设的倡导背道而驰,“既伤害民众感情,又损害党和政府的形象”(杨永和 2009:115)。

(22) 今年过年不串门,来串门的是敌人,敌人来了不开门。
(23) 发烧不说的人,是潜伏在人民群众中的阶级敌人。

“敌人”和“阶级敌人”是特殊年代的产物,是过去政治运动给不少人留下的伤疤,用它们来比喻邻里亲友,伤害人心,撕裂群体,影响和谐,缺乏人文关怀。

(24) 带病回乡,六亲不认;敢从武汉来,坚决不接待。
(25) 鄂 A 车辆,原路劝返。

虽然疫情最初爆发于武汉，但武汉人及武汉之外的湖北人都是受害者，他们面临来势汹汹的病毒，本就承受了巨大的牺牲和恐惧，这样的话语无疑是雪上加霜，让同胞心寒，“是对公示语受众的一种无情伤害，是文明人、文明社会无法接受和容忍的”（同上）。

3.2.2 文明疫情防控标语巧用多种礼貌策略

根据布朗和莱文森的观点，在言语交际中，为了避免或减少威胁面子的行为的产生，说话人往往会采用以下几种礼貌策略：a）积极礼貌策略，认同听话人的自我感知；b）消极礼貌策略，给听话人留有选择的余地；c）非公开礼貌策略，说话人 避免直接表达自己的想法；d）说话人通过转移话题等方式放弃威胁面子的行为。文明疫情防控标语在实施礼貌策略时有以下几个特点：

1）使用礼貌标记语

礼貌标记语，指的是“一些提示说话人向听话人表达礼貌的词汇或句式等”（何自然、冉永平 2010，参见许漫 2016：93）。在汉文化中，“请”“您”“谢”等都是比较常见的礼貌标记语。如：

（26）口罩还是呼吸机，您老看着二选一。

（27）将心比心，请善待我们的同胞湖北人！

（28）低眉谢绝您入村，花开春暖您再来。

礼貌标记语的使用，既体现了说话人的礼貌程度，又极大降低了听话人面子威胁的力度，可谓是“利人利己”。

2）发挥人称指示语的语用移情效果

移情在语用学上指“言语交际双方情感相通，能设想和理解对方用意”（何自然 1991：11），这也是礼貌交际中的重要组成部分。常见的人称指示语，如“我”“我们”“你”“您”“他”等，在特定语境中考虑到了听话人的需求，可以降低威胁面子的行为发生的概率。如：

（29）武汉，我们在一起！

（30）他们是我们的兄弟姐妹！

（31）共抗疫情，从我做起，不传病毒。

例（29）强调了武汉人与武汉之外的人的统一性，例（30）体现了说话人对听话人的关切之情，例（31）突出了听话人的主体地位，给予听话人高度的主人翁意识。上述例子都有利于带动社会成员主动、积极投入到防疫、抗疫中。

3）运用请求类言语行为

相比于直截了当的言语表达，请求类言语行为，如祈使句、疑问句、感叹句等，更显得曲折迂回，可以避免直接伤害或刺激交际者感情，能有效降低话语的威胁力度。如：

(32) 武汉挺住！湖北挺住！

(33) 婚宴喜席请延期，春暖花开再相聚。

例(32)充满了鼓励之情，例(33)为人们勾画了一幅战胜疫情后的美好画面，将防疫要求表达得更加迂回曲折，不容易给听话人的面子造成威胁，有利于鼓舞人心。

4）恰当使用修辞手段

在言语行为中引入修辞，能使语言表达更为生动、委婉，增加说话人的礼貌级别。如：

(34) 出门不戴口罩，等于在病毒中裸奔。

(35) 口罩你不戴，病毒把你爱。

(36) 预防千万条，口罩第一条。

例(34)和例(35)分别利用暗喻、拟人的手法，突出了不戴口罩出门的危险性；例(36)通过仿拟手法，模仿了电影《流浪地球》中的台词“道路千万条，安全第一条”，诙谐有趣，更容易为公众喜爱和接受。

通过文明防控标语和不良防控标语的语用效果对比研究可以发现，在标语中，说话人恰当合理地运用多种礼貌策略，不仅能让用语更文明，也能促进交际双方的沟通和理解。

4 基于礼貌策略的疫情防控标语优化建议

疫情防控标语虽然内容各异，但其根本目的都是服务于防疫抗疫。为了使疫情防控标语成为中国大众喜闻乐见的宣传形式，在运用上述提及的四点礼貌策略时，笔者建议还应从以下两方面进行优化。

4.1 符合社会用语的规范

"凡面向公众的语言运用都属于社会语用的范畴"(刘凤玲、戴仲 2002:1)。疫情防控标语面向大众,具备社会用语的基本特性。陈新仁(2013)将社会用语的基本特性归纳为六点:a) 公共性(面向社会公众,使用于社会公众大量出现的公共场合,与人们的日常生活密切相关,具有公开性,借助大众媒体传递信息);b) 实用性(以传递实用信息为主);c) 规范性(一般要遵循普遍的语音、语法、语义、词汇和语用规范标准);d) 多元性(使用的主体多样,交际场合和语体多变,执行的行为和功能多面,语言形式和言语形式多级);e) 时效性(随时间的推移而发生变化,会因为相关信息的过期而失去效用);f) 简明性(要让具备高低不等教育程度的人都能明白,要让公众在最短时间内捕捉到关键信息)。现有疫情防控标语基本符合公共性、实用性、时效性和简明性,但在规范性和多元性方面有待完善,尤其要注意语义和使用场合的规范,"不仅要生活化、通俗化和简明化,也应该追求积极性、人文性和典雅性"(原慧艳 2020:73)。如:

(37) 隔离病毒,不隔离爱。

(38) 湖北人,是同胞,也是同袍。

4.2 发挥标语的社会功能

"标语口号虽然内容各异,但其功能总体上表现出共性特征,具有引导社会成员理解、接受并努力实践既定任务的目标导向功能,培育社会成员成为高素质公民的社会化教育功能和宣泄情感、表达意愿的激励功能"(韩承鹏 2008:56)。疫情防控标语的功能具体可以概括为以下几点:

1) 目标导向功能,领导广大群众向着战疫必胜的目标而奋斗。如:

(39) 我们需要面对的,是新冠病毒这一共同的敌人;我们需要实现的,是战胜肺炎疫情这一共同的目标。

(40) 武汉人,不服输,疫情面前不低头;你加油,我加油,战胜病毒有盼头。

2) 社会教育功能,引导社会成员自觉参与到疫情防控中来,增强全民防控意识。如:

(41) 共抗疫情,从我做起,不传病毒。

(42) 老实待在家就是对社会最大的贡献。

3) 动员激励功能,积极向上的防控标语能极大鼓舞大众群体的信心和决心,营造举国上下同心抗疫的良好氛围。如:

(43) 国家有难,暂不添乱。坐在家里,就是贡献。

(44) 婚宴喜席请延期,春暖花开再相聚。

5 结语

"正面的语言表达方式和内容得到广泛和迅速传播,成为家喻户晓的语言模因;负面的语言表达方式又会随着生态环境的改善而得到抵制,在人们的语言生活里淡出、消亡"(何自然 2018:1)。目前,国内新冠肺炎疫情形势已经基本得到控制,疫情防控标语似乎在渐渐淡出人们的视野。标语内容也许会随着时间的变化而消逝,但其中折射出的言语交际策略却永远不会过时。诚如陈新仁(2002)指出,社会用语直接与大众的日常生活息息相关,语言的正确使用直接关系到社会用语的信息传递,关系到语言的纯洁和健康。疫情防控标语不仅展示了个体的思想道德和科学素养,也展示了一个民族和一个国家的精神风貌。本文回顾并反思了此次疫情中的防控标语,分析了此次疫情防控标语的礼貌策略实施情况,探讨了其中的亮点和不足,希望能为之后突发公共卫生事件的防控标语以及其他类型社会用语的创作提供参考,引导人们正确、规范、文明地进行言语交际,营造良好社会风气,促进文明、和谐社会的建设;也希望能为国内标语研究和建设贡献自己的一份力量。由于收集的语料有限,分析的要点也不尽完善,本文难免存在一定的疏漏,还需要进一步研究和完善。

参考文献

[1] 陈新仁,2013. 批评语用学视角下的社会用语研究[M]. 上海:上海外语教育出版社.

[2] 韩承鹏,2008. 标语口号的功能研究[J]. 博士文汇,(6):56-61.

[3] 何自然,1991. 言语交际中的语用移情[J]. 外语教学与研究,(4):11-15.

[4] 何自然,陈新仁,2002. 当代语用学[M]. 北京:外语教学与研究出版社.

[5] 何自然,2018. 人际语用学:使用语言处理人际关系的学问[J]. 外语教学,(6):1-6.

[6] 胡范铸,2004.中国户外标语口号研究的问题、目标与方法[J].修辞学习,(6):26－29.
[7] 李成伟,2020.农村标语的功能、特征、问题及建议——以2020年新冠肺炎疫情防控标语为例[J].视听:疫情与传播,(4):126－127.
[8] 林纲,2020.疫情防控宣传标语的语言生态分析[J].传媒观察,(4):30－36.
[9] 刘凤玲,戴仲平,2002.会语用艺术[M].广州:暨南大学出版社.
[10] 许漫,2016.中国计生标语礼貌策略分析[J].现代语文,(11):92－95.
[11] 孙昕,2020.浅谈标语的表达特点及写作要求——以防疫宣传标语为例[J].写作规范与技法,(6):33－36.
[12] 谢朝群,何自然,2005.质疑"礼貌策略说"和"礼貌规范说"[J].福建师范大学学报,(3):43－47.
[13] 杨光志,2020.乡村防疫抗疫宣传标语传播效应研究[J].新闻研究(导刊),(6):70－75.
[14] 杨永和,2009.我国公示语的社会语用分析[J].外语学刊,(6):113－116.
[15] 原慧艳,2020.抗击疫情"硬核"标语的语言艺术[J].语言建设,(2):70－73.
[16] 曾文斯,2020.关于语用学中礼貌原则的思考[J].现代交际,(8):62－63.
[17] 赵世举,邓毕娟.危难之时更需语言正能量[J/OL]."中国语情"微信公众号,2020－01－31.
[18] 张艺璇,2020.国内抗击疫情宣传标语的语言认知研究[J].中国多媒体与网络教学学报,(5):244－246.
[19] 邹国芳."土味"宣传标语助力疫情防控[N].西江日报,2020－02－14.

四　译论与译者研究

浅析贝尔曼对描述翻译学派的批判

张正怡

摘　要：安托瓦纳·贝尔曼（Antoine Berman，1942—1991）是法国当代著名的翻译理论家。在他的最后一本著作《翻译批评论：约翰·唐》里，贝尔曼建立起属于自己的翻译批评理论框架，并将其代入具体的翻译批评实践中。全书可按照理论与实践相结合的思路分为两个部分："对理论的批评"和"对实践的批评"。在理论这一部分里，贝尔曼考察并点评了当代流行的两种翻译批评模式，其中对描述翻译学派的点评尤其值得我们注意。该学派的学者们以多元系统为核心理论，采用描述研究方法，从目的语的社会、文化、历史、规范和意识形态等角度研究翻译过程和译文形态。他们将翻译视为一种历史文化现象，主张在目的语社会文化的背景中对翻译进行客观中立的描述与分析。而贝尔曼则批判了描述翻译学派的多元系统理论、翻译规范理论，指出该学派对译者主体性的忽视，进而阐述了有关翻译批评的个人思考。本文将以《翻译批评论：约翰·唐》（*Pour une Critique des Traductions*：*John Donne*）的原文为基础，探究贝尔曼对描述翻译学派的具体评价和他的翻译批评理念。

关键词：描述翻译学派；多元系统理论；翻译规范；译者主体性

1　贝尔曼对多元系统理论的批判

描述翻译学派最著名的理论为多元系统理论，由以色列学者佐哈（Itamar Even-Zohar）提出。所谓多元系统，即互相关联的多种因素所组成的多层次集合体，由于各因素的相互作用，该集合体也会发生变化甚至变异。佐哈认为，翻译文学处在目的语国家的文学多元系统之中，研究它时要考虑到多元系统中丰富的历史、文化、语言、文学、意识形态因素。翻译文学对一国文学的发展是有积极作用的,至于其作用大小、它在该国文学系统中的地位高低,则取决于该国文学系统的状态。

在佐哈看来,当目的语国家的文学多元系统处于衰弱状态时,翻译文学甚至可以占据该系统的中心地位,积极地去塑造该国文学形态。倘若翻译文学处于这一系统的核心位置,那么翻译文学将会是推动该国文学创新的一股重要力量。如果翻译文学在此系统中处于边缘位置,它就会套用该国文学中的创作模式。译者将倾向于采用保守的归化手法,更重视目的语读者的接受性,而非对原文的忠实。也就是说,佐哈认为,一个国家的本国文学和翻译文学在同一个文学多元系统内的地位是相对的,通常情况下,前者高则后者低,反之亦然。而翻译文学的地位高低,则对译者的翻译策略有着重大影响。

描述翻译学派的另一代表人物图里(Gidson Toury)在其著作《翻译理论探索》中也重申了这一观点。图里认为翻译文学在正常情况下都处于次要地位,它在目的语国家的文学多元系统中构建了一个边缘系统,通常呈现出仿作的特点。即是说,图里认为译作通常会参考已在该国占据主流地位的文学类型,模仿本土主流文学的文学规范,译者在这种情况下往往会运用的翻译策略是归化,而非异化,翻译文学也因此促进了保守主义的增长。

而在《翻译批评论:约翰·唐》(以下简称《翻译批评论》)里,当贝尔曼谈及描述翻译学派时,首先批判的就是他们对翻译文学地位的这种认识。

在贝尔曼看来,描述翻译学派持有在翻译理论界常见的一种偏见,即"翻译文学有着次要性"。这种观念实际上是在引导人们去否定翻译的创造性和独立性。佐哈所提出"翻译文学成为系统中心"的设想,是只有当目的语国家的文学多元系统处于衰弱状态时才会产生的特殊现象。但随着时间的推移,没有任何一个国家的多元系统会始终停留在衰弱状态,它或许转而强势,或许最终消失。所以按照描述翻译学派的观点推想,只有在特殊情况下,翻译文学才会处于目的语国家文学多元系统的核心地位,通常情况下,它还是处于该系统的次要地位,有着"边缘性"或"模仿性"的特点。

贝尔曼表示,描述翻译学派的这种说法有悖于西方翻译史。他指出,即使是在十七、十八世纪,西方盛行种族中心主义翻译[①]的时候,翻译文学也不处于次

① 种族中心主义翻译,也被称作"民族中心主义翻译",指当一个民族国家的文化在世界上处于强势地位时,该国译者通常会选择归化这一翻译策略,所产出的译文虽然清楚、流畅、易读,却掩盖甚至抹杀了原著中的异域成分,这在部分翻译理论学者——比如劳伦斯·韦努蒂(Lawrence Venuti)看来,是主流文化对非主流文化的一种侵略和掠夺。

要地位。在《翻译批评论》中，贝尔曼曾写道："Le fait que la traduction ait toujours eu un statut problématique au sein de la 'cité' ne signifie pas qu'elle soit 'périphérique'. La littérature traduite n'est pas périphérique, ni centrale; elle a été, et reste, ce sans quoi aucune littérature autochtone ne peut exister dans cet espace du colinguisme qu'est l'Occident."(Berman 1995: 54)笔者把这里的"la 'cité'"理解为"目的语国家的多元系统"，而"colinguisme"一词的解释为"association de plusieurs langues pour en former une ou plusieurs autres"，也就是"多种语言的结合，用以塑造另外一种或多种语言"。笔者猜想，这是否在指某种混合语的形态？例如由葡萄牙语、英语、法语以及非洲语言混合并简化后生成的克里奥尔语。

贝尔曼在这段话中表示，翻译文学既不处在边缘地位，也非中心地位，但在西方这种混合语空间中，任何本国文学如果没有了翻译文学就无法存在。他的这一观点的确能在西方文学史中找到许多例证。比如，以古希腊语、拉丁语创作的古希腊—古罗马文学和以古希伯来语创作的古希伯来文学以及由其衍生的早期基督教文学，对于地理上相邻、彼此语言不同的多个欧洲国家而言就属于翻译文学。这两大类文学开创了西方文学的母题，形成了史诗叙述、抒情诗、寓言、戏剧、散文等多种文体，提供了丰富的创作素材，留下了经典的文艺理论著作，对欧洲各国的文学创作都有着深远的、不可磨灭的影响。

在贝尔曼看来，图里这种"翻译文学一般处于次要地位"的观点还衍生出了另一个错误的观点。图里认为，当翻译文学处于次要地位时，它的首要目标就是在目的语国家的文学系统中被接受。而这种对"译本可接受性"的优先考虑，在译者身上具体表现为对翻译决策、策略的调整。译者会让自己的翻译服从目的语国家文学系统里已经固定下来的种种规范，而越来越忽视与原作的文本关系。正如前文所述，图里认为只有在很罕见很特殊的情况下，目的语国家的文学系统衰弱，翻译占据了这一系统的中心位置时，译者才会摆脱这些规范的约束，尽量去还原原作的面貌特征，争取让译文与原文一致，哪怕其译文不符合目的语国家的文学规范或语言规范。且由于这些规范决定了作品的可接受性，所以按照这种思路推断，与规范相冲突的译文将不会被目的语国家的读者轻易接受。

对此，贝尔曼再次指出，"翻译文学处于次要地位时，译者才考虑'可接受性'，服从目的语国家的种种规范"(Berman 1995: 55)这种说法只是偶尔属实，十六世纪的法国就不符合这种情况。那时翻译的外国作品才是法国文学多元系统的中心，但是大多数翻译都考虑到了可接受性。

有关"翻译文学是否具有次要性"这一问题的讨论，实际上与翻译批评也是息息相关的,贝尔曼就将二者联系了起来。在描述翻译学派看来,翻译文学通常处于次要地位,它需要去服从一些外部规范(也就是目的语国家的文学、文化系统加诸翻译文学上的规范)。而这就局限了翻译分析的视野,翻译分析将专注于研究这些规范的内容,研究它们对译者和译文造成的影响,翻译分析将因此越来越机械化。贝尔曼表示,这种机械化的分析也许并非图里本意,但当比较文学研究者以图里的观点为基础去分析翻译时,将有可能出现这种机械化倾向。

2 贝尔曼对翻译规范理论的批判

在阐述完"翻译文学具有次要性"这种观点为何有错、点明它对翻译批评的影响之后,贝尔曼进而开始分析图里的翻译规范理论。

作为佐哈的学生,图里进一步深化了导师的多元系统理论。图里强调,在翻译研究中既要注重文本和翻译行为,又要考虑到不同的社会文化背景。图里以佐哈的多元系统为主要理论框架,通过大量个案研究,试图找出翻译选择中的文化制约"规范"。

这里首先需要明确一下"规范"的概念。所谓"规范"是一种社会行为准则,是在社会交际过程中逐渐形成的、对人们行为的约束,我们可以通过既定的规范预测人们的行为。而翻译是译者的一个决策过程,译者有着多种可能的选择,每一个既定的选择又会影响到其后的翻译实践。纯粹的主观意愿会影响译者的选择,除此之外,译者还必须受到原语文本和目的语文本的规范(或习俗)的制约。因此,图里所提出的翻译规范既涉及了译者的个人决策,又涉及了翻译时面临的社会文化因素。

图里认为,脱离规范去分析和批评译作是荒谬不公的。在他看来,译作是被目的语文化所接受的文化产物,它作为目的语文化的一个组成部分,反映着该文化的构成。由于文化文学多元系统的种种规范在制约、支配着译者的翻译实践,因此一部译作(在同一时空内)不可能有机会呈现出另外的面貌。图里强调,翻译行为如果不是一项服从于规范的活动,就毫无意义可言。

贝尔曼则认为,图里所说的这种规范实际上并非专门应用于翻译的规范,而是适用于写作实践中的规范。而且图里关于规范的分析掩盖了另一现象,即"文学移植",它指的是"文学作品从一种语言文化迁入到另一种语言文化中的过程"(Berman 1995: 56)。这种移植有着各种形式和阶段,贝尔曼大致将其分成了如下几个历程:

1. 最初,有人在某个国家接触到一部外国作品,它可能会出现在介绍外国

文学的课堂上,但还没有被翻译成该国语言;

2. 之后,如果它极其不符合该国本有的文学“规范”,这部作品或许会通过改编的形式出版;

3. 然后,会有人不带任何文学上的追求、大胆地介绍这部作品原来的样子;

4. 在此之后,第一个有着文学追求的译本出现了,它通常是节译;

5. 第一个节译本出现后,还会有很多次重译,也会出现完整的译本(而整个过程中也伴随有翻译批评工作);

6. 最后,可能会出现一个最标准、最经典的译本。在这一译本出现后,很长一段时期将不会再有人进行重译。

贝尔曼表示,这是文学移植要经历的六个基本阶段。当然,由于作品内容,作品涉及的领域、时代、目的语国家的语言文化这些具体因素的情况不同,整个过程也会有各种变化。在概括了文学移植的过程后,贝尔曼进而点明了其意义。在他看来,文学移植旨在向目的语文化揭示外来作品的本质,而对原作进行完整充分的揭示才是翻译的使命。

贝尔曼以文学移植的概念为立足点批判了图里的翻译规范理论。首先他指出,描述翻译学派提出的翻译文学概念混淆了两件事,他们把整个文学移植中涉及的所有形式(也就是前文提到的,介绍、改编、翻译、翻译批评等)和其中最重要的一个环节——翻译环混淆了。在这一学派看来,所有呈现出译本形貌、自称是译本的作品都属于翻译,所以图里将“伪译”也归为翻译文学。但贝尔曼认为,就算不对文学移植中的所有形式提出真实性问题,至少要提出“翻译的真实性问题”,而且要以不同的方式提,对首版译本、重译本、节译本或完整译本的评判方式都不一样。

贝尔曼指出,图里抹去了文学移植过程中一切形式的差异,把文学移植看作是让外来作品融入一国文化中多元文学系统的过程,他的这种认识是犯了两个错误。

第一个错误是翻译文学的位置,在贝尔曼看来,翻译文学不会融入本土文学中,它会构成一个单独的、自治的区域,其中混杂着预翻译、引导性介绍及以上提到的多种文学移植形式。假如我们按“融入”的概念去理解“移植”,就只会看到对原作的改编过程,在改编中也是以目的语国家的文学规范为主导,以“可接受性”为法则。贝尔曼以莎士比亚、陀思妥耶夫斯基和卡夫卡的作品为例,假设人们若想让这些作品融入目的语国家的文学系统中、被当地读者所接受的话,就必须进行大刀阔斧的改编,因为它们实在太独特了。

这种改编行为引发的第二个错误是翻译的真实性问题。如果按刚才的“融入”思路去理解翻译,那么只要译本在当时是“恰当”的,它就是真正的译本了。这种“恰当”并不是指译本内容符合原作,而是指译本符合目的语文化,是可接受的、融入了该国多元系统中的作品。而这种逻辑的后果是:决定译者行为的主要因素,不再是他本人想要充分揭示原作的渴望,而是目的语国家的文化开放或封闭程度。如果目的语文化够开放,要求以源语文化为导向的译作,译者就会服从要求,去打造这种类型的译本;反之,当目的语国家的文化比较封闭,要求以本国文化为导向的译作时,译者将完成另一种类型的译本。

在贝尔曼看来,这种“由目的语国家的文学规范决定译者行为”的观点,不仅违反了翻译的自主性,也否定了整个西方翻译史。贝尔曼举例反驳道,如果从古罗马时期翻译《圣经》的圣哲罗姆(Saint Jérôme)开始,译者们就只想着遵从规范,那么翻译不会在西方成为塑造语言、文学和文化等方面的先锋。虽然贝尔曼也承认,译者应该考虑到规范并做出一定的让步,但贝尔曼依旧强调,译者不能忘记其任务是要揭示原作本质。

贝尔曼总结道,描述翻译学派是在两个概念中间摇摆不定。一方面他们认为,“真正”的翻译是以原文为导向;但另一方面,他们所研究、分析的领域又是以目的语国家的文化为导向的译文,且由于他们把文学移植理解成了融入规范,因此在现实中大量存在的那类改编型翻译就被他们抬高地位、赋予特权,以此为基础建立了这一学派的分析。

3 描述翻译学派对译者主体性的忽视

贝尔曼批判描述翻译学派的第三点内容围绕着翻译主体展开,他认为该学派忽视了译者的主体性。需要注意的是,这并非在指责描述翻译学派彻底否认了译者的主体性,而是认为译者实际上拥有不低的主体性,但描述翻译学派对此的重视程度却不足。

描述翻译研究属于外部研究,很少关注译者这一类翻译主体。该学派认为译者处在被动的地位(即认为,译者会不知不觉受到规范影响),其实是忽视了译者的主观能动性。前文曾提到过,该学派想要尽可能地展现出客观、中立的研究态度,因此他们选择与研究对象保持距离,主要关注的都是与翻译实践相关的外部因素,即特定时空下的社会、历史、文化、语言等因素,也就是之前提到过的“规范”,对译者这一翻译主体的关注非常少。笔者在了解到描述翻译学派这一观点时,就不禁产生了疑问:即便我们进行翻译批评时力求要保持中立客观的立场,但在关注翻译外部因素时,是否也应该关注内部因素?对研究对象(尽可能)保持客观,并不等于要与研究对象保持距离。外部与内部因素相结合,才是翻译实践在整体上所受到的影响。

与描述翻译学派相反,贝尔曼相当重视译者的自主性与个性。在他看来,之所以多位译者对同一作品有着不同的诠释,是因为译者具有个性,而并非如图里所说,是由规范造成了译本的差别。贝尔曼认为,译者总是在做选择,他们有能力改变语言、文化与文学,即使他们的选择也在一定程度上遵从图里所说的主流规范,并被限制于社会历史大框架下,但译者主体性是毋庸置疑的。

描述翻译学派代表人物之一安妮·布里塞特(Annie Brisset)曾表示,“翻译主体”就是“目的语社会文化因素借以操纵翻译的媒介”而已。但贝尔曼认为,主体这一概念内涵是很丰富的,无论我们赋予主体什么样的定义,它都具有一些固有的特性:主体拥有个性(即每一个主体都是独一无二的)、反思性和自由(即主体需要对自己的行为负责),这些特性同时也代表翻译主体的心理。译者也许在不知情的状况下受到了社会话语规则的支配,并在其引导下进行了翻译。但这也是一种选择,体现了行动者的主体性,因此译者应该对自己的译作负责并承受批评。虽然译者在选择翻译策略时,一定程度上会受到客观文化因素的制约,但最终这种选择还是取决于翻译主体。事实上,对于翻译,尤其是对于文学翻译而言,创造性是翻译主体所固有的本质属性。

贝尔曼也从历史的角度为译者的主体性正名,强调要重视翻译史。他表示,翻译没有一种准确的定义,因为它是相对的、不断变化的,唯有历史才能揭示翻译的内涵。历史上不断涌现出翻译的新形式,在不同时期里,由于翻译的内涵不同,人们对翻译的定义也不同。因此,贝尔曼认为,译者必须通晓译史,不能被束缚在描述学派所说的“特定时期特定背景里的规范”中,仅仅做特定社会话语的传递者。唯有通晓译史,译者才更加具有自主性,可以主动选择自己在翻译中的倾向、规范,决定自己是否要打破文化、语言等方面的藩篱。贝尔曼对译史重要性的强调,不仅表明了他对译者主体性的重视,也指出了描述翻译学派在这方面的欠缺。

4 总结

以多元系统为核心理论的描述翻译学,采用描述研究方法,将译文视为目的语文学文化系统中存在的一个部分,从目的语的社会、文化、历史、规范及意识形态等角度描述、解释翻译实践的过程,以及翻译在目的语文化系统中的功能作用,阐述了对原文的操纵过程和适应目的语文化规范的必要性。这无疑对翻译研究的发展作出了很大的贡献,为我们提供了新的视角去认识翻译现象,指引人们去关注目的语国家的社会文化环境,探索翻译与其之间的互动关系。图里曾经强调过,描述研究对于实证学科很重要,他称“一门实证学科如果没有一个描述性的分支就不能称作是完整的、(相对)独立的”(Toury 1995: 1)。在图里看来,描述翻译研究就是在尽力使翻译研究客观化,使其呈现出一般实证学科的特点。他相信这样做会提高翻译研究的地位,促成翻译研究的学科化。

但描述翻译学派放弃对翻译的褒贬,着眼于一种完全中立的评判,避免价值判断,这在贝尔曼看来会造成两种后果:

第一,翻译文本被客体化,成为知识的对象而不是批评或称赞的对象。此处的“知识的对象”是指,这一学派试图以一种中性、科学、客观的方法研究翻译文学,研究译本之所以有着某种形态,是因为所处的社会、历史、文化背景,并把这类背景因素归纳为翻译要服从的“规范”。因此,描述学派分析译作的目的不再是为了进行翻译批评,而是为了学习相关的社会文化知识。

贝尔曼还指出,描述翻译学派的所谓“中立”是不成立的。的确,按照描述翻译理论家所言,翻译是被多种因素共同制约的产物,译者被各种因素所操纵,无法摆脱自身所处的社会文化环境的影响。可按照同样的逻辑推理,翻译研究者也难以做到完全的客观中立,无法摆脱类似的外部影响。对此,中国学者刘芳、韩子满(2005)同样评价到:“(描述翻译学派)这种(完全客观中立的)立场只是一种理想,在实际的研究中并不可行”。

第二,按照该学派的“规范”理论,各个时期的翻译都能得到合理的解释,每个译本在它所处的那段时期、在多元系统的作用下,都只能呈现出某一种形态,而不容许有其他的可能性。这种观点显然是忽视了译者的主体性和创造性,也否定了在翻译批评中进行价值判断的意义。

不过,我们也不能就此认为,在是否进行价值判断的选择上,贝尔曼和描述翻译学派属于完全对立的两方。在分析、总结贝尔曼对描述翻译学派的批判时,必须结合他在《翻译批评论》中对规范性翻译批评的评价。这类翻译批评者以梅肖尼克(Henri Meschonnic)为代表,力求系统地标记出译作里所有错漏。贝尔曼肯定了其积极意义,认为它让一些不忠实的、(在背后)操纵(译本)的译者无所遁形,这对建立自主的翻译批评有着重大意义(Berman 1995: 48)。但同时贝尔曼也指出,这一批评模式显得十分好战,批评者们有多捍卫原作,就有多抨击译作。所谓“公正的裁决”显得过于草率,整场“审判”不曾让译者有自我辩护的机会,也没有遵守诉讼里的一些基本规则,批评者的结论是否准确还有待怀疑,其判断标准也有机械化的倾向(Berman 1995: 49)。由此可以推断,贝尔曼既反对完全中立、彻底避免价值判断的翻译批评,也反对具有攻击性、价值判断过于草率绝对的翻译批评。

对于这一点,笔者深有同感。简单直接地对译本进行褒贬评价,翻译批评者往往更有可能专注于"贬",很容易陷入并停留在挑错式的批评模式里,难以更深入、广泛地思考翻译实践,同时也让翻译批评颇具攻击性,打击了译者的积极性,忽视了译者及其译本的积极作用。在进行翻译批评实践时,应从整体分析译本,回溯翻译过程中所涉及的方方面面,对影响翻译的外部因素和内部因素保持同等的关注,避免绝对的价值判断。

在这一问题上,中国学者许钧所总结的"文学翻译批评基本原则"也有着重要的参考价值和指导意义,许钧提出,"文学翻译批评不仅要对翻译的结果进行正误性的判别,更应重视对翻译过程的深刻剖析"(许钧 2012:27),将"局部的、微观的批评与整体的、宏观的评价有机地结合起来"(许钧 2012:28)。因此,在进行翻译批评实践时,应有一定的规范性,以一定的价值取向为基础,但同时也要认识到翻译批评标准具有动态多元性特征,要让翻译批评发挥积极的指导作用,推动翻译理论的建构与发展。

参考文献

[1] Berman, A., 1995. *Pour une critique des traductions: John Donne* [M]. Paris: Gallimard.

[2] Berman, A., 1999. *La traduction et la lettre ou l'auberge du lointain* [M]. Paris: Seuil.

[3] Toury, G., 1995. *Descriptive Translation Studies and Beyond* [M]. Amsterdam/Philadelphia: John Benjamins Publishing Company.

[4] 韩子满,刘芳,2005. 描述翻译研究的成就与不足[J]. 外语学刊,(2):97-101.

[5] 洪溪珧,2009. 多元系统论——翻译研究的新视野[J]. 湖南科技学院学报,30(2):169-171.

[6] 洪溪珧,2015. 安托万·贝尔曼的翻译批评理论探究[J]. 译苑新谭,(1):83-89.

[7] 胡翠娥,2015. 绘事后素:翻译批评理论与实践的有机结合——评安托万·贝尔曼《翻译批评探索:约翰·多恩》[J]. 中国翻译,(1):63-67.

[8] 刘云虹,2018. 翻译定位与翻译成长性——中国文学外译语境下的多元系统论再思考[J]. 外国语,41(4):94-100.

[9] 许钧,2012. 文学翻译批评研究(增订本)[M]. 南京:译林出版社.

从读者主体视角对“五失本、三不易”的现代阐释

王宇轩

摘　要:本文试从读者主体角度来解读道安的“五失本、三不易”,希望从中国传统译论中寻觅到能支持现代译论的理论根据。本文采用了王宏印、刘士聪对传统译论进行现代阐释的方法,通过分析论证,本文将“五失本、三不易”归为翻译主体论题下与读者主体相关的译论,并将“五失本、三不易”与读者主体概念进行了类比、对比研究,最后发现二者之间只有部分内涵相互重叠。文章的最后还思考了“五失本、三不易”的读者主体思想对文化传播、翻译实践、翻译批评的指导意义。除此之外,我们还需谨防翻译中“读者至上”这种极端情况的出现。

关键词:读者主体;“五失本、三不易”;现代阐释

1　引言

构建翻译理论框架时,我们不能将传统译论与现代译论割裂开来,而是应将传统译论与现代译论相联系,将传统译论融入现代译论的框架中。传统译论的“现代阐释”就是要以分析性、逻辑性的语言来解读传统译论的术语、范畴,对其命题、理论内涵乃至其体系结构做出新的解释,明确其当代价值,将其纳入当代译学理论的话语系统,在批判和扬弃的基础上达到对传统译论的突破和发展(石永浩、孙迎春 2007:62)。王宏印、刘士聪(2002:9)指出,传统译论的现代阐释要做到以下三方面。

(1) 论题转换:将中国传统译论中范畴划分不明确、不恰当的问题转换为现代译论要讨论的问题。

（2）概念转换：用现代译论概念来替换中国传统译论概念，或赋予中国传统译论核心思想以新名称。

（3）形态转换：将现代理论意识和时代精神注入中国传统译论概念的新阐释中，补足传统译论所欠缺的内容，比如相关论述、理论演绎过程等。

由于传统译论带有时代色彩，我们还需要从理论提出者个人和当时的社会历史等方面多维度地对理论进行思考，从实践应用、学术研究等角度对理论系统的价值进行评估。

“五失本、三不易”作为中国传统译论中一颗璀璨的明珠，自然是传统译论现代阐释的关注点之一。其中，“五失本”的内容可总结为：为适应秦人的语言习惯，调整了胡语佛经的倒装语序；为了让秦人愿意阅读佛经，便用秦人所好的文丽语言来翻译用词质朴的胡经；删去了胡经的反复咏叹、前文小结和内容复述。“三不易”可总结为：时过境迁，译文不得不删去原文中雅古的内容以与当下习俗相适应；难以将佛祖的微言大义翻译得人人都能理解；时代久远，原文究竟想表达什么已难以考证，因而难以保证译文的准确性。

在对“五失本、三不易”进行现代阐释前，我们应先明确道安本人对“五失本、三不易”的态度，因为这是对该译论进行现代阐释的基础。学界曾对道安“五失本”的定位存在一些争议。曹明伦（2006：51）对各家之言进行了总结：有的学者认为“五失本”是道安对佛经一些翻译现象的总结，如刘超先（1993：53）；有的学者认为道安不赞同佛经翻译出现“五失本”的情况，如陈福康（2000：13）；有的学者则认为道安赞同“五失本”的处理方法。较新的研究文章结合道安所处时代的佛经翻译状况、道安对前人所译佛经的评价以及道安本人的翻译实践情况，对这一问题进行了论述，并认为道安的“五失本”是一套佛经翻译标准（曹明伦 2006；潘佳宁 2009；汪东萍、方瑞芬 2012）。本文也将基于此种观点展开后续论述。

王宏印、刘士聪（2002：10）将现代译论的总体问题分为这几类：本体论问题、方法论问题、认识论问题、标准或原则问题、主体性问题、可译性问题。基于这一分类标准，中国翻译学界对“五失本、三不易”这一理论所属的问题范畴有以下几种观点。

（1）“五失本、三不易”是与直译意译或文质之争相关的翻译理论（祝朝伟 2006；潘佳宁 2009；汪东萍、方瑞芬 2012），可归属可译性问题。

（2）“五失本、三不易”是佛经翻译的指导性原则（曹明伦 2006），属于标准或原则问题。

（3）在王宏印（2003）看来，“五失本、三不易”认为只有失本才可成翻译，因而这一理论涉及本体论问题。

(4)“五失本、三不易”体现了道安对佛经翻译的态度,强调了译者在翻译过程中的作用和应考虑的问题,暗含译者主体性,当属主体性问题(贺爱军 2016)。

除了上述角度外,在笔者看来,道安“五失本、三不易”的部分内容还有读者主体倾向。本文本着“拾遗”的目的,从读者主体角度对“五失本、三不易”进行现代阐释,希望能进一步丰富传统译论再阐释的内容,让传统译论的研究角度更为多样化。

2 “五失本、三不易”的论题转换

“五失本”的“一失本”强调了胡人与秦人在语言表达上的差异。道安在一些情况下也会“一失本”,比如在翻译《鞞婆沙》的时候,道安“时改倒句,余尽实录”。秦人不好使用倒装句的习惯使佛经翻译发生了“一失本”,结合当时翻译佛经是为了传播佛教这一目的来看,便不难理解,如果翻译佛经时不“一失本”,而是保留了原文佶屈聱牙的倒装句,那么佛经译文必然难以为秦人所理解,进而受到秦人的冷遇,传教的进程也将随之受阻。正如体现读者主体性的读者反应理论所言:一部作品如果没有读者的积极参与阐释,那么它的存在既没有意义,也没有任何价值(胡安江 2003:51),换言之,不失本的佛经译本将因为缺少读者而失去存在的意义。如此一来,只好让佛经翻译失本以便传教。“一失本”说明了读者会影响译者的翻译策略,读者在翻译中并不是“隐形人”。

在道安看来,内容重复的颂文、义辞、反腾都应删去,这便是“五失本”提及的后三种“失本”。原文里大量的重复内容“或三或四,不嫌其烦”,倘若全部翻译出来,译文也必然十分拖沓。慧力、僧茂版本的《阿毗昙》因为保留了这些重复内容而被道安批评为“颇杂义辞,龙蛇同渊”。道安作为译者和译场中的重要指导者,在翻译过程中其实也是原文和译文的读者。“颇杂义辞,龙蛇同渊”正是他从读者角度给出的反馈,这一反馈反过来又影响了道安的翻译观,促成了“五失本”佛经译文删减标准。至此,作为佛教经典的佛经也已不再一字一句皆不可改,可见读者的力量。

“三不易”中前两个“不易”也关注了读者这一因素,并从时代和读者接受能力两方面进行了阐述。时过境迁,习俗同样随时代发生了变化,经文所描述的情况可能已不再适合当下,已无法为读者所理解、为读者所用,所以译者应当在不改变原文本意的情况下,删去古旧的内容以“喻俗”,不要让令人费解的内容干扰了读者的阅读，而在道安看来，“哪些内容对读者来说是需要删去的‘雅古’”并不是一个简单的问题。总而言之，在“一不易”中，译者发挥主观能动性、删“雅古”以喻俗的原因依然是为了照顾读者的阅读体验。但即便在同一时代下，不同人对佛经的理解接受能力依然存在差异。上至王公贵族下到平民百姓，译出能让所有人都读懂的佛经译文实属难事，这便是“二不易”。总体来说，“一不易”和“二不易”全都从读者的角度各自阐述了一个翻译难题，清楚地揭示了读者给翻译带来的挑战，凸显了读者的重要性和影响力。这与以译者为主视角来探讨翻译实践的情况大不相同。

综上所述，“五失本、三不易”的部分内容验证了读者会对译者翻译策略的选择产生影响，还会给翻译带来挑战，凸显了读者在翻译中的地位。因而根据引言部分提出的分类方法，“五失本、三不易”可以归入主体性问题下的读者主体论题进行讨论。

3 “五失本、三不易”的概念转换

曹英华(2003:104)认为，不论是异化还是归化、直译还是意译，都应以读者的可接受性为基础，引导读者阅读和鉴赏译文。换言之，译者借助翻译策略对原文进行改造是为了让译文更易于读者的接受和理解，也因此翻译展现出了服务于读者的特征。上文对“五失本、三不易”的论述证明了读者会对翻译产生影响，指出“五失本、三不易”蕴含着译文服务于读者的思想，这与“读者主体”概念的基本观点一致。如此一来，“五失本、三不易”已经与“读者主体”进行了初步的概念转化。

除了上文提到的内容外，“五失本”还证明了读者内心自有一套译文衡量标准。如果说“一失本”所提到的语序问题不过是讨论不同语言之间句式差异的基础性问题，而译文是否改变了原文的倒装语序仅仅是秦人对译文的一条基础评价标准，那么“二失本”已经达到了对译文进行审美的高度。正如“二失本”所言：“二者胡经尚质，秦人好文，传可众心，非文不合。”“传可众心，非文不合”恰好说明了当时“有文采的文字”才符合大部分读者的文学审美要求，“文”是秦人对文本进行审美考察的一条重要标准，“文”甚至关乎译本是否会受到欢迎。读者作为译本解读与译本评价中最活跃、最不可或缺的因素(胡安江 2003:51)，秦人在阅读佛经译文时，也会不自主地用上述两条标准考察佛经译本。陈先达(1991:115)认为，作为主体的人所特有的主观能动性是翻译主体的根本所在，“五失本”中暗含的译文评价标准和读者对不同风格译本的反应恰好体现了读者的主观能动性,进一步说明"五失本"可以与读者主体这一概念进行转化。

谢天振(1999:14)曾写道:"一部严肃的政治讽刺读物,通过译者的翻译传到了另一个国家,居然成了一部轻松愉快的儿童读物,一部在自己国家默默无闻的读物,通过翻译传到另一个国家却成了一部经典著作,这其中固然有译者的作用,但怎能离得开读者和接受环境的作用呢?"也就是说,读者可以自由解读译文,导致一千个人眼里有一千个哈姆雷特。出现一千个哈姆雷特的原因有很多,比如读者的观念不同、文化程度不同等。而且,由于翻译是跨文化的活动,文化差异也可能使读者将政治讽刺读物当童话来看。"五失本、三不易"仅提到由于个人能力不同,读者们对佛经译本的理解程度会有所不同,并未提及不同读者在阅读佛经译文时会有不同的感受。也就是说,"五失本、三不易"的关注点还停留在"译文意义理解"层面,并未深入到"译文意义解读"层面,因此,"五失本、三不易"也就没能完全涵盖"政治讽刺读物和儿童读物"之辩所展现的读者主体性。

操纵学派的 Lefevere(1992:16)认为,赞助人可以通过金钱和权力来影响文学作品的内容。这一理论不仅适用于文学创作,同样也适用于翻译。赞助人可能会为了译本销量而威逼利诱译者翻译出"合读者胃口"的译文;某些译者也会为了译本销量提成在译文上耍把戏,谄媚读者。简而言之,赞助人所追求的销量和给译者带来的经济利益与压力进一步巩固了读者的地位。但"五失本、三不易"中却没有类似的论述,所以在这一方面无法与"读者主体"概念对等。

正如引言部分所言,除了读者主体思想外,"五失本、三不易"还包含了译者主体问题和学界辩论已久的文质之争等。所以,"五失本、三不易"无法涵盖"读者主体"的所有内容,"读者主体"也不能概括"五失本、三不易"的所有内涵。因此,"五失本、三不易"与"读者主体"的概念转换必然是不完全、不完美的。

4 "五失本、三不易"的形态转换

"五失本、三不易"虽然内容简单,但作为最早的中国传统译论之一,仍对今人的翻译理论研究起到了不可忽视的启迪作用。本部分将分析"五失本、三不易"读者主体思想对现代翻译实践的指导意义,并思考读者主体视角下的翻译实践可能出现的问题。

4.1 促进文化传播

"五失本、三不易"读者主体思想对现代翻译实践最直接的启示就是对读者的关照,再加上"五失本、三不易"是在佛教传教初期、佛经翻译初期提出的理论,这就使得该理论对促进文化传播的借鉴意义更为突出:某一文化的文本初次传入另一文化时,译者们更应思考的是如何能让译出语读者愿意接受这种新文本、新思想、新文化。由于读者本身不够了解译入语文化,所以过于忠实原文的翻译可能导致译文晦涩难懂,使读者产生抗拒心理,进而会拒绝未来这一文化的其他输入。所以,在不改变原文意思的基础上,译文可以适当地"五失本",从语言上降低译文的阅读难度。待读者对该文化有一定的了解后,再逐渐降低"失本"的程度,让译文更靠近原文的表述,将一种文化更原汁原味地介绍给另一种文化下的读者们。正如贺文照(2002:45)所言:"在译介外来文化初期,读者观照往往较多注意译语读者的原有文化传统,表现为向本土文化妥协的倾向。随着外来文化地位的确立,读者关照逐渐转变为注重外来文化的准确性和完整性。"因此,如何因势利导,辩证地处理好读者关照两个方面的矛盾,是顺利进行文化交流的保证。《西游记》的英译就是一个例子。英国翻译家亚瑟·大卫·卫利的译本是早期对《西游记》较为完整的翻译,但它删减了许多内容,很多有中国文化特色的词汇都没有翻译,而是用更普通的词替换,如将"玉液琼浆"替换为"wine"、"金箍棒"替换为"magic staff"等,不过也因此大大降低了译文的阅读难度,增强了译文的可读性。卫利的译本在西方世界大受欢迎,激起了无数西方读者对中国文化的兴趣,其中就包括威廉·约翰·弗朗西斯·詹纳尔。詹纳尔的《西游记》译本较为完整地呈现了原著的风貌,翻译了许多术语和中国文化特有的词汇,在卫利的基础上进一步向西方传输中国文化。

除了"失本"外,译者还可以将意义相近的译出语文化元素与译入语文化元素相对照,以便于读者理解原文的文化内涵,比如佛经翻译初期采用的"格义"手段。

但我们依然要谨慎对待译文的"失本"。对法律、政治相关的严肃文本而言,即便这类文本的措辞和内容大多严肃冗长,甚至晦涩难懂,也不应随意改变其风格,不应"失本"。对于那些没那么严肃的文本,我们也不应过分失本,谨防将原文的文化内涵完全抹去。

4.2 明确目标读者群

"三不易"中第二个"不易"给我们提供了一个新视角:译者需要意识到以读者的水平能否理解译文。逆向思维一下,译者在翻译时应当明确译文的目标读者群,并以此确定译文的语言风格。比如,童话的读者多为儿童,所以翻译童话时应当使用儿童的语言,多用叠字和简单的字词;学术文章的读者多为学者,所以译文的遣词造句更应学术化、专业化,不能过分注重文采。

明确目标读者群也为翻译批评提供了新思路。翻译批评也应从目标读者的角度出发,按照“译文是否适合目标读者阅读、是否满足了目标读者的需求”这一标准对译文进行评价。除此之外,鉴于译文有自己的目标读者,所以读者读不懂的某些译文未必是坏译文,很有可能是因为该读者不是该译文的目标读者,比如前文提到的学术文章,这类文章的目标读者是学者,所以文章的译文可能无法为非专业人士所理解,而非专业人士对这篇译文的批评当然也很难有说服力。正因如此,我们更应理性对待不同人对同一篇译文褒贬不一的评论,并从中筛选出有参考价值的评论。同时,在进行翻译批评前,批评者也应先明确自己是否满足批评某一类译文时所需的必要条件(如专业知识储备量)。也就是说,专于诗歌翻译批评的评论家们可能不适合批评政治文本的译文,因为他们可能还不够了解政治;专于批评社科文章翻译的评论家们可能不适合批评儿童文学的译文,因为后者需要对儿童心理学有所涉猎。

4.3 读者主体引起的“读者至上”问题

现代社会,翻译不仅仅是译员的任务,编辑、校对都会参与其中,对某些词句的翻译提出建议。出版商出于文化交流和赚取利润的目的购买原作版权进行作品翻译和译文出版,译本销量也自然成了出版商最看重的数值,进而可能会导致出版商利用与译者的雇佣关系迫使译者无底线地篡改译文以迎合读者口味,增加销量。有时候,出版商还会将译本的销售额以一定比例折算成付给译者的提成,部分利欲熏心的译员也可能会为了私利而联合出版商在译文上动手脚、谄媚读者。这便是读者主体引起的“读者至上”问题。但这一问题尚未能得到有效解决,一方面是因为监管措施不够完善,另一方面是因为这种情况相对隐蔽,除非将译文与原文进行对比,或者与其他译本对比,不然很难发现。更宽泛地说,我们应该避免“一味消极地迁就读者”,正如曹英华(2003:104)所言,优秀的翻译家会以高度的责任感和强烈的为读者服务意识通过译作向读者输入新的文法、先进的文化和思想,提高译文读者的语言和文化修养,这才是更积极意义上的读者关照。

5 结论

道安“五失本、三不易”流露出的读者主体思想证明了我们可以从传统译论中寻觅到现代译论的理论依据,证明了我们可以利用现代译论来解释传统译论,将传统译论融入现代译论的框架中去。

“五失本、三不易”不仅说明了读者会对译者翻译策略的选择产生影响，还指出了读者给翻译带来的两个挑战，凸显了读者在翻译中的地位。这些都为“五失本、三不易”归入“读者主体”论题提供了论据，同时初步完成了“五失本、三不易”与“读者主体”的概念转换。

“五失本”中暗含的两条译文评价标准（秦人鲜用倒装句，且喜爱文丽的语言）强调了读者的主体性（主观能动性），证明“五失本、三不易”中蕴含着读者主体思想，进一步完善了对“五失本、三不易”的概念转换。但由于“五失本、三不易”没有提到读者可以自由解读译文这一点，也没有“赞助人会加强读者主体”的相关论述，因而“五失本、三不易”无法在方方面面做到与读者主体概念完全对等。不过，“五失本、三不易”的读者主体思想仍对促进文化交流、翻译实践和翻译批评有一定的借鉴意义。

(1) 翻译适当地“五失本”可以降低原文的难度，更利于读者理解和接受译文，这有助于引导读者初步适应与接受某一陌生文化的文本，为以后更深入、全面的文化输出做铺垫。但对于部分严肃文本的翻译仍应一丝不苟（如法律条文、合同等），不能随意“失本”。

(2) 对读者的关照意识会促使译者在翻译前明确译文的目标读者群，并根据目标读者群的特征来选择相应的翻译策略，调整语言风格。

(3) 翻译批评也应从目标读者的角度出发，按照“译文是否适合目标读者阅读、能否满足目标读者需求”这一标准对译文进行评价。

(4) 在进行翻译批评前，翻译批评者应思考自己是否适合批评某一类型的译文，是否具备了批评该类译文所必需的条件，只有这样才能保证译文评价的客观性、正确性。

最后，我们在关注读者主体的同时也需谨慎切勿走向极端，切勿从读者主体变成“读者至上”，最终因为过分关注读者反应而扭曲了原文。

参考文献

[1] Lefevere, A., 1992. *Translation, Rewriting, and the Manipulation of Literary Fame* [M]. London & New York: Routledge.

[2] 曹明伦，2006.“五失本”乃佛经翻译之指导性原则——重读道安《摩诃钵罗若波罗蜜经抄序》[J]. 中国翻译，(1)：51－54.

[3] 曹英华，2003. 接受美学与文学翻译中的读者关照[J]. 内蒙古大学学报（人文社会科学版），(5)：100－104.

[4] 陈福康,2000. 中国译学理论史稿(修订本)[M]. 上海:上海外语教育出版社.
[5] 陈先达,1991. 关于主体和主体性问题[J]. 求是,(15):37-44.
[6] 贺爱军,2016. 译者主体性的社会话语分析——以佛经翻译和近现代西学译者为中心[J]. 上海翻译,(4):36.
[7] 贺文照,2002. 论中国传统译论中的读者观照[J]. 外语与外语教学,(6):44-46+52.
[8] 胡安江,2003. 论读者角色对翻译行为的操纵与影响[J]. 语言与翻译,(2):51-53+72.
[9] 刘超先,1993. 道安——我国翻译批评的先驱[J]. 中国翻译,(3):51-54.
[10] 潘佳宁,2009. 道安翻译思想新探[J]. 沈阳师范大学学报(社会科学版),(2):142-144.
[11] 石永浩,孙迎春,2007. 中国传统译论的现代阐释与现代转化[J]. 北京航空航天大学学报(社会科学版),(4):61-64.
[12] 汪东萍,方瑞芬,2012. 释道安"五失本、三不易"翻译思想评析[J]. 安徽师范大学学报(人文社会科学版),(3):385-390.
[13] 王宏印,2003. 中国传统译论经典诠释——从道安到傅雷[M]. 武汉:湖北教育出版社.
[14] 王宏印,刘士聪,2002. 中国传统译论经典的现代诠释——作为建立翻译学的一种努力[J]. 中国翻译,(2):7-9.
[15] 谢天振,1999. 译介学[M]. 上海:外语教育出版社.
[16] 祝朝伟,2006. 传事以尽,尚质而无斫凿;委本从圣,求真勿令有失——道安"五失本、三不易"说源流考及现代诠释[J]. 四川外语学院学报,(6):112-116.

以翻译沟通世界学术

——王国维西学译介研究

鞠银河

摘　要:学术泰斗王国维在翻译领域的贡献和论述较少为人所知。他较早地认识到译介西学的重要性,不仅留下丰富的翻译实践成果,也曾在其著作和文章中谈论翻译。本文主要结合晚清译介西学的历史语境和王国维的个人经历,采用文献分析和比较分析的方法,考辨王国维译介西学的多重动机,探究其学术为先的翻译策略,并分析其挑错式翻译批评和翻译标准。

关键词:王国维;西学译介;翻译动机;翻译策略;翻译批评

1　引言:千秋壮观君知否?

王国维(1877—1927)享有盛誉的学界泰斗身份似乎掩盖了他作为一名译者的光芒。王国维早年曾在东文学社学习日文、英文,并留学日本,积累了扎实的外文功底。在其治学过程中,王国维不仅广泛学习了哲学、心理学等多个学科的西学著作,还动笔将西方学术思想译介到中国,因而为后世留下了数量颇多的译作。王国维的翻译活动主要发生在他放弃西学、转向国学研究之前,1900年至1911年,他高产地翻译了20余部日文、英文的西学著作。这些译著在晚清具有重要的科学启蒙意义,如其翻译处女作《势力不灭论》(1900),向国人介绍了时新的"力的守恒"等自然科学知识。他的译作题材广泛,涉及农学、法学、心理学、教育学、逻辑学等多个学科领域,因而对于近代学科建设意义重大,如他一人翻译了三部心理学著作:《心理学》(1902)、《心理学概论》(1907)、《教育心理学》(1910),为近代心理学的建设做出了重要贡献;他翻译的《法学通论》

(1902),是“最早介绍到中国的域外法理学著作”(高燕 2009:196)。除译介西学之外,王国维还与英国汉学家斯坦因(Dr. M. Aural Stein)、法国汉学家伯希和(Paul Pelliot)等汉学家建立了学术交往,并曾翻译或转译他们的汉学演说或著作,译文收录在《观堂译稿》中,为敦煌学、史学、考古学等研究留下了宝贵的资料。与其数量相当可观的译作相比,王国维对翻译的论述较少,但从《论近年之学术界》(1905)、《论新学语之输入》(1905)、《书辜氏汤生英译〈中庸〉后》(1906)等几篇文章中仍可一窥其翻译观。

由于翻译在王国维庞大的学术框架中所占的分量较轻,目前学界对于王国维的研究多集中在哲学、国学、心理学、考古学等领域。近年来,不少学者在王国维翻译研究课题上耕耘,陈福康的《王国维论哲学著作翻译》(1992),李昌银的《王国维翻译思想概述》(2003)和罗国华、穆惠峰的《王国维西学翻译及其对近代中国的多维影响》(2018)等文章或关注王国维的翻译观,或研究其翻译的贡献和影响,均取得了显著成果,但在王国维译介西学的动机、策略、翻译批评及标准等方面尚缺乏系统深入的研究。本文拟结合王国维生活的历史语境、个人经历及其译介西学的翻译实践对这些问题进行分析。

2 学者王国维的翻译动机

2.1 多重因素的互动

王国维讲究治学着眼于历史,曾提出“欲知古人,必先论其世;欲知后代,必先求诸古”(姚淦铭、王燕 2007:545)的方法论。同理,欲考察王国维的翻译动机,必须要回溯其所处的生活环境和时代背景。王国维生母早逝,身体羸弱,性格内敛忧郁。他在世的五十年间,正是国家面临内忧外患的多事之秋。王国维虽将一生旨趣系于学术,却也关心时局世事。“对于译作重要性的认识,在近代中国莫过于曾经从事过翻译活动的大学者王国维”(邹振环 2008:4),王国维是近代中国较早认识到翻译西学重要性的学者之一,也是最早身体力行译介西学的中国人之一。在 1898 年 3 月致同乡许家惺的信中,王国维曾指明“日本通西文者多,不译西书也无妨”,后真情实感地感慨“若禁中国译西书,则生命已绝,将万世为奴矣”(房鑫亮 2015:3),将译介西书视作关系到国家命运的大事。

西学译介亦在王国维求学、授课的过程中扮演了重要角色。在东文学社学习期间,王国维因家境贫寒,无力负担学费,幸而东文学社允许贫困学生译书以补贴学费。学社日本教师所教授的史、地、理、化等科目的教科书,由王国维及其同学(樊炳清等)译成中文,后付印销售。王国维一边醉心西学,一边翻译教科书,他通过翻译进一步加深对西学的理解,又在翻译过程中提升外文水平。例如,他在学习英语后不久,便着手试译了西学著作《势力不灭论》,这本书"一方面使王国维获得对于宇宙的根本解释,另一方面也触动他对人类命运、人生意义的感悟"(王增宝 2018:157)。王国维还曾把译来的西学作为讲课内容,传授给学生。1903 年至 1906 年,王国维先后任教于江苏、通州两所师范学堂。他上课时用的西学讲义多是借鉴日本有关教材,从日文翻译过来的。

王国维的西学译介之路深受罗振玉(1866—1940)的影响。王国维求学于罗振玉创办的东文学社,受罗振玉资助赴日留学,后又在其帮助下谋得工作。可以说,他从事翻译的外文基础和中西学学养的养成,都离不开罗振玉的扶持和帮助。除此之外,罗振玉还曾直接或间接地为王国维的译作提供发行途径。例如,他发起创办的《教育世界》杂志是王国维重要的译载平台。1901 年,王国维从日本回国后担任该杂志的主编,相继发表了《教育学》(1901)、《算术条目及教授法》(1902)、《西洋伦理学史要》(1903)等译作。罗振玉还为王国维牵线搭桥,推荐王国维到清政府学部任职。在担任学部总务司行走、学部图书编译局编译期间,王国维有部分译文发行在清政府《学部官报》上。

2.2 学术理想与现实的冲突

清末民初,西学冲击传统中学,一时间"有新旧之争,有中西之争,有有用之学与无用之学之争"(陈鸿祥 2004:89),不乏主张唯我独尊的守旧者和希望全盘西化的崇洋者。王国维认为中西方学术可以相互沟通和理解,他在《国学丛刊》序言中正告天下"曰:学无新旧也,无中西也,无有用无用也"(同上),希望消弭学术上中学与西学的边界,实现中西学术的交流互通。他甚至预言,"异日光大我国之学术者,必在兼通世界学术之人"(姚淦铭、王燕 2007:71),而兼通世界学术,显然离不开翻译沟通中西学的桥梁作用。

尽管王国维心怀沟通世界学术的远大理想,但甲午战争后救亡图存思想日盛,译者往往出于实用救国的动机进行翻译,故而译介西学过程中常常出现功利性的翻译行为。例如,严复在翻译《天演论》(1897)时加入许多按语,强调"物竞天择,适者生存"的进化论思想,以求开启民智、强国保种。王国维曾于 1905 年在《论近年之学术界》一文中批评这种"唯政治教育"的翻译风气,对抱有功利或政治目的的翻译大加抨击。在他眼中,近时之著译与杂志"唯视政治教育为手段,其亵渎哲学与文学之神圣之罪,固不可逭,欲求其学说之价值,安可得也"(同上:38)。这些功利性的翻译行为与王国维坚守的纯粹学术理想背道而驰。

3 学术为先的翻译策略

3.1 篇章层面:尽量保留原作的学术价值

王国维视翻译为沟通世界学术的手段,倡导在翻译中保留学术价值,猛烈抨击“唯政治教育”的翻译行为。王国维认为《天演论》过分强调英国的功利论及进化论,“稍有哲学之兴味”,未能传达赫胥黎本人的学术思想,“其能接欧人深邃伟大之思想者,吾觉其必无也”(同上)。王国维之所以否定严译的思想深度,是出于对严复的翻译是否保留原作学术价值的考量。在国力式微、救亡图存的紧要关头,王国维希望把西方的深邃学术思想译介到中国,搭建起中西方学术沟通的桥梁,其翻译动机超脱于那些单纯怀有实利目的的译者。他本人的翻译活动亦可为我们印证这一点。1908 年、1909 年,王国维翻译的《辨学》和严复翻译的《名学浅说》先后出版。两本书均为逻辑学著作,但由于王国维将西学看作是可以与中学沟通借鉴的对象,他的《辨学》更具有学术价值,“在过去常被用作大学和中学的课堂教材,极大地促进了当时哲学的传播和发展”(于洋欢 2015:31)。严复则希望借助西学以开启民智、救亡图存,因而其译作《名学浅说》“具有很强的社会功利性,在传播上更注重宏观思想的启蒙和应用”(侯昂妤、文学锋 2006:178)。

需要注意的是,王国维注重保留原作的学术价值,并不意味着要完全照搬原作、对原作一味地忠实和服从,而是可以根据实际情况(如目标读者的理解能力)有所变通。例如,王国维曾在其编译的讲义中将原文引用的“日本镰仓幕府将军源赖朝之事和庆应三年的王政复古事件”替换为“中国秦汉之际的巨鹿之战和清末甲午中日之战”(邬国义 2018:5)。这种“归化”的变通对于那些不了解日本历史的中国人来说无疑是一种理解上的便利。在《心理学》中,他曾“将原作中和歌的例子替换为白居易《长恨歌》中的两句‘离宫见月伤心色,夜雨闻铃肠断时’”,“将原文中《谷间的百合姬》及《昆太利物语》的例子替换成杜甫《春望》中的两句‘感时花溅泪,恨别鸟惊心’”(王增宝 2018:149),使用中国人熟知的诗句来拉近受众与心理学的距离,促进读者的理解和接受。

3.2 词汇层面:注重译语概念的实用性和严密性

在西学东渐的文化交流背景之下,译者不可避免地面临着译介西学中的术语、概念等问题。概念以词语为外壳,译介西学概念需要相应的汉语词汇。托马斯·库恩曾提出,两个理论之间的不可通约性就是“其间不存在一种中性的共同的语言”,故而“不可能无遗漏地或者无损失地互译”(金吾伦 1992:15)。学贯中西的王国维早早参透了这种不可翻译性,他于1905年撰写了《论新学语之输入》一文,从语言与思维的关系问题切入,分析认为新学语的输入是中国传统学术语言不足所造成的必然结果。他的论证基于一个基本论点展开,即思维和语言是一体的,一国的语言代表了国民的思想,“观其言语,而其国民思想可知矣”(姚淦铭、王燕 2007:40)。中国与西方国家的思想不一样,语言自然也不一样,因此要引介西方思想到中国,必须要有相对应的语言,而这正是中国所缺乏的。从中国历史上的两次翻译高潮来看,“周秦之言语,至翻译佛典之时代而苦其不足;近世之言语,至翻译西籍时而又苦其不足”(同上),也就是说,周秦时的语言对翻译外语佛典来说是不够的,近世的语言亦不足以翻译西学。鉴于此,中国要输入西方的新思想,必然就要输入新的学术语言。

不同类型的西学输入给中国带来了不同的影响,“十年以前,西洋学术之输入,限于形而下学之方面,故虽有新字新语,于文学上尚未有显著之影响也”;数年以来,形而上学以日本为中转站渐渐传入中国,“于是日本所造译西语之汉文,以混混之势,而侵入我国之文学界”(同上:41)。来自日本的新学语已经给中国学界带来了不可忽视的影响,国人的两种态度是不可取的,“好奇者滥用之,泥古者唾弃之,二者皆非也”(同上)。王国维还注意到,已经传入中国的新译语概念容易出现水土不服、不被接受等问题。在《哲学辨惑》(1903)一文中,王国维曾描述“哲学”一词传入中国后的境遇:“哲学”一词由日本传入,而“我国人士骇于其名,而不察其实,遂以哲学为诟病,名之不正之过则也”(同上:3)。对于这种“近人之唾弃新名词”的现象,王国维从译者角度分析了原因,即在于“译者能力之不完全”(同上:42),同时掌握日文、国文、西文的译者寥寥无几,并且“彼等之著译,但以罔一时之利耳”,以至于“传知识之思想彼等先天中所未有也”(同上:43)。

新学语应该如何输入呢?王国维提出了沿用日本所造译西语之汉文的解决办法。他认为这样做有实用的便利之处:一是“因袭之易,不如创造之难”;二是“两国学术有交通之便,无格之虞”(同上:42),中日两国文化和习惯相近,更易理解。除了实用性的考虑之外,王国维还从学术语言的角度出发进行了比较分析。日译学语多用双字甚至四字,比汉语常用的单字更加精密,更能准确传达意义,“日本人多用双字,其不能通者则更用四字以表之,中国则习用单字,精密不精密之分全在于此”(同上:43)。这一判断是基于王国维对于学术语言的认识,他在《学语之要件》一文中曾指出,“言语之为记述之用者,明明有二必要之条件:(一)精密(意义之一定);(二)完全”(同上:441)。

历史上,王国维和严复曾在这一问题上产生分歧。严复主张用汉语创制新词,一是因为日本不是西学的本源,西学译成日语,再转成汉语,转译过程难免有讹损,不够准确;二是由于日译新词多不见于经典,有失雅驯;三是部分日本译词创制本身就不够准确。王国维将“definition”一词译为“定义”(同日译),严复则译为“界说”;对于“judgement”一词,王国维译为“判断”(同日译),严复则译为“比拟”;王国维将“hypothsis”一词译为“假设”(同日译),严复译为“希卜梯西”(于洋欢 2015:32)。通过以上几个例子我们不难看出,严复创制的译名十分考究,但王国维沿用的日译名词更加简洁、更易流通。从传播效果上看,“严译八大名著约有 2 000 条新词,现在还流行的仅有 80 条左右”(蒋骁华 2015:62),而“王国维的译名与现今的术语更为接近,大部分译名仍沿用至今”(于洋欢 2015:32)。王、严二人的译名之争、翻译观之不同,反映出晚清译介西学的语境之下对待外来文化冲击的态度问题。“矜持”的严复希望将西学知识纳入中学框架内,故而维护本土语言的纯粹性;“豁达”的王国维则将西学看作与中学互融互通的学术资源,因此注重译语概念的实用性和严密性。严复的观点在当时并不少见,晚清知识界甚至还有不少人认为新名词败坏社会风气,致使民德堕落。引入日译新词的做法亦没有得到官方的支持,清政府学部于 1904 年颁布的《新定学务纲要》曾明确禁止袭用外国名词。王国维融会贯通中、日、西文化,其沿用日译语词的做法最终在历史的洪流中得到了正名,“新名词的使用逐渐取得合法性,代表了近代以来文言的浅近化发展方向”(邓伟 2008:74)。

4　“挑错式”翻译批评:治学精神的延续

学术泰斗王国维不仅亲自译介西学,还曾几次对晚清译事发表评论。他性格孤僻、自视甚高,“等闲之辈无缘进入他的视野,惟‘博雅’的严复和‘雄文卓识’的辜鸿铭有‘幸’受到他的评判”(李昌银 2003:103)。除了前文已经提到的王国维对严复所译《天演论》的批评,王国维还曾对他的逻辑学译作《穆勒名学》(1905)作出如下评价:“如侯官严氏所译之《名学》,古则古矣,其如意义之不能不然何? 以吾辈稍知外国语者观之,毋宁乎穆勒原书之为快也”(姚淦铭、王燕 2007:43)。依王国维之见,严复虽然在翻译中运用了典雅的古文,却没有准确传达出原作的意义和思想。对于懂外语的人来说,阅读译作不如阅读原书畅快。王国维对严译的评论,本质上是服务于他对本人翻译观点的论述,故而零星、散乱。相比之下,他对辜鸿铭(1857—1928)的翻译批评更为系统、条理。在辜鸿铭英译《中庸》出版的同一年，王国维便专门撰写了评论文章《书辜氏汤生英译〈中庸〉后》(1906)。

同王国维一样，辜鸿铭也是位学贯中西、精通外文的学者。他有意识地向西方译介中国典籍，《论语》(1898)、《中庸》(1906)等译作在西方社会反响强烈。“辜氏之先译此书，亦可谓知务者矣”(同上:44)，王国维十分赞同辜鸿铭对于翻译文本的选择，直言《中庸》是古今儒家哲学的渊源和根本，英译《中庸》显然符合其沟通中西学术的理想。然而，中西哲学本不相同，《中庸》属于中国古代哲学，而中国古代的哲学术语意义甚广，在不同的语境中甚至有不同的含义，这无疑给翻译造成了极大的困难。王国维指出辜鸿铭的翻译有“求统一之病”，即使用语义简单的英文词语来翻译语义丰富的古语，比如辜鸿铭译“道”为“moral law”，译“性”为“law of our being”(同上:46)。辜鸿铭的另一大弊病则在于“全以西洋之学解释《中庸》”，例如其在翻译“诚则形，形则著”时使用“truth”“substance”“reality”等西方形而上学之语(同上)。

辜鸿铭译经之法在历史上颇有争议，林语堂曾给出不同于王国维的评价。他将辜鸿铭的翻译视作“忠实的翻译”和“创造性的翻译”，并且夸赞该书是“古代经典的光透过一种深的了然的哲学的注入”(林语堂 2012:23)。王国维认为辜鸿铭所译《中庸》从本质上来看是一本用英文解释《中庸》的书，但解释算不上是真正的翻译，“辜氏此书，如为解释《中庸》之书，则吾无间然”(姚淦铭、王燕 2007:46)。王国维缘何得出如此“严苛”的定论？不难看出，王林二人对这种译者创造性的接受度不同，林语堂眼中辜鸿铭“创造性的翻译”不容于严谨求实的学者王国维之眼。在《书辜氏汤生英译〈中庸〉后》一文中，王国维还详细列出了辜鸿铭的十处“以己意释经之小误”，用以佐证译者的有失忠实。例如，辜鸿铭将“王天下有三重焉，其寡过矣乎”翻译成“To attain to the sovereignty of the world, there are three important things necessary; they may perhaps be summed up in one: blame lessness of life”(同上:52)，将礼仪、制度、考文这三重归为“寡过”一重，没有主动增译，是为不忠实。虽然辜鸿铭为“天下国家可均也”的“均”字添加了“to be indifferent to(平视)”的注释(同上:50)，但并未准确传达出该字的含义。相比追求美译、鼓励译者创造性的林语堂，王国维则是将严谨求实的治学精神延续到翻译批评的实践中。在他眼中，翻译要有“历史之见地”，辜鸿铭的翻译没有传递《中庸》的真意，“谓之全无历史之见地可也”(同上:53)。在此基础上，他提出自己的翻译标准，即译者不应该损害歪曲原文意义，不可无故对其意义进行删节或增加，而是要尽可能地忠于作者和原文，“或失之减，或失之增，虽为病不同，同一不忠于古人而已矣”(同上:47)。

翻译批评应当是积极的、具有建设性的。王国维对辜鸿铭的"挑错式"翻译批评看似不留情面,实则开启了良性的对话空间。他指明"中国语之不能译为外国语者,何可胜道!"(同上),出于对两种语言之间不可翻译性的理解,他并没有将翻译上的失误完全归咎于辜鸿铭,而是对他表现出了一定的谅解,"《中庸》之第一句,无论何人,不能精密译之"(同上)。有趣的是,在《书辜氏汤生英译〈中庸〉后》初刊20年后,王国维到了辜鸿铭翻译《中庸》时的年纪,在《学衡》杂志转载此文的文末附记中反思"对辜君批评颇酷,少年习气,殊堪自哂"(同上:54),又坦言世间对辜鸿铭的雄文卓识"早有定论",挑错并非有意"抹杀辜君"(同上)。王国维基于自身对中西学的驾驭和对翻译的理解,有理有据地批评了辜鸿铭翻译,他指出的几处翻译弊病和错误让人无法反驳,他的"明察秋毫,不留情面,对当时的翻译界颇有警醒作用"(王辉2006:186)。这种挑错式的批评生发于王国维纯粹的学术追求,忽略了辜鸿铭本人热切向西方传递儒家道德观的非学术性翻译动机。

5 结语

作为学贯中西的学术泰斗,王国维较早地认识到翻译西学之于民族存亡的重要性,不仅翻译了多部具有启迪民智和学科开创意义的学术著作,还曾就他人译作、"新学语"之输入等问题发表译论,在中国近代翻译史留下了浓墨重彩的一笔。在晚清译介西学以救亡图存的背景下,他心怀以翻译沟通世界学术的理想,希望破除唯政治教育的翻译风气,保留相关西学著作的学术价值,将深邃的西方思想译介到中国。他敏锐地注意到新学语输入的现象,提出沿用日本译词的方法,虽未在当时受到广泛支持,却在历史的长河中得到证明。他还对同时代的严复和辜鸿铭进行了翻译批评,主张翻译应有历史之见地,保持真意,忌随意改动。

王国维将其严谨求真的治学精神和沟通世界学术的学术追求延续到了西学译介和翻译批评实践中。他对待翻译如同对待学术,十分重视翻译的学术价值,强调译语概念的实用性和严密性,在晚清救亡图存的时代背景下显得有些格格不入。他坚守学术追求,对待同行译作颇为严苛,曾否定严复译作的思想深度,亦曾毫不留情地对辜译《中庸》进行挑错式批评。可以说,王国维译介西学的动机、策略,抑或是他的翻译批评、标准,都被他的学术追求和治学精神所渗透、左右,这是我们回顾近代译事,研究王国维西学译介时所不可忘却的。

参考文献

[1] 陈福康,1992. 王国维论哲学著作翻译[J]. 中国翻译,(5):31-33.

[2] 陈鸿祥,2004. 王国维传[M]. 北京:人民出版社.

[3] 邓伟,2008. 论晚清"新名词"与汉语书面语体系变革[J]. 中华文化论坛,(3):74-79.

[4] 房鑫亮,2015. 王国维书信日记[M]. 杭州:浙江教育出版社.

[5] 高燕,2009. 国学大师王国维的法学客串——(日)矶谷幸次郎著,王国维译《法学通论》评介[J]. 西南大学学报(社会科学版),(4):196.

[6] 侯昂好,文学锋,2006. 论近代西学在中国传播的两种范式——从《名学浅说》到《辨学》[J]. 江海学刊,(2):177-183.

[7] 蒋骁华,2015. 大声不入里耳——严译新词未流行原因研究[J]. 外国语文研究,(3):62-67.

[8] 金吾伦,1992. 试谈库恩的"不可通约性"论点[J]. 自然辩证法通讯,(2):11-18.

[9] 李昌银,2003. 王国维翻译思想概述[J]. 云南民族大学学报,(5):101-104.

[10] 林语堂,2012. 从异教徒到基督教徒[M]. 长沙:湖南文艺出版社.

[11] 罗国华,穆惠峰,2018. 王国维西学翻译及其对近代中国的多维影响[J]. 嘉兴学院学报,(5):87-92.

[12] 邬国义,2018. 王国维早期讲义三种:心理学、教育学、教授法[M]. 北京:中华书局.

[13] 王辉,2006. 辜鸿铭英译儒经的文化用心——兼评王国维"书辜氏汤生英译《中庸》后"[J]. 外国语言文学,(3):186-191.

[14] 王增宝,2018. 王国维的翻译实践及其"境界说"的发生——从元良勇次郎《心理学》的翻译入手[J]. 中国现代文学研究丛刊,(12):148-159.

[15] 姚淦铭,王燕,2007. 王国维文集(第一卷)[M]. 北京:中国文史出版社.

[16] 姚淦铭,王燕,2007. 王国维文集(第二卷)[M]. 北京:中国文史出版社.

[17] 姚淦铭,王燕,2007. 王国维文集(第三卷)[M]. 北京:中国文史出版社.

[18] 于洋欢,2015. 意识形态与哲学翻译——以王国维译本《辨学》为例[J]. 东北亚外语研究,(4):30-35.

[19] 邹振环,2008. 影响中国近代社会的一百种译作[M]. 北京:中国对外翻译出版有限公司.

晚清的文化使者

——陈季同的世界文学观和翻译实践

王若旭

摘　要:在晚清中西文化交流史上,陈季同是一个特殊的人物。他处于一个特殊的时代——晚清时期,中西两种异质文化处于猛烈的碰撞之中。旅欧十六载,作为“异乡人”的他更能体会到一个强势的文化群体给“弱小国家”“弱小语言”所带来的冲击和压迫。陈季同对这份压迫的力量进行反抗。他持有独特的翻译观、文学观,对世界文学也有独到的见解。作为外交官、作家和翻译家,陈季同通过著述、翻译等途径传播中华文化,试图瓦解西方对中国的偏见,在统治文学中为边缘化的中国文学争取一席之地。本文对陈季同的世界文学观进行考察,以《中国故事》为例探究他的翻译观,最后,我们试图挖掘中法交流第一人陈季同的理念的价值所在,为当今中国文学“走出去”的姿态提供一些启示。

关键词:陈季同;世界文学;翻译实践

1　引言

在晚清中外文化交流史上,有这样一位人物:他精通法语,一直活跃于法国的文化生活中,懂得用法语演讲、创作、翻译,用外语直接在异乡传播中华文化,塑造出一个不同于当时西方认知的中国形象。陈季同成长和生活于中法混合的文化语境中,受到欧洲文学思潮的影响,于晚年时提出了“世界文学”观念,被认为是中国阐述这种文学观的第一人(李华川 2004:135)。陈季同的世界文学观与他的翻译观、文化观互相支撑,他主张中国文学融入世界,以中国人的视角进行创作,在法国社会产生了不小的影响。与此同时,意识到当时风行于西方社会的中国人的偏见，陈季同在创作中为中国人辩驳，并通过翻译的方式创作出一本独特的《中国故事》，描绘出一个世外桃源式的中国形象，重构了一个理想中国。作为中西方文化关系史上的先驱人物，陈季同的文化意识、文学意识值得我们借鉴，他的精神在当今中华文学外译的战略目标下也有启示意义。本文对陈季同的世界文学观进行考察，以《中国故事》为例探究他的翻译观，最后，我们试图挖掘中法交流第一人陈季同理念的价值，以期为当今中国文学“走出去”的姿态提供一些启示。

2 逆行者的开拓之路——陈季同的世界文学观

曾朴把他的法国文学导师陈季同奉为“中国研究法国文学的第一人”（曾朴 1928）。陈季同晚年和曾朴的谈话中说道：“我们在这个时代，不但科学非奋力前进，不能竞存，就是文学，也不可妄自尊大，自命为独一无二的文学之邦；殊不知人家的进步，和别的学问一样的一日千里，论到文学的统系来，就没有拿我们算在数内，比日本都不如哩”（曾朴，转引自《胡适文存》，1996：561）。可见陈季同已经摆脱了晚清时代依旧顽固的文化自恋的风气，开始把中国文学放在国际视野中，以自省的目光进行考察。在当时的世界文学语境中，中国的文学是被轻视的，陈季同总结了两点原因：其一，宣传力度不够，翻译数量凤毛麟角，质量又参差不齐，因此存在隔膜；其二，中西方关注的文学类型不同，西方人重视小说戏曲，而在中国，长期以来，这些题材“为文人士子所不齿，他们不愿关注甚至问津这类‘下里巴人’之作，认为有失自己的身份”（Paul Demiéville 1956：243），中国人只“守定古诗文的几种体格”，所以“彼此易生误会”（《胡适文存》，1996：562）。因而在这种嫌隙之下，陈季同倡导中国文学要参与到世界的文学中去：“第一不要局于一国的文学，嚣然自足，该推广而参加世界的文学。既要参加世界的文学，入手方法，先要去隔膜，免误会。要去隔膜，非提倡大规模的翻译不可，不但他们的名作要多译进来，我们的主要作品也须全译出去”（同上）。在陈季同发表其世界文学（Weltliteratur）观的 70 年前，[①]歌德受到一本中国小说的启发，瓦解了自己“民族文学”的观念，提出了“世界文学”的构想，他认为“世界文学的时代已快来临了”（爱克曼 1982：113）。这一概念的诞生开辟了一种新视野，让文学不再囿于民族国别的藩篱。受歌德世界文学概念启发，贝尔曼进一步对“世界文学时代”进行阐发，“这是一个文学不再满足于相互交流的时代，而是

① 李华川指出，陈季同表达“世界的文学”观念的这次谈话是在 1897 年进行的。

在交流互动日渐平凡的今天去开放地构想它们的生存和表现力”(Berman 1984:90)。这一点与陈季同的文化实践不谋而合。

对比陈季同和歌德的世界文学观念,我们不难发现:诞生于西方土壤的世界文学是一种“文学和美学愿景”(刘丽 2016:60),是一种宽容、普遍、平等,一种相互交流和借鉴的对话关系,德国文学在这场交流中应当起表率作用。而陈季同所倡导的中国融入世界文学是一个被接纳、被认可的问题。在卡萨诺瓦(1999)构建的文学世界共和国中,一国文学的存在权处于与他国的竞争之中,文学世界处于不平等的权利关系中,但可惜的是,她没有将中国的文学纳入考察视野的中心(高方 2017:54),将其列入小语言、小文化之列,可见在西方学者的心中根深蒂固地存在着一种“高卢中心主义”思想。而这种法国中心主义、西方中心主义思想在清末时期尤盛,中国的文学、文化都是被边缘化的。这种边缘化有以下几个原因。其一,在当时,来自遥远东方的文学本就不被法国大众所认知。除了传教士、汉学家之外的法国大众对中国的印象还停留在一个模糊而古老的阶段,而当时微薄的传播和译介力量不足以在西方形成多大的影响力。莫朗在《中国文学论集》前言中曾袒露这一现实:“中国文学,除了四书五经外,鲜为欧洲人所知”(Morant 1924)。其二,工业革命、资本主义发展和殖民扩张让西方日渐强势,18 世纪末中西文化交流的平衡随着洋枪洋炮炸开国门而逐渐瓦解,对欧洲列强没有正确估计的中国人依然在对“蛮夷”的心理优越感中自给自足,殊不知在西方人眼中,中国已经沦为一个“停滞的帝国”,中国人沦为一个“未开化”的蛮族(李华川 2004:65)。

因此,陈季同作为集翻译家、文学家、外交官于一体的文化使者,不遗余力地向西方宣传文化,让世界真正了解中国,让中国能够融入世界。他不止一次地在著述的前言中提到,“中国是世界上遭误解最深的国家”(Tcheng 1886),所以他毅然决然地充当起为中国辩护的律师,纠正西方的固有成见。作为文人的陈季同,从创作、翻译入手,通过自己的文学、翻译作品在西方社会的影响力来破除西方的偏见,努力让中国文学融入他所畅想的世界文学之中。

3 破除偏见的努力——文化意识与翻译实践

李华川曾评价陈季同西文著作的写作策略是“逆流而上”,因为“他在赞美中国的同时,对西方文化表现出了一种轻蔑和贬抑的态度”(李华川 2004:130)。据他的搜集(同上 55—63),陈季同有八本法文的著作,分别是《中国人自画像》(1884)、《中国人的戏剧》(1886)、《中国故事》(1888)、《中国的娱乐》(1890)、

《黄衫客传奇》(1890)、《巴黎人》(1891)、《吾国》(1892)、《英勇的爱》(1904)。这些著作洋溢着对中国的热爱和赞美,这与陈季同本人的民族观、文化观是分不开的。按照卡萨诺瓦所构思的文学世界共和国理念,中国文学是处于边缘地位的被统治文学,而对于所有"远离中心的"作家而言,翻译是通往文学世界的主要通道(Casanova 1999,罗国祥等译 2015:153)。在晚清中国形象被丑化的背景下,陈季同作为觉醒和开明的爱国者,出于文化和民族自尊和敏感性,理所当然地进行反击。他也曾在《中国人自画像》序中坦言,"倘若在某些话题上我不由自主地表达了对自己国家的热爱,在此尚祈望所有热爱自己祖国的人们原宥"(Tcheng 1886)。如果说《中国人自画像》《中国人的戏剧》等作品是从正面直接向西方展现出中国人形象和中国社会的风貌,那《中国故事》则像一面镜子,从各个侧面向西方读者再现了中国。陈季同试图通过这部译作实现他的世界文学理想,即参加到世界文学中去,并设法去隔膜、免误会。本节以陈译《中国故事》为例,探讨其中的翻译策略以及其中所折射出的翻译意识。

卡萨诺瓦(Casanova 1999,罗国祥等译 2015:181)认为,为了获得文学上的认可,处于被统治地位的作家们需要"服从于那些垄断者普世性的人们颁布的普世性的规范",寻找出一个"可以让自己被他人发现的'合适距离'"。我们看到,陈季同选择了一个这样既不太近又不太远的距离,他对文本进行了不同程度的删译、改译、增译,并在保留中国特色的框架内采用归化策略,以改头换面的方式呈现在接受视野中。陈季同在前言中坦言,"与其说这是严格意义上的翻译本,倒不如说是改编本"(Tcheng 1889:VII)。

《中国故事》中的增译主要表现在引入故事时对涉及的中国文学、文化进行相关的介绍。《黄英》(*Chrysanthème*)开篇便对"菊花"进行了介绍,"天朝人民最喜欢的花之一",而后又介绍了古代诗作,特别是陶渊明对菊花的钟爱,自然而然引入主题。《晚霞》(*Un bonheur dans le malheur*)开篇也对中国传统节日端午节进行了介绍。《聂小倩》(*L'étui merveilleux*)也用一段笔墨介绍了中国从乡试到殿试的科举制度,让读者对中国文化有一个概观,了解中国风俗的方方面面,从而进行更深入的阅读。译作中的删译主要体现对故事发展推动作用不那么大的旁枝情节进行删节。比如,在《王桂庵》(*La voix du sang*)中,陈季同将用来渲染环境,给情节做铺垫的重重叠叠、层层推进的景色描写进行了删节,只保留其中的主干,以便于加快行文节奏,也让读者不迷失于景色所构建的"桃花林"中。《金生色》(*Flagrant délit*)中,当丈夫回家发现妻子与他人通奸,原文中是这样描写的:"既返,闻室内有声,疑而审听,音态绝秽。大怒,操戈入室。董惧,窜于床下,子就戮之。又欲杀妻;妻泣而告以误,乃释之。但不解床下何人,呼母起,共火之,仅能辨认。视之,奄有气息。诘其所来,犹自供吐。而刃伤数处,血溢不止,少顷已绝。妪仓皇失措,谓子曰:‘捉奸而单戮之,子且奈何?’子不得已,遂又杀妻”(蒲松龄 2011:770)。在译文中,仅仅用了一句话:“真正的丈夫回来之时,看到妻子躺在一名男子怀里,将二人双双杀死”(Tcheng 1889:280)。这段描写中,陈季同简化对捉奸情节描写,也让读者误以为“杀妻”行为与丈夫“大怒”直接挂钩,把原文中母亲在其中扮演的角色略去。陈译只保留了这段情节的主干,删去了旁枝末节,甚至把杀妻的共犯母亲一角隐去。删去此处,一个勇敢正义的丈夫形象跃然纸上,这一处理方法不会让读者对中国传统的老妇人形象产生偏见,译者本人的价值和道德取向可见一斑。当然,这和他的翻译目的以及文化态度是分不开的。《中国故事》的目的在于“引导西方了解中国人的性格和风俗,而非将原作内容事无巨细地展现”,因此译者在处理的时候“对非主要任务和内容作出了适当删改和合并”(王菁 2020:37)。

改写,就是译者采取某种特定的价值取向,翻译中对文本进行干预,以自己的知识信仰取代原文(刘军平 2009:428)。《中国故事》中的改写主要体现在对露骨的情色描写的处理上。在涉及男女之事的描写之时,蒲松龄言简意赅,未在描写性行为上着墨过多,寥寥数笔便勾勒出意境。陈季同在译述聊斋故事时,也刻意地绕开了这些情节,对译文进行淡化处理。《金生色》中描写金生色遗孀与他人偷情时,原文写道“一夕,两情方洽,闻棺木震响,声如爆竹”,“两情方恰”被译者处理为“亲密交谈”(Tcheng 1889:280),这种情色描写的淡化在《中国故事》中并不少见,李金佳(2005)也在其博士论文中开辟了专门的章节对这一现象进行了专题探讨,认为“对性爱情节的改写是《聊斋志异》多种早期译本的一个共同倾向”(同上)。但值得注意的是,陈季同只局限于对情色情节进行删改,绕过其中的敏感内容,以“交谈”代替“交欢”,却没有再对改译部分进行丰满和重铸,虽然塑造了一个恪守道德礼法的中国人形象,但将原文中的情节直接剔除,破坏了文本整体的协调感,塑造的形象太过单调,没有棱角,容易让西方读者产生审美疲劳。

从接受的角度看,《中国故事》是一个成功的作品。倘若我们给陈季同贴上一个忠实的标签,那这种忠实在于他“完全保留了原文中的地方色彩”(Tcheng 1889:V),向西方社会描绘了中国人的性格和思想。但陈季同所重构的中国,并非他的时代的真实中国,而是一个幻想中只有美德和快乐的“乌托邦”。在他的世界文学观念的操控下,他极力地去美化中国的形象,有时也有些矫枉过正了。

4 路漫漫其修远兮——启示

我们无法否认《中国故事》的影响力和价值,《通报》曾刊登了一篇对这些聊斋故事进行评介的文章:“我们向译者传达中国作者感情的杰出方式、翻译的忠实度致敬”并“希望他继续用他的生花妙笔,让欧洲更了解他的同胞”(T'oung Pao 1890:76-78)。可见,《中国故事》的价值受到汉学界精英的肯定。与此同时,这部《聊斋》译本的大卖和反复重印也足以证明这部作品在西方群众中的影响力。

卡萨诺瓦认为,翻译按其“作用与功能”可分为两大类:积累型翻译和认可型翻译(高方 2017:57)。五四运动以来的翻译高潮引入大量外国文学资源来丰富、革新我国文学空间,即为“积累型翻译”。“认可型翻译”指的是“处于统治地位的认可人翻译被统治文学空间的作品”(同上)。当时,陈季同身处“统治”场域——法国,他翻译“被统治”场域——中国的古典文学作品可以归于这一类。卡萨诺瓦(2005:156)指出,“翻译只有在世界上得到正式认可的基础上才能获得思想上的信用”,这里的世界实际上是使用中心语言的文学世界,而翻译也正是获得文学的认可和认证的过程。这种翻译路径确实让中国文学进入西方公众的视野并获得一定的认可,但同样要注意到,作为中国人文化身份的陈季同虽然为中国正名,但从某种程度上说,他依旧站在欧洲人的立场上来考察中国,正如他在《中国人自画像》序言中所说,“以欧洲人的精神趣味为出发点”(Tcheng 1886)。陈季同深知当时中法语言、文学等级之间的不平等交流,在翻译中其实削减了部分“异”的元素,以读者的接受度为归依,正如罗曼·罗兰在 1889 年 2 月 18 日日记中所说:“他的演讲妙趣横生,非常之法国化,却更具中国味”,可见他努力在实现双向的平衡,寻找一个合适的距离。他的译介活动是一次大胆的尝试,是他对西方稳固的文学体系发起冲击的“赌注和武器”(Casanova 1999,罗国祥等译 2015:153),而他所采用的方法却谨小慎微,既要构建完美的中国形象,又要尽量避免触及与西方人审美趣味相悖的区域,最终造成的结果只是一次“缓和性”的冲击。我们须肯定,他的译作让西方人对中国的观念和态度有所改观,一定程度上减少了隔膜和误会。但据《汉籍外译史》记载,当时在法国,要到书店买陈季同的书,人们就会问:“找谁的书,是 Chien qui tombe 吗?”法国人用这种谐音的方式来嘲笑他是落水狗(马祖毅、任荣珍 1997:177-178)。这段讲述一方面证实了陈季同在法国社会的知名度与其作品的影响力,但也可以想见,对于他“扬长避短”,不少西方人还是抱着戏谑的心态来看待这部作品,以西方中心主义的姿态来审视中国,对中国的文化也并非抱着真正认可的态度。

而如今,随着中国国际话语权越来越重要,中华文化"走出去"的步伐越来越坚定,越来越多的原著中的"异质成分"可以被保留和扩大。歌德在《东西方诗集》(*Le Divan occidental-oriental*)中按时期、分步骤地提出了三种翻译模式(转引自 Berman 1995:96－97)。第一种翻译模式即按接受国的方式来认识"异",陈季同的聊斋故事大致可以对应到此类。第二种是占有异的思想并移入自己的认知之中。第三种翻译模式在于让读者读到最真实、最异质性的文本。汉语的普及、中国国际影响力的提高、汉语文化圈的扩大可以为这种翻译模式提供坚实的基础。陈季同的翻译模式是中国文学融入世界文学的一次伟大尝试,我们从中看到了传播的障碍和他为克服障碍作出的努力。

中国文化"走出去"是一个很复杂的问题,有历史的原因也有现实的障碍。现如今,依靠翻译这块"试金石",中国文学已经在世界文学之林占有一席之地,在对外交流的时候也掌握了更多的自主性和自由度,在和他国文学、文化进行深层互动的时候有了更多的话语权。在融入世界的过程中,剥离"民族"的外壳而去迎合对方的审美趣味是不可取的,文化、文学既是民族的,也是世界的,"世界文学的出现不意味着民族文学的终结",世界文学是"民族文学进行互动和散发自身光芒的入口"(Berman 1984:91)。作为中国的作家和翻译家,陈季同的实践和观念值得学习,但由于时代语境的变化,可以不用刻意去迎合西方人的审美口味,更应该有意识地去保留、强化"异"的成分,来引导西方读者以更开放、更自觉的态度接受来自东方的异域元素,加速中国文学文化在海外的经典化进程。

同时,文化、文学的输出不是一蹴而就的,是一个自然而然、渐进的过程。我们透过陈季同将军的文字能够感受到他传播中国文化的一腔热血和反驳西方误解和偏见时的愤懑情绪,但这种推介过于迫切了。从接受视角来看,陈季同让中国文学在一段时间内受到重视,但当"陈季同效应"渐渐冷却的时候,西方人出于"某种惯性"(高方、苏童 2013:47),也依旧会以统治的姿态看到被统治的文学,中国文学"宿命般的边缘性"没有发生根本改变。中华文化"走出去"绝非一个人、一个时代便可以做成的事情,而是一项长期的持续性工作。清朝末年的陈季同是一个很好的示范,是让中国文学融入世界文学市场的先行者,但我们从中也能清楚地看到中国文学所面临的阻力,中国文学在外域建立、稳固自身真实的形象方面还有很长的一段路要走。

5 结语

陈季同参与到世界文化之旅中采用的是一种“翻译—重塑—宣传”(池雷鸣 2019:115)的模式。他对中外文学交流的关系也有清楚的认识,很早便践行了双向的努力。一方面,正如本文所言,他大力向西方推介中国文学,并著书以修缮破损的中国形象。另一方面,他“改变了在欧洲时一味宣扬中国文学的态度”(李华川 2004:128),在国内积极地译介西方的自然科学、法律和政治制度。可以说,陈季同作为“东学西渐第一人”(岳峰 2001:54),以笔为矛,积极践行着他的世界文学构想,为中国文学跻身世界文学开辟了一条道路。在东方,中国的有志之士积极地引介西方的思想和文明。而在西方,陈季同将军激流而上,向别人介绍和推销我们自己。他的世界文学观念指导着他的创作,同时,他又通过翻译来创造文学价值,以此来增加中国文学的资本,以及在世界文学市场中的筹码,这种觉悟在如今依然值得我们学习。

参考文献

[1] Antoine Berman, 1984. L'épreuve de l'étranger[M]. Paris: Gallimard.

[2] Contes chinois by Tcheng Ki-tong[J], T'oung Pao, I, No. 1, avril 1890: 76 - 79.

[3] Pascal Casanova, 1999. La république mondiale des lettres[M], Paris: Édition de seuil. 罗国祥等译,2015. 北京:北京大学出版社.

[4] Paul Demiéville, 1956(01). Au bord de l'eau[J]. T'oung Bao 44: 242 - 265.

[5] Soulié deMorant, 1924. Essai sur la littérature chinoise[M]. Introduction, Paris: Éditions Mercure de France.

[6] Tcheng Ki-tong, 1886. Les Chinois peints par eux-mêmes[M]. Paris: Calmann Lévy.

[7] Tcheng Ki-tong, 1889. Contes chinois[M]. Paris: Calmann Lévy.

[8] 爱克曼,1982. 歌德谈话录[M]. 朱光潜译. 北京:人民文学出版社.

[9] 池雷鸣,2009. 陈季同的文化、文学传播意识与晚清“东学西渐”[J]. 东岳论丛,(06):115 - 125.

[10] 高方,2017. 世界文学与翻译的构建力量——卡萨诺瓦《世界文学共和国》评析[J]. 中国翻译,(04):53 - 58.

[11] 高方,苏童,2013. 偏见、误解与相遇的缘分——作家苏童访谈录[J]. 中国翻译,(02):46 - 49.

[12] 胡适,1996. 胡适文存(第3卷)[M]. 安徽:黄山书社.

[13] 李华川,2004. 晚清一个外交官的文化历程[M]. 北京:北京大学出版社.

[14] 李金佳,2005.《聊斋志异》法文翻译史与批评研究:1880—2004[D],博士论文,巴黎:巴黎第三大学.
[15] 刘军平,2009.西方翻译理论通史[M].武汉:武汉大学出版社.
[16] 刘丽,2016.德语语境中的“世界文学”理念及其嬗变[J].中国比较文学,(01):57-69.
[17] 马祖毅,任荣珍,1997.汉籍外译史[M].湖北:湖北教育出版社.
[18] 蒲松龄,2011.聊斋志异,张友鹤辑校[M].上海:上海古籍出版社.
[19] 王菁,2020.“译者视野”下翻译立场的确立——陈季同法译本《聊斋志异》研究[J].中国翻译,(02):35-43.
[20] 岳峰,2001.东学西渐第一人——被遗忘的翻译家陈季同[J].中国翻译,(04):54-57.
[21] 曾朴,征求陈季同先生事迹及其作品[J]《真善美》第二卷第三号(1928年7月16日),转引自李华川,2004,晚清一个外交官的文化历程[M].北京:北京大学出版社.
[22] 曾朴,1996.曾先生答书[M]//胡适文存(第3卷).安徽:黄山书社.

五　翻译批评与术语研究

试析《西线无战事》中译本 Heimat 翻译

吕 晨

摘 要:德国作家埃里希·玛丽亚·雷马克小说《西线无战事》是世界最重要的反战文学作品之一。本文选取了四版有代表性、跨越近一个世纪的中译本:洪深与马彦祥合译版(1929)、朱雯译版(1983)及其修订再版(2017)、李清华译版(2001),运用概念史的研究方法,针对德语概念 Heimat 在不同中译本的翻译进行比较。通过对译本采用的"祖国"和"国家"这两个中文概念进行历史演变的观察,说明概念在历史进程中始终处在动态变化,翻译策略也常受社会文化各方面影响,概念翻译因而需要做到与时俱进。

关键词:Heimat;国家;祖国;《西线无战事》;概念史研究

1 概念史研究简述

近年来,概念史研究在中国渐成风气。概念史研究源于德国,科塞雷克(Koselleck 1972:13 - 27)在《历史性基础概念:德国政治—社会语言历史词典》导论中将 1750—1850 年定义为鞍型期,在欧洲历史从启蒙时代走向近代的进程中,许多传统概念的意义发生改变,一些古词汇被赋予了新的含义。针对历史性基本概念在这一时期的变化,科塞雷克提出四点特征,即"四化"标准。一是"民主化"(Demokratisierung),随着等级制度的消亡,一些概念不再只为某个阶级服务,而部分原先为某些阶级所垄断的概念自此退出历史舞台。二是"时间化"(Verzeitlichung),概念在不同时代肩负着不同的期待,被赋予了不同的特征并在实践中不断发生着变化。三是"可意识形态化"(Ideologisierbarkeit),概念抽象化导致它无法具体指向某一事件或时期,概念的多义性也意味着不同阶级得以根据各自的需求作出自己的解释。与之相联系的是第四点——“政治化”(Politisierung),愈来愈多的政治力量开始在历史上发挥影响,不同群体可以按照自身目的,对概念进行改造。德国史学家戈伊伦(Geulen 2010:81)在此基础上,将1900年前后至2000年称为另一个过渡时期。他指出,许多基本概念在20世纪经历了新一轮语义变迁,这是“在现代化转型过程中的继续现代化”。同时戈伊伦提出衡量20世纪概念的新“四化”:“科学化”(Verwissenschaftlichung)、“通俗化”(Popularisierung)、“空间化”(Verräumlichung)和“液体化”(Verflüssigung)。戈伊伦跳出了科塞雷克限定的马鞍时代,将概念史研究延伸至20世纪概念的意义变迁。

近二十年来,中国学界也开始了本土概念史研究。张灏(1999:29)将1895年至1920年初定义为中国的鞍型期,在这数十年间大量西方知识进入中国并得到传播,各种社会思潮此起彼伏、互相碰撞。以此为基础,孙江(2018:158)提出研究中国历史性基础概念的“四化”标准,分别为“规范化”“通俗化”“政治化”和“衍生化”。同时在孙江和张凤阳的召集下,国内也开始了中国概念史大辞典《亚洲概念史研究》的编撰,从2013年第一辑出版至今,现已完成六卷。在辞典第一辑序言中,孙江根据科塞雷克的理论,借“概念史”与“观念史”“语词史”和“社会史”的辨析阐释了什么是“概念”。孙江(2013:7)指出:“单个语词都有明确意义,而概念未必有明确的意义。概念是通过词语表现出来的,但比词语拥有更为广泛的意义。一定的社会、政治经验和意义积淀在特定的词语里并被表述出来后,该词语就成为概念。”根据这一评判标准,Heimat、“国家”和“祖国”都不只是意义固定的词语,也不是在历史发展中意义恒定的观念,而是具有更广外延、与社会变迁发生着相互作用的、不断被赋予特定意义和指向功能的概念。

作为历史“表征”和“因素”的概念,其意义在历史长河中总是处在动态变化中。在Heimat概念上,“时间化”“政治化”和“可意识形态化”体现得尤为明显,戈伊伦所提出的新一轮过渡时期也得到印证。

2 Heimat、国家和祖国概念的历史流变

2.1 Heimat 概念流变

Heimat一词在古高地德语中写法为heimōti,在中古高地德语中可见三种写法,分别为heimuot(e)、heimōt(e)和heimōde。

Heimat指向人与空间之间的一种紧密联系,其中的空间一般为一个人或一

个集体出身的地方。佩特里(Petri 2001:83)指出,这个单词在19世纪初只被少量运用,直到浪漫派诗人发现并给予它情感意义后,才开始得到人们的关注和使用。在格林兄弟编撰的《德语字典》中,Heimat 有四条义项:其一,Heimat 指人们出生或长期居住的地方,移居海外的德国人在异乡找到了第二个 Heimat 或新的 Heimat;其二,Heimat 意为出生地或长期居留地,主要指来自异乡的人在他乡的居所或地产;其三,Heimat 指父母的家;其四,字典列举了 Heimat 三种更自由的用法——基督教所理解的 Heimat,诗歌中的 Heimat,口语中的 Heimat(Grimm, J. & Grimm, W.:864-866)。综合而言,Heimat 这一概念主要指人的来源,描绘了人与其故土之间的联系。

随着时间推移,Heimat 不断被加入新的内涵。德国地理学家黑勒和德国政治学家纳尔(Heller & Narr 2010:14-23)系统总结过这一概念在德国不同时期的内涵与使用情况。在格林兄弟对 Heimat 的释义中,该词并不具有“排他性”的意义。这一意义的加入与德国19世纪推行的居住权有很大联系。至19世纪下半叶,Heimat 主要在法律领域使用,针对具体的地方或房屋。居住权指地产所有者拥有对房屋的使用权,名下无房产的人则为没有 Heimat 的人。自此“排他性”逐渐成为 Heimat 概念的一部分,这一含义在某些时期甚至上升为 Heimat 的主要内涵。踏入工业社会之际,Heimat 经历了一轮根本性的意义转变。城市化的步伐愈来愈快,离开故土的人们逐渐心生一种胁迫感与失去家园的感觉。此时 Heimat 常被视作大城市的反面,象征一种理想的乡村生活。在这一情感的促使下,19世纪末在德国开始了以强化民族认同为目的的“家园运动”,并诞生了众多以保护家园文化与传统为宗旨的地区性社团。

随着统一的德意志帝国建立和国家的日渐强大,德国人民对民族认同感的需要不断增强。1910年后在德国 Heimat 越来越侧重于“祖国”,祖国即是全体人民共同的故乡。为了确立两次世界大战的合法性,Heimat 在德语中被神秘化、意识形态化,在政治层面上受到滥用,甚至被歪曲意义。例如,第一次世界大战从始至终被定义为一场为了祖国、为了 Heimat 的战争。两次大战结束后,这一概念开始了祛魅化。尽管 Heimat 仍带有强烈的情感,但使用时则更多关乎一个失落的家园,特别对于纳粹时期被驱逐出德国的移民而言,Heimat 已然是回不去的故乡。而战后在各方面都受到严重打击的德国社会则亟需一个能给予人民安全感、慰藉感的世界,由此 Heimat 被美化成一个人们所期待的理想图景。1960年代以降,这一概念仍在去民族主义化、去政治化,同时它的意义也继续发生着改变。随着切身经历过战争的一辈人逐渐老去,国家开始复兴,对崭新生活的期许渐渐替代了对旧家园的怀念。

今天的 Heimat 在德国不同语境下侧重意义也有所不同,用法十分多样,例如在广告、旅游业中它常指向具体的个人生活体验。

由上可见,Heimat 始终是一个意义复杂的概念,其内涵无法简单概括。在几百年间,Heimat 被赋予了不同的情感、为不同的目的所用并不断为新的语义所扩充。人们无法在其他语言中找到完全与之对应的词汇,对概念的理解也必须考虑到其使用的历史时期与主体。

2.2 国家概念流变

国家是历史发展的产物,古汉语中虽早有国、家二字,但其含义与今日的"国家"不同。从早期的国与家到如今的"国家",这一概念在中国经历了多番转变。

"国家"一词可追溯至周朝《周易》《尚书》,古时的"国"通常指诸侯的封地,"家"则为卿大夫的食邑。合用时或专指诸侯城邦,或为"天下、邦国、家室的总称"。秦汉后因诸侯国大多被地方行政替代,"国家"基本与天下同义(李华兴、张元隆、李海生 2005:7-9)。国家在古籍中的复杂用法已体现了其作为概念的多义性。

鸦片战争打开了中国的国门,"国家"概念也迈向近代化。在传统国家观中,"国家"指以中华本国为中心的天下,缺乏作为参照物的他国。对立统一地看待中国和他国,这一新的理解是"国家"概念的一大发展(刘珊珊 2012:108)。帝国主义数场侵华战争与不平等条约使中国沦为半殖民地半封建社会,中国人民在20世纪初的主要任务即是反对帝国主义和封建主义、争取民族独立、实现国家富强。"国家""祖国""中国""中华"等概念在当时皆数通用,指向全中国人民努力争取的民族统一。

随着马克思主义在中国的广泛传播,"国家"逐渐向政治概念靠近。马克思主义国家概念强调"国家"的工具性、社会性、阶级性和历史性(钟明华、洪志雄 2019:52-53)。同时梁周敏(2008:28)指出,在历史发展过程中,国家的阶级性和社会性"在日趋相互接近的动态发展中呈现出递弱的阶级性和递增的社会性",表现在国家管理公共事务的社会职能不断强化。中共十八届三中全会提出的"国家治理体系和治理能力现代化"亦凸显了国家治理职能的重要性,注重国家和社会的良性协作,充分运用各方力量,实现中华民族伟大复兴。

总而言之,"国家"原为非政治概念。自19世纪中起才慢慢踏入政治领域。20世纪初的"国家"与"祖国"通用。而后"国家"的情感联结日益减弱,政治内涵逐步增强,并被赋予了越来越多的社会管理职责,现通常作为政治地理学概念指向拥有共同语言、文化、历史、政府等的人群所形成的共同体。如此理解，现在的“国家”概念更近于德语中的 Staat。

2.3　祖国概念流变

据《辞海（第六版）》（2009:3084），“祖国”指祖先以来所居之地或国籍所属的国家。按字面翻译，“祖国”可译为德语 Vaterland。“祖国”是一个被赋予了深厚情感的词汇，它的意义偏向于一个人群的文化财产，如文化、历史、习俗、传说等。在这点上“祖国”与德语里的 Heimat 有共同之处，二者都饱含对一片土地的深情。

历史上“爱祖国”这一天然的情感常成为凝聚人群、加强共识的精神纽带。欲把握这一情感的具体内容，需考虑到各时期历史背景，抓住爱国主义的时代特征。在新民主主义革命时期，爱国主义是反对帝国主义、封建主义和官僚主义三座大山（平章起、马亚男 2019:83－84）。改革开放推动中国进入历史新时期，邓小平将“爱祖国”提升为道德规范之一，列为新时期“五爱”道德新风尚之首。邓小平爱国主义思想注重爱国主义和社会主义的统一，指出只有社会主义才能救中国、才能发展中国（张宝林 2006:2）。2019 年 11 月印发的《新时代爱国主义教育实施纲要》又继续深化了当下爱国主义本质，明确指出爱国、爱党和爱社会主义的高度统一。对于国家与祖国之间的关系认识也在近年得到新发展。李乐（2012:170－171）在《论祖国与国家的关系》中总结道：“没有国家的祖国是不可想象的。”“祖国”在人们心中是一个抽象的概念，具体的“国家”则可以成为“爱祖国”这一情感的实际依托。赖雄麟和高晶华（2016:47）也表示，“爱国”一般指“祖国”，但“祖国”只是一种理念，而“国家”则是个政治实体概念。今天中华人民共和国代表着大多数人民的利益，对它的爱与对“祖国”的爱从爱国主义情感上而言是统一的。

“祖国”始终指向祖宗来源的地方，但在不同时期，“祖国”被赋予了不同的内容。1949 年以前，“祖国”是人民殷切期盼的统一的国家。自 80 年代起，它与社会主义相统一。在今天，爱祖国即是爱中华人民共和国。几十年间，对“祖国”与“国家”的理解从一开始的二者通用到如今视其为相互分别又相互联系的整体，对“祖国”的想象不曾变化，但概念的实际内涵与运用却已随着历史发展几经调整。

3 《西线无战事》中译本 Heimat 概念的翻译

3.1 《西线无战事》中译本 Heimat 的翻译选词

从上节可见,Heimat 的意义在不同时期各有侧重。概念的翻译也应根据翻译目的与概念内涵和外延的变化而相应调整,这点在《西线无战事》中译本里便可见一斑。作品出版后马上被引进中国,最先着手翻译的是洪深与马彦祥,译本于 1929 年 10 月由上海平等书局出版。小说迄今至少已有十版中文翻译,其中由朱雯和李清华翻译的两版译文多次再版,初版分别在 1983 年和 2001 年由外国文学出版社和译林出版社出版,朱译本于 2017 年由上海人民出版社修订再版。笔者选择洪深与马彦祥合译版(1929)、朱雯译版(1983)及其修订再版(2017)、李清华译版(2001)这四版影响较大、在出版时期上颇具代表性的译文,试析 Heimat 概念翻译的选词。

Heimat 在书中总共出现八次,分别为:

(1) Wir liebten unsere Heimat genauso wie sie. (1971: 12)

(2) Aber vor allem wollte jeder seinen guten Posten hier in der Heimat so lange behalten wie möglich, und das konnte er nur, wenn er stramm mit den Rekruten war. (1971: 21)

(3) Selbst ihr könnt das Ziel von Wünschen werden; hier draußen seid ihr sogar ein sagenhafter Abglanz von Heimat, ihr Gelasse voll Dunst von abgestandenen Speisen, Schlaf, Rauch und Kleidern! (1971: 32)

(4) Ob die sich in der Heimat eigentlich nicht manchmal Sorgen machen deswegen? (1971: 65)

(5) Kat steht vor mir, sein riesiger gebückter Schatten fällt über mich wie eine Heimat. (1971: 71)

(6) "... Staat und Heimat, da ist wahrhaftig ein Unterschied." "Aber sie gehören doch zusammen", überlegt Kropp, "eine Heimat ohne Staat gibt es nicht." (1971: 149 - 150)

(7) Nun geht's in die Heimat. (1971: 176)

(8) Es ist Lebensgier, es ist Heimat gefühl, es ist das Blut, es ist der Rausch der Rettung. (1971: 212)

四版中译本里 Heimat 的译法见下表：

表 1 《西线无战事》四版中译本 Heimat 的翻译选词

原文	例句 1	例句 2	例句 3	例句 4	例句 5	例句 6	例句 7	例句 8
洪马合译（1929）	国家（1929：31）	后方（1929：45）	家（1929：63）	后方（1929：112）	家庭（1929：122）	国家（1929：243）	家（1929：283）	家庭（1929：342）
朱译（1983）	祖国（1983：10）	家乡（1983：20）	家乡（1983：32）	国内（1983：68）	故乡（1983：75）	故乡（1983：158）	家（1983：187）	家庭（1983：225）
李译（2001）	祖国（2001：11）	家乡（2001：20）	故乡（2001：32）	家乡（2001：64）	祖国（2001：70）	故乡（2001：145）	家（2001：170）	故乡（2001：204）
朱译（2017）	祖国（2017：8）	（未翻）（2017：17）	家（2017：28）	国内（2017：60）	故乡（2017：66）	祖国（2017：137）	家（2017：161）	家庭（2017：194）

除去未进行翻译的一处，共有 10 处翻译为“故乡”或“家乡”，10 处译为“家”或“家庭”，5 处译为“祖国”，2 处译为“国家”，2 处译为“后方”以及 2 处译为“国内”。

6 种译法中，“故乡”与“家”分属 Heimat 的两种基本释义，“后方”与“国内”为译者根据原文语境做出的理解，这四种选词都属于词语，而非概念范畴。值得讨论的是例句 1、5、6 中出现的“祖国”和“国家”两个概念。因李译在例句 5 中的“祖国”为比喻手法，以表达深沉的情感，故讨论价值不大。而在例句 6 中，雷马克论及了 Heimat 与 Staat 两个概念相互区别又相互联系的关系，这对理解不同的 Heimat 翻译选词很有帮助，故将对 Staat 的翻译也纳入比较。为方便比较，现将例句 1 和例句 6 中 Heimat 及 Staat 的译法综合列于下表。

表 2 例句 1、6 中 Heimat 及 Staat 的翻译选词

原文	Heimat（例句 1）	Heimat（例句 6）	Staat（例句 6）
洪马合译（1929）	国家（1929:31）	国家（1929:243）	政府（1929:243）
朱译（1983）	祖国（1983:10）	故乡（1983:158）	国家（1983:158）
李译（2001）	祖国（2001:11）	故乡（2001:145）	国家（2001:145）
朱译（2017）	祖国（2017:8）	祖国（2017:137）	国家（2017:137）

下文里笔者将尝试解释各译者选择“国家”或“祖国”的缘由，找寻翻译与时代之间的纽带。

3.2 选词与各时期历史背景的关系

洪深与马彦祥译本出版于时局不定的民国时期,动荡的年岁里始终处在水深火热中的是无辜的人民,在兵荒马乱中艰难维生。在该版本例句1中,动词lieben(爱)是一个不可忽略的因素。主人公认为,不论是在后方的人们还是在战场上的将士,所有人都热爱着共有的Heimat。此处的"所有人"指所有德国人,所有说着德语,分享着共同历史、文化传统的人,他们中没有人不热爱这个Heimat。正如中文里对"祖国"的情感只有"爱",人们不会用"恨"这类的贬义词汇与之搭配。对这个祖辈代代守护至今的地方,人们的感情总是天然的亲近与拥护。在上节中已提到,20世纪初期"国家"与"祖国"间没有太大差别,二者都承载着社会动荡之时对祖国的真切情感与追求独立的热切期望。尽管洪深与马彦祥不同于朱雯与李清华使用了"国家",但译者们实指都是能让民族找到归属感、认同感的地方。

在例句6中,雷马克借人物之口对Staat和Heimat作出区分,前者与Feldgendarmen、Polizei、Steuer(宪兵、警察、捐税)相联。在洪深与马彦祥合译版中Heimat仍如例句1被译作"国家",Staat则被译为"政府"。对这组选词的理解需要考虑到国家权力机关的名称变化,"中华民国"国民政府时期,统辖全国各地的最高行政机关为南京国民政府,其职责也包括原文中与Staat这一概念相联系的军事、警政和税收。关于民国时期国家政权与人民之间的关系,崔效辉(2006:236)指出民国时期政权内卷化现象在日军占领的华北地区十分严重,乡村领袖被迫与村民对立,正直的乡绅退位,而谋求自身利益的地痞恶棍掌权。这些政权代理人实际上正代表着国家政权,代理人与民众之间的对立关系自然会引向民众对上层的不信任。这一情感与原著中人物对Staat的不满在情绪上恰有贴近之处,而与仍未达成统一的"国家"相系的则为自然的爱国情感,或许这是译者选择"政府"而非"国家"的一个原因。

而朱雯与李清华在例句6中不论是翻译Staat还是Heimat皆未选择"政府",这要归结于"政府"在新中国成立后日益明确的内涵。商红日(2001:44)指出"国家"与"政府"的区别主要在于,国家是一个政治组织,而政府则是管理与行使国家主权的机关。与"政府"相联的更多是社会中的管理职能。"国家"则拥有更多层面的内涵,除了政治属性上的国家,其自然属性涵盖一定的领土和人口,其社会属性又要求人们将它作为一个社会共同体来理解,可以说"国家"的情感因素强于"政府"。例句6着重展现Staat和Heimat之间相互区分又相互联系的关系,若将二者译为"政府"和"故乡"或"政府"和"祖国",政治概念"政府"

无法直接让人建立情感联结，故而也无法很好地与带有浓厚感情的“故乡”或“祖国”建立比较。

同时在例句 6 中，朱雯 1983 年译版的“故乡”在 2017 年再版中被改为“祖国”。今天爱祖国与爱国家是统一的，国家代表着大多数人民的利益，国家就是人民日常生活中爱国、爱祖国的现实情感载体。因此在例句 1 里，年份较近的三版译文皆选择了更饱含深情的“祖国”，而非政治概念“国家”，以更好表现出小说人物与 Heimat 之间的情感联系。而在例句 6 中，朱译从“故乡”到“祖国”，“祖国”与“国家”之间的统一性被更为直接地传递出来。

此外在《西线无战事》四版中译本中除了 Heimat，Staat 和 Land 也有部分被译为“国家”，Vaterland 也被译为“祖国”，这亦从旁佐证了“国家”和“祖国”概念的不同内涵。被译为国家的 Staat 和 Land 在原文或指一个具体的政治概念，或是在政治上相互对立的两个共同体。短语 Vaterland verteidigen 则在四版译文中一致被译为“保卫祖国”，这同是中文里的固定搭配，如《中华人民共和国宪法》将爱护祖国、保卫祖国列为公民的法律义务。可见“祖国”承载更深的情感因素。

4 结语

概念在历史进程中始终处在动态变化中，同一概念在不同时期可能存在不同的释义重点、不同的用法或被赋予了不同的情感。而翻译中同一概念可能有多种译法，不同词汇亦有可能被译为同一个中文概念。正如方维规(2018:8)在其著作《概念的历史分量》序言中写道：“翻译不只是言语形式间的相互转换或曰符号转换，而是理解和阐释；尤其是文化、社会、政治概念之翻译，在很大程度上意味着思想之传导，即对外语概念、思想的领会及其在汉语中的传会。”概念的翻译需要把握两种语言中相关概念在不同时期的使用情况和实际意义，才能尽可能准确地理解作品内容和作者思想，接收到源语文本的信息并传递给受众。面对 Heimat，考虑到这个德语概念背后饱含的情感，笔者认同 2017 年朱译修订版中的选词“祖国”，在今日语境下完整传递出原文的思想和情感。

参考文献

[1] Brunner, O. & W. Conze & R. Koselleck (Eds.), 1972. *Geschichtliche Grundbegriffe. Historisches Lexikon zur politisch-sozialen Sprache in Deutschland. Bd.* 1 [Z]. Stuttgart: Klett-Cotta.

[2] Geulen, C., 2010. Plädoyer für eine Geschichte der Grundbegriffe des 20. Jahrhunderts [J]. *Zeithistorische Forschungen/Studies in Contemporary History*, 7: 79 - 97.

[3] Grimm, J. & W. Grimm (Eds.). *Deutsches Wörterbuch. Bd.* 10 [OL]. [2020 - 04 - 19]. http://woerterbuchnetz.de/cgi-bin/WBNetz/wbgui_py? sigle = DWB&mode = Vernetzung & lemid = GH05424#XGH05424.

[4] Heller, W. & W. D. Narr, 2010. Heimat-zu Verwendungen dieses Begriffs [J]. *Geographische Revue: Zeitschrift für Literatur und Diskussion*, 2: 11 - 28.

[5] Petri, R., 2001. Deutsche Heimat 1850 - 1950 [J]. *Comparativ. Leipziger Beiträge zur Universalgeschichte und vergleichenden Gesellschaftsforschung*, 1: 77 - 127.

[6] Remarque, E. M., 1971. *Im Westen nichts Neues*[M]. Köln, Berlin: Ullstein Verlag.

[7] 崔效辉,2006. 论20世纪中国地方国家政权的内卷化[J]. 公共管理高层论坛,(1): 232 - 243.

[8] 方维规,2018. 概念的历史分量[M]. 北京:北京大学出版社.

[9] 赖雄麟,高晶华,2016. 爱国主义的中华优秀传统文化之维[J]. 西北大学学报(哲学社会科学版),(3):46 - 49.

[10] 雷马克,1929. 西线无战事[M]. 洪深,马彦祥,译. 上海:上海平等书局.

[11] 雷马克,1983. 西线无战事[M]. 朱雯,译. 北京:外国文学出版社.

[12] 雷马克,2001. 西线无战事[M]. 李清华,译. 南京:译林出版社.

[13] 雷马克,2017. 西线无战事[M]. 朱雯,译. 上海:上海人民出版社.

[14] 李华兴,张元隆,李海生,2005. 索我理想之中华:中国近代国家观念的形成与发展[M]. 安徽:安徽教育出版社.

[15] 李乐,2012. 论祖国与国家的关系[J]. 理论月刊,(9):168 - 171.

[16] 梁周敏,2008. 论国家职能及其变化[J]. 中州学刊,(1):28 - 31.

[17] 刘珊珊,2012. 清末梁启超"国家"概念的演变[J]. 历史档案,(3):107 - 113.

[18] 平章起,马亚男,2019. 爱国主义的本质与时代特征[J]. 理论与现代化,(3):82 - 87.

[19] 商红日,2001. 国家与政府:概念的再界定——兼论国家与政府的区别[J]. 北方论丛,(3):39 - 45.

[20] 孙江,2018. 概念史研究的中国转向[J]. 学术月刊,(10):150 - 158.

[21] 孙江,刘建辉,2013. 亚洲概念史研究(第一辑)[M]. 北京:生活·读书·新知三联书店.

[22] 夏征农,陈至立,2009. 辞海(第六版)[Z]. 上海:上海辞书出版社.

[23] 张宝林,2006. 论毛泽东、邓小平、江泽民爱国主义教育思想的特点[J]. 教育探索,(8): 1 - 3.

[24] 张灏,1999. 中国近代思想史的转型时代[J]. 二十一世纪,(2):29 - 39.

[25] 钟明华,洪志雄,2019. 马克思主义的国家概念及其历史流变[J]. 马克思主义理论学科研究,(4):48 - 59.

试析莫言小说《蛙》法译本的口语风格再现

吕奕涵

摘　要:2012 年,莫言成为第一位摘得诺贝尔文学奖桂冠的中国籍作家,其作品的海外译介与接受引起了广泛关注。法国自 1988 年开始译介莫言作品,如今译介数量已是世界之最,法译本对莫言作品的国际接受无疑起到了不可忽视的推动作用。值得注意的是,法译本对原文的忠实非但没有影响其在法国的接受,反而为西方读者体味莫言独特的语言风格做出了积极贡献。本文以莫言小说《蛙》法译本中口语风格再现的成功案例为研究对象,从方言和拟声词两方面,探讨翻译过程中可能遇到的障碍,揭示译者为兼顾忠实性和可读性所做出的努力和取舍,以期从个案中探寻一定的普遍意义,从而有助于推动中国文化"走出去"。

关键词:文学翻译;《蛙》;口语性;风格再现;翻译策略

大卫・丹穆若什(David Damrosch)在《什么是世界文学?》(2014)一书中,将世界文学定义为一种"拥有双重性质"(丹穆若什 2014:311)的"民族文学间的椭圆折射"(丹穆若什 2014:309),认为任何一部作品作为世界文学的存在,都是由两方文化共同决定的。他特别强调了翻译扮演的重要角色,认为翻译质量很大程度上决定了原作在投射向世界文学过程中发生损耗的多少,以及那些不能被直接再现的部分能否在文本的另一层次被表达。因此,只有那些能够"从翻译中获益的文学"(丹穆若什 2014:318)才能进入世界文学。

改革开放以来,中国当代文学日渐繁荣,百花齐放,涌现出大批具有较高社会和文学价值的优秀作品。又恰逢中国经济快速发展,国际影响力增大,中国当代文学外译可以说迎来了百年来最好的机遇。但走出国门的实践并不像想象中的那般一帆风顺。许多在国内被大众熟知的当代文学代表作家,如贾平凹、王安忆等,在世界范围内的阅读接受多囿于学术化、专业化的层面。直到2012年,莫言摘得诺贝尔文学奖的桂冠,中国当代文学才得以在世界文坛确立了一席"经典"之位,开始从小众走向大众。

法国具有悠久的汉学传统,拥有众多的汉学研究和出版机构,目前,已出版三十余部莫言的作品,是世界上译介其作品最多的国家。而莫言在法国能够成为被译介最多且持续性地引起各方兴趣的中国当代作家也绝非偶然。就外部条件来说,其作品在国际传播的各个关键环节上几乎没有短板:无论是踏着柏林电影金熊奖(1988)的红毯进入读者视线,还是早早与本土主流出版社合作,系统、有序、及时地开展出版活动,又或是拥有较为固定的汉学家作为译者,译文质量良好且语言风格统一,这些无疑都助力莫言一步步走向法国读者对中国当代文学认知的中心位置。而当我们向内审视,莫言作品中那种混着乡音的野气,天马行空、一气呵成、独树一帜的语言风格不但带来了畅快淋漓的阅读体验,更积极地参与到作品主题意义的构建当中,成为其作品不可分割的血肉而非可以随意更换的外衣。这种情况下,译作要如何在兼顾外国读者接受的基础上,充分展现出原作语言风格的独特性、异质性就成为关键问题。所幸,莫言"宽容"地给予了译者充足的发挥主体性和创造力的空间,从而催生出兼具忠实性和可读性的,具有强大生命力的译本。

莫言代表作《蛙》的译者尚德兰是法国颇具盛名的汉学家,既是翻译家也是诗人。1988年,她第一次与莫言的作品《枯河》(*La rivière tarie*)"邂逅"在由法国文化部组织出版的《重见天日——1978—1988年中国短篇小说集》[*LaRemontée vers le jour, nouvelles de Chine* (1978 - 1988)]中。尚德兰回忆道:"他那暴烈而充满诗意的文字令我赞叹不已"(Chen-Andro 2012)。正是出于对原文语言风格的欣赏和珍视,译者一直致力于保持译作的"基调和节奏"(Chen-Andro 2005),并不断强调翻译忠实原文的重要性。在此观念的指导下,我们可以看到,相比以"反叛"著称的英译本,法译本则更加完整地呈现了原文本的内容,更多地还原了原作的语言风格。下面,我们将通过文本分析,走进由尚德兰翻译的莫言长篇小说《蛙》的法译本,探析译者为再现原作口语风格所做出的努力与选择。

1 化地域方言为通俗口语

2012年,莫言"以魔幻现实主义融合了民间故事,历史与当代",获得了诺贝尔文学奖。其包括《蛙》在内的全部长篇小说书写的都是乡土世界的故事。我们不禁要问,莫言是如何将民间的、历史的和当代的叙述结合到一起去的?“除了天马行空的想象力和多样的叙事技巧外,乡土语言的运用无疑也是一项十分重要的因素”(贾燕芹2016:120)。通过后者,莫言得以“恢复语言中那些被文化和教育所删除的枝蔓、血肉的味道”(谢有顺2012)。

从五四运动开始,为了从传统的文学框架和思维中挣脱出来并适应国家现代化的需要,我们不断普及标准化的国家通用语言,从而促使口语与书面语获得了很大程度上的统一,国民知识文化水平不断提高。然而,正如著名的方言民俗学家顾颉刚所说,“我们的精神用在修饰文字的功夫上既多,我们的言语自然日趋钝拙,日渐平淡无味,远不及一般不识字的民众滑稽而多风趣”(顾颉刚 2015:3)。他认为,茶馆里的说书人之所以能够做到“转移听者的思虑、操纵听者的感情”(同上),就是因为他们使用的是最地道的方言。诚然如此,方言的本真风味同特定地域的生活经验和集体记忆紧密联系,能给本地人带来无限甜蜜的感官刺激。而当方言融入小说创作中时,其表现出来的口语性又能使小说背景更加逼真,人物形象更加灵动,叙事更加灵活。

当然,方言的使用也并非没有限制,过多生涩的方言会给非本地读者带来巨大的阅读困难,从而缩小作品的流通范围。总的来说,莫言在小说创作中对于高密方言的使用是大胆而谨慎的。一方面,山东高密的方言本身就与如今的全国通用语普通话一道属于北方官话,词汇和句法虽有不同,但大多容易理解。另一方面,莫言小说中的方言是一种经过筛选的、被“基本驯化的语言”(莫言 2006:28)。这样,其小说中的方言叙事才收到了双赢的效果:既能让同乡读者感到亲切,又能让异乡读者的好奇心得以满足,对于农村的读者来说是记忆与共情,而对于城市的读者来说则是一场带着泥土气息的梦。

莫言在长篇小说《蛙》中,显著地用自由引语代替了直接和间接引语,叙事和人物的对话混合为一个整体,而方言,充斥在这一整体中,使得小说具有很强的口语性、流畅度和浓烈的地域风情。莫言说:“故乡就是一种想象”(莫言 2002:258),而正是埋藏在方言之下的地域色彩划定了这个想象的边界。莫言从集体的、权威的“书写”中抽身,转向乡村与个人,他投身于那个文学的“高密东北乡”,去达成一种“作为老百姓”(莫言 2009:500)的写作,“丢掉知识分子的立场,……,用老百姓的思维来思维”(莫言 2007:75)。用老百姓的语言来讲述老百姓的故事。从这个角度看,如果方言与通用语的划界不能在译作中得以体现,则抹去了作者作为“寻根”作家的一大写作意图。然而方言往往被认为是最不可译的。由于地理的封闭,高密方言中保留有不少古语,又因为社会历史的变迁,许多传统的词汇如今在标准语中已不再使用,永远“遗落”在了方言中。但这些词汇却恰恰能够很好地反映年代感,从而将乡土的和历史的很好地融合在一起。但同时,这种融合背后的逻辑却是难以被传递的,是有相关共同经验的人才能够体悟的。"方言是一种悲剧性的语言,因为它的所指已经消失了。这便是它内部的矛盾性所在:一方面它被普遍认为是一种具体的、实质的语言,但另一方面,它外部具体的所指点其实已经被抹去了,因此方言的实质其实更像是一种记忆的幽灵,作为一种内部的共振存在。那么方言翻译的难题就在于,方言词要与它最初扎根的具有规定性的沃土,与能够完全定义它的对象剥离开来了"(Bonaffini 1997:287)。正是因为这种客观上对应物的缺乏,在方言的翻译中,尚德兰普遍选择了放弃方言的地域性,转而表现语言风格的通俗流畅以及那种充满烟火气的热闹与亲切感,同时保留部分异质性的表达。对于家人的称呼就是很好的例子。"爹""娘""俺"这种曾经在中国未城市化或城市化早期盛行于整个大北方地区的称呼,在现代普通话中已经完全被"爸爸""妈妈"和"我"所取代,再使用前者,往往很容易让人与特定的时代,底层农民的贫穷粗俗联系到一起。而在法语中,这样一组相对应的称呼并不存在,但在下例中,两种称呼方式的对立却直接对翻译提出了挑战:

> 你想吃奶找你娘去,对,你们这些富贵人家的孩子,不叫<u>娘</u>,叫<u>妈妈</u>,吃奶不叫吃奶,叫吃妈妈。(莫言 2009:289)
>
> *Si tu veux la tétée, va trouver ta maman, oh, mais c'est vrai, vous autres gosses de riches, vous ne dites pas* **<u>maman</u>**, mais《**<u>mère</u>**》, et l'expression《téter le lait maternel》devient chez vous《se nourrir de la mère》. (*Mo* 2011:446)

尚德兰将方言("娘")和通用语("妈妈")的区别转化为了标准语(《mère》)和通俗语(《maman》)之间的区别。文字的历史感和地域性固然有所损失,但实属无奈之举。事实上在葛浩文的英译本中,这样的归化翻译也是普遍存在的。但在2012年出版的莫言的另一本小说《檀香刑》的英译本中,葛浩文曾经尝试将"爹"(莫言 2001:6)、"娘"(莫言 2001:13)做音译处理,译作"dieh"(Mo 2012:2)、"niang"(Mo 2012:8)。其中为了避免由于"爹"的拼音与英语中意为死亡的单词"die"拼写相同而引起的错误联想,译者还在拼音的基础上做了些许改动。虽然对于像方言这样只有语音体系,没有书写体系的语言来说,音的保留是十分重要的。然而中国现当代文学在西方国家的接受还远未成熟到能够消化这样的音译处理。这些于西方读者"毫无意义"的词汇频繁地出现,打断了阅读的连贯性，也打乱了莫言作品原本的语言节奏，可以说有些因小失大了。因此葛浩文在此后出版的《蛙》的英译本中又重新采用归化的方式来翻译“爹”“娘”的称呼。相比之下，尚德兰选取了小说中比“爹”更具山东味儿，但出现频率较少的对父亲的称呼——“大”（莫言 2009:12）来展现方言表达的异质性，将其译作“p'a”（Mo 2011:25）。既用单引号展现了称呼的独特性，又取法语口语中广泛使用的“papa”（爸爸）的首个音节，让人立马能够产生意义的联想，而不会打断阅读的连贯性。至于其他包括“嫚”（即“女儿”或者“年轻女孩”）（莫言 2009:12）、“老泰山”（即“岳父”）（莫言 2009:324）、“大婆”（即“老婆”）（莫言 2009:10）在内的称呼，均采用了归化的翻译手法，选择性地放弃词语背后的某些文化内涵，而将词语的意思准确地表达出来。

此外，《蛙》中充斥着众多跟食物有关的词汇，莫言解释说：“我曾经很长时间处于饥饿状态，对食物的关注，是饥饿者的自然反应。饥饿和孤独是我的两大创作源泉”（莫言 2003:283）。这些词汇充分展示了地区特色的饮食文化，它们甚至在普通话中都很难找到对应的词汇，更别说在法语中。但尚德兰并没有将它们省略，而是求助于解释性翻译，例如：“肴”（莫言 2009:39）被译作“viande, poisson et légumes”（肉、鱼和菜）（Mo 2011:69）。或者利用法语世界中最常见的相似物进行替换，以还原原著方言的口语性和通俗性，比如“饽饽”（莫言 2009:85）被译成“petit pain”（小面包）（Mo 2011:142），“糠萝卜”（莫言 2009:267）被译为“betterave à sucre”（糖渍甜菜）（Mo 2011:417），“抃饼”（莫言 2009:52）被译为“galette”（法式煎饼）（Mo 2011:88）等。值得一提的是，在葛氏《红高粱家族》英译本中对于“抃饼”（莫言 2007:40）的翻译颇具启发意味。我们知道“抃饼”是山东高密特色美食。吃时要用双手抃住往嘴里塞，故曰“抃饼”。葛浩文创造了一个词：fistcake（Mo 1994: 47），前缀“fist”有“紧紧抓住某物”之意，完美切合了“抃”的意思。虽然这是一个英语中本不存在的词语，英语读者却很容易通过词根词缀理解和接受。此举在兼顾表达的传神和方言特殊性的同时，还丰富了译入语的词汇，也为我们翻译此类词汇提供了新思路。

最后，莫言还将“多以口头形式流传和使用”（贾燕芹 2016:146），简洁而具有强大的表现力的方言动词引入《蛙》中。以小说中出现的单字高密方言动词为代表，一个字中的意义通常包含着一个通用语中的动词加上一个对于该动作的描述，而这种描述往往跟一个特定的场景紧密相连，而非跟特定的通用语的表达相联系。例如：

(1) 父亲端起一杯酒，咕咚干了，把酒杯往桌子上一墩。（莫言

2009:36)

Notre père, prenant à deux mains un verre d'alcool le vida avec force bruits, puis le ***posa avec fracas***(伴随着撞击声放下) *sur la table.* (Mo 2011:63)

(2) 高密机场的飞机是那种抿翅膀的,银灰色,能在高空拉烟、翻筋斗的。(莫言 2009:30)

Ceux de l'aéroport de Gaomi étaient d'un gris argenté, ils pouvaient ***replier légèrement***(轻轻收起)*leurs ailes, et laisser derrière eux une traînée de fumée dans le ciel, faire des figures.* (Mo 2011: 55)

对于这类动词,译者普遍采取了解释性翻译的手法以提供更多的场景信息,比如在例(1)中,用 avec 引导的伴随性介词结构修饰动词 poser(放下),引出场景的听觉信息,还原"墩"字的力量感;又如例(2)中通过介词 légèrement(轻轻地)修饰动词 replier(收起),大大增强了文字的画面感。

由此我们可以得知,法译本的"忠实"体现在译者不遗漏、不删减原作内容,但在词汇的表达上大量采用归化的方法,化地域方言为通俗口语,这虽然弱化了地域特色,然而可读性很高的译本可使法国读者对作品形成较为完整的文学印象。然后偶尔留出几处异化的表达,作为一个通往译出语文化的隐藏入口,唤起读者对作品本土性的思考。

2 "声的世界"的转化与变异

莫言小时候家里成分不好,11 岁时就辍了学,没有接受过系统的基础教育。他的童年,是在独自放牛、割草、种高粱这样与集体隔绝的农活里度过的。因为长期独处于孤独和寂静之中,莫言很小的时候就对声音特别敏感,他在大自然的声浪里任由想象遨游,于是在声音和想象之间建立了独特而微妙的联系。那些爷爷奶奶和祖母讲述的村里传说,市集上说书人描绘的奇闻异事,以及茂腔戏曲吟唱出的富有节律的历史传奇,共同组成了他"用耳朵"完成的自我教育和文学启蒙。用他自己的话说就是:"我的知识基本是用耳朵听来的。我在用耳朵阅读的二十多年里,培养起了我与大自然的亲密联系,培养起了我的历史观念、道德观念"(莫言 2012:58)。由于这种特殊的成长经历,大自然、民间戏曲和民间口头艺术家那种充满"声音"的言说方式深深影响了莫言的创作。他在自己的小说中引入众多的拟声词,建立起一个"声的世界",像民间口头艺术家一样,用声音描绘场景、营造氛围、推动剧情、刺激读者的感官,实现一种能用眼睛“听”的阅读模式。

我们可以将莫言小说中的拟声词分为两大类,第一类称为描述性拟声词。就词源学意义来说,希腊语中的 onomatopoeia 意为“词汇的创造”。可见,对于环境声音的模仿通常被认为是人类共同的一种重要的造词法。但一门语言具有相当的稳定性,用于模仿特定声音的拟声词通常是约定俗成的,而这样的“公约”也使得特定的拟声词具有特定的语义联想。由于环境声音具有一定客观性,中法两门语言中也存在着一定数量的拟声词,他们互相之间同时在语音和语义上都高度相似,例如《蛙》中哥哥姐姐们听到八卦时发出的“哇哇”(莫言 2009:29)声,被译作“waouh”(Mo 2011: 52)。但是这样的情况并不常见。因为拟声词并不仅仅是简单地对客观声音的再现,而是“根据其语言的音系结构、词汇形态及使用习惯对大千世界的声音进行模拟的”(希杰 2013,163)。因此不同语言对同一种客观声音的模拟很可能大相径庭。比如尚德兰在翻译《蛙》中“踿拉踿拉”(莫言 2009:188)的鹅叫声时,选择舍语音保语义,译为“coin coin”(鸭鹅类动物叫声)(Mo 2011: 292)。显然在二者取其一的情况下,语义对应是高于语音对应的。因为只有达到语义对应才能使译作与原作达到一样的修辞效果:在译入语读者处重现出与在译出语读者处一样的阅读体验,换言之,法国读者只有听到“coin coin”声,才会产生与中国读者听到“嘎拉嘎拉”时,相同的关于鸭鹅类动物的联想。因此在尚德兰的译本中,我们很少会看到音译(即根据汉语的语音进行造词)。偶有使用,也几乎不使用拼音,而是遵循法语的读音拼写规则,还要谨慎避免与语义十分固定的拟声词发生冲撞,而造成读者错误的联想。比如“脑袋顶得纸天棚‘嘭嘭’响”,被译作“Sa tête faisait《pam, pam》dans le papier”(《pam》为根据法语拼写规则的音译造词,不具有特定语意联想)(Mo 2011: 141),而不是法语中常见的“pan”(枪炮声)。此外,《蛙》中的许多情节都是靠声音来搭建和描绘的,但这些生动的拟声词常常并不能在法语中找到对应的、具有语音实体的拟声词。此时尚德兰选择了较为笼统的、与声音有关的动词进行翻译。于是,无论肚子是“呼噜呼噜响”(莫言 2009:12)还是“隆隆响”(莫言 2009:45),均译为“gargouiller”(法语中表示发出气体或水在肠道中流动声的动词)(Mo 2011: 25, 77),无论是锯子“哧啦哧啦”(莫言 2009:139),还是秋千“嘎啦嘎啦”(莫言 2009:53),抑或是大树连根拔起的“嘎嘎吱吱”(莫言 2009:129),都被译作“grincer”(法语中表示发出尖锐摩擦声的动词)(Mo 2011: 222, 90, 209);有时译者也使用解释性翻译,比如大爷爷“拉了个稀里哗啦”(莫言 2009:12),译作“grands bruits de diarrhée”(很大的腹泻声)(Mo 2011: 25),喝酒的“咕嘟”(莫言 2009:36)声译作了“force bruit”(很响的声音)(Mo 2011: 63),等等。这样的翻译虽然丧失了原作中声音世界的语音形态、语言节奏和声音之间细小的差别,但是译者通过对原作拟声词无一遗漏的标记,时刻提醒着法语读者那个声音世界的存在和伴随。

第二类我们称作变异的拟声词。《蛙》是一部带有自传色彩的书信体小说,主人公蝌蚪在给友人的5封长信中,叙述了姑姑和自己的往事。其中虚构与现实是十分混杂的,写作就像口头讲述那样可以随着叙述者的情绪和记忆肆意地发生形变,而这样的变形被莫言用丰富跳跃的想象力表现出来,有着很强的“魔幻”色彩。莫言说:“高密东北乡不是地理意义上的,而是文学意义上的概念”(莫言 2009:258),而正是这些“有违常理”的拟声词,拉开现实世界和文学世界的距离,豁开小说外部世界和内心世界的裂口,同时又充当着荒诞与真实的连结,具有很高的文学价值,构成莫言独特的语言风格。

(1) 房门太矮,碰了她的额头,**咕咚**一声响。(莫言 2009:83)

La porte était trop basse, elle se cogna le front, cela fit **《boum !》**. (Mo 2011: 139)

(2) 喷粉器**“嗡嗡”**响,好像防空警报。(莫言 2009:157)

Le bruit des pulvérisateurs *faisait penser à celui d'une sirène de défense anti-aérienne.* (Mo 2011: 248)

(3) 尼姑手中的木鱼**“啪啪啪”**连响三声,如同多年前我参加长跑比赛时的发令枪响。(莫言 2009:194)

《Pan, pan, pan》*, le poisson dans la main des nonnes résonna trois fois de suite, comme l'avait fait, il y a bien des années, le pistolet donnant le signal du départ de la course de fond à laquelle j'avais participé.* (Mo 2011: 301)

总的来说,对于此类“变异”拟声词,尚德兰进行了一定的圆滑处理,以保证译文的通顺易懂。例(1)中,拟声词“咕咚”显然与所描述的“碰头”声完全不相符,但这怪异的拟声词将婚礼当天诡异荒诞的气氛推至顶峰。尚德兰此处选择了化“怪异”为“常规”,用法语中语义与情景相符的“boum”来演绎,一定程度上“规训”了这个场景的魔幻色彩。例(2)喷粉器的“嗡嗡”声一般很难跟尖锐的警报声联系到一起。然而拟声词的扭曲变异暗示了主人公内心的不安与羞愧。法译本中,尚德兰取消了声音的语音形式而采取了笼统的意译(“喷粉器嗡嗡响”变成“喷粉器的声音”)，这在一定程度上削弱了喻体与本体之间的矛盾，钝化了人物内心尖锐的冲突，却很好地保持了句子结构的对称与平衡。

在例(3)的比喻句中，拟声词与本体割裂，暗示了人物的心理逻辑：用容易与性行为联系在一起的“啪啪啪”形容木鱼声，揭示求神拜佛背后不择手段的得子之愿。然而事实上，喻体导向的那种具有“先见之明”的幻相才是比喻传达的核心意义，即暗示代孕生子这场闹剧的长跑才刚刚鸣响发令枪，本应直接修饰本体木鱼声的“啪啪啪”也实则属于喻体发令枪声，这就是莫言标志性的比喻句中心向喻体偏移的结构，其中本喻体双重暗示的共融之处构成了比喻成立的深层逻辑。在法语中，能够兼顾这双重语义(既是发令枪声又导向性行为)的同一拟声词并不存在。尚德兰用“pan, pan, pan”(枪炮声)来翻译“啪啪啪”，舍弃拟声词于本体的暗示，但保留了两者之间“声的变异”(“pan”不是木鱼声)，更重要的是，充分还原了拟声词与中心喻体的对应关系，传递出原文本“喻体中心化”结构，使得原文亦真亦幻的语言风格在译文中得到再现。

3 结语

翻译是民族文学通往世界文学的必经之路。在民族文学的世界之旅中，译者总是小心翼翼地走在异化和归化的钢丝之上：生怕前者过度，令原作晦涩无趣，无人问津；又担心后者占了上风，使得译出语文化被译入语文化全面侵占，属于原作不可替代的“棱角”被抹平。而丹穆若什用“椭圆折射”(丹穆若什，2014：309)的比喻告诉我们，翻译过程中发生偏移、扭曲和遗失所具有的必然性。世界上本不存在“纯语言”(Benjamin 1923：75)，每个民族手上都执有容器碎片的一瓣，翻译工作的本质不是达到与另一瓣的完全同一，而是碎片弥合之处的吻合，这种追逐永远将随着时代的变迁、文化的演进而成为未完的过程。正是在这个过程中文学作品的生命得以延续，存在空间得以扩展。在中国当代文学整体于西方世界尚处弱势的当下，尚德兰没有选择像葛浩文一样进行大刀阔斧的“删改”，而是使用整体忠实、细节变通的翻译策略，在读者接受和再现原作异质风格之间进行了很好的平衡。在西方逐渐从将中国现当代文学视作社会学资料的视域中走出来，回归文学本身之时，法译本带着莫言独有的、质朴流畅的口语风格闯进西方读者的阅读视野，传递出超越文化与国界的文学之美，为提高莫言作品，乃至整个中国现当代文学在西方世界的认可度、接受度上做出了重要贡献。

参考文献

[1] Benjamin, W., 1923. *The Task of Translator*[A]. In Schulte, Rainer & Biguenet, John (ed.). The Theory of Translation: An Anthology of Essays from Dryden to Derrida[C]. Chicago & London: The University of Chicago Press: 71-83.

[2] Bonaffini, L., 1997. Translating Dialect Literature[J]. World Literature Today, 1997(2): 279-288.

[3] Chen-Andro, C., 2012. *Mo Yan: A la recherche de l'enfance*[OL]. http://www.slate.fr/tribune/63723/mo-yan-enfance-traduction-nobel-litterature(assessed 27/09/2020).

[4] Mo, Y., 2011. *Grenouilles*[M]. Chen-Andro, C., tans. Paris: Éditions du Seuil.

[5] Mo, Y., 2012. *Sandalwood Death*[M]. Goldblatt H., trans. Norman: University of Oklahoma Press.

[6] Mo, Y., 1994. *Red Sorghum: A Novel of China*[M]. Goldblatt H., trans. London and New York: Penguin Books.

[7] [美]丹穆若什,2014. 什么是世界文学?[M]. 查明建等,译. 北京:北京大学出版社.

[8] 贾燕芹,2016. 文本的跨文化重生——葛浩文英译莫言小说研究[M]. 北京:中国社会科学出版社.

[9] 莫言,2009. 蛙[M]. 上海:上海文艺出版社.

[10] 莫言,2001. 檀香刑[M]. 北京:作家出版社.

[11] 莫言,2007. 红高粱家族[M]. 北京:人民文学出版社.

[12] 莫言,2006. 捍卫长篇小说的尊严[J]. 当代作家评论,(1):24-28.

[13] 莫言,2009. 发明着故乡的莫言——2002 年 3 月与《羊城晚报》记者陈桥生对话[A]//李春阳,莫言对话录. 北京:文化艺术出版社. 258-265.

[14] 莫言,2009. 饥饿者的自然反应——2003 年 10 月与法国《新观察报》记者对话[A]//李春阳. 莫言对话录. 北京:文化艺术出版社. 279-283.

[15] 莫言,2009. 作为老百姓写作——2002 年与大江健三郎、张艺谋对话[A]//李春阳. 莫言对话录. 北京:文化艺术出版社. 490-532.

[16] 莫言,2012. 作为老百姓写作——苏州大学 2001 年 10 月 24 日[A]//王婷婷. 用耳朵阅读. 北京:作家出版社. 65-72。

[17] 莫言,2012.《用耳朵阅读——悉尼大学 2001 年 5 月 17 日》[A]//王婷婷. 用耳朵阅读. 北京:作家出版社. 55-59.

[18] 莫言,2007. 说吧·莫言(上卷)[M]. 深圳:海天出版社.

[19] 王寅,2005. 尚德兰眼中的中国诗人[OL]. https://www.poemlife.com/index.php? mod=libshow&id=1851(2019 年 10 月 30 日读取).

[20] 王忠,2015. 方言与 20 世纪中国文学[M]. 合肥:安徽教育出版社.

[21] 温儒敏,2015. 序言,顾颉刚. 方言与20世纪中国文学[M]. 合肥:安徽教育出版社,1-6.

[22] 希杰,2013. 汉语修辞学(修订本)[M]. 北京:商务印书馆.

[23] 谢有顺,2012. 莫言小说与诺贝尔文学奖的价值观[OL]. https://wenku.baidu.com/view/aa49a90200f69e3143323968011ca300a6c3f690.html(2020年3月22日读取).

不确定性视角下英译《论语》赏析

郭文沛

摘　要:伊瑟尔提出文本意义空白和不确定性理论,认为空白可以激发读者想象,创造审美境界。译者身兼读者和译者两重身份,对读者和原作者肩负着双重责任,面临原作的空白和不定点,有填补空白与保留空白两种选择。本文从《论语》摘取两个例子,对比三个译本,结合意义空白与不确定性理论,探讨译者应当如何处理原作的空白和不定点。

关键词:意义空白和不确定性;接受美学;英译《论语》

1　引言

留白是中国自古以来的审美传统,体现着中国文学对于意蕴悠长、回味无穷的艺术追求。早在春秋战国时期,庄子就提出"语之所贵者意也,意有所随。意之所随者,不可以言传也",认为言语虽然用以达意,意义却不是言语能够囊括的,存在言外之意(王先谦 2012: 120)。儒家虽然也认为"书不尽言,言不尽意",文字不能完全传达意义;但又提出"圣人立象以尽意",指出可以借助象征或者隐喻等方法,表达思想感情(刘大钧、林忠军 2006: 91)。这种对意在言外、言约辞丰的追求,到了后世,演变为司徒空"超以象外,得其环中""不着一字,尽得风流"的诗学审美。可以说,中国自古就意识到了留白的美学价值,强调文学创作中空白的作用。

在西方,20 世纪 30 年代以来,语言学开始重视意义的研究,受阐释学、解构主义等学说的影响,人们从认为意义是确定的,转为认为意义具有不确定性;从作者中心、文本意义固定,转为"作者已死"、重视读者与文本的互动行为。伊瑟尔提出了文本意义空白和不确定性理论，认为文本存在大量未写明的东西，这些未言之处即是意义空白，它们构成了文本的召唤结构，吸引读者运用想象、审美经历等来进行填补，读者从中获得别样的审美体验，而文本也在和读者的互动之中获得生命。

《论语》言简意赅，意味悠长；其语言为文言文，集中体现了中国文字一字多义的浑圆性、语法的意合性、修辞的空灵性，给人以极大的想象空间与联想域（周光庆 2002：46－51）。这对于《论语》的翻译也构成了极大的挑战。目前，论语的英译本有几十种，对原文空白的处理各有不同。本文选取了《论语》两段话的英译，对比辜鸿铭、刘殿爵与柯大卫三人的译本，试从文本意义空白与不确定性的角度对译文进行分析，探讨如何处理意义空白。

本文将首先回顾意义空白与不确定性的理论，然后对《论语》的三个译本进行分析与鉴赏，探讨应当如何复现原文美感。最后，本文将思考和分析译者应当如何处理意义空白和不定点。

2　理论回顾

意义历来是语言学和翻译界研究的重点，其定义大致经历了传统的分类命名集式的语言观念、结构主义、解构主义几个阶段。传统认为，意义指的是名称与实物之间的联系，比如，穆勒主义（Millianism）提出，名字的意义只是其所指。在这种意义观的指导下，翻译界也把字对字、词对词的翻译作为是最为忠实可靠的翻译。20 世纪初，索绪尔用“所指”和“能指”代称概念和音响形象，提出意义在于差别，需要在各语言系统中确定。据此，雅各布森指出，在语际翻译中，符号与符号之间一般没有完全对等的关系，比如英语单词“cheese”在俄语中就没有完全对等的符号，因此，翻译寻求的应当是信息的对等。乔姆斯基把句法看作是语言的核心，认为语义隐藏在深层结构中，通过句法在语言的表层结构中展现出来。受此影响，奈达提出了“分析—转移—重构”的翻译模型，重视语言深层的真正意义。

在传统的语言观和翻译观中，意义是确定的。既然源语言的意义是确定的，那么翻译也应当是确定的。然而事实上，一个原作往往存在着多个翻译版本，不仅存在着不同时代的重译版本，同一时代也有多个译本。也就是说，原文本的意义并没有那么确定，而是存在译者解读阐释的空间的。维特根斯坦提出意义即用法，在不同的历史时期、场景下意义会发生变化。奎因则提出翻译的不确定性，指出意义必须依靠行为来解释，依靠经验来确定，意义既然是不确定的，翻译自然也无从确定(Quine 1960)。而德里达建立解构主义,解构了传统的逻各斯主义和原作的绝对地位,提出意义是开放多元、不确定、无中心的系统,放松了对译者的束缚。

现象学强调"意向性客体"的概念,即意识总是对对象的意识。这一概念运用到意义上面,则强调人在意义构建中的地位。在文学领域,英加登提出,文学作品是意向性客体,挑战了"文学作品是实在客体"的传统观念与"文学作品是心理体验"心理学美学观念。文学作品再现现实世界,它所展现的再现空间可以"断开"、出现"空白"或"没有确定的空地"(郭勇健 2018: 146)。也就是说,文学作品无可避免会出现"未定域",需要读者的想象来填补、延续再现空间。而萨特则再进一步,认为文学作品中的空白与"未定域"并不是全部都是被动出现的,也有可能是作者有意为之。作者有意隐藏起来一些东西,让读者去猜测、去想象。在想象的过程中,读者实现了艺术作品的存在。空白是作品发出的召唤,召唤读者前来解放作品、完成作品。"任何文学作品都是意向召唤"(郭勇健 2018: 332)。

受阐释学、现象学等影响,伊瑟尔(1991)将作品结构理论引入文学领域,认为作品只是一个不完整的框架,充满了大量未写明的暗示、断裂,也就是意义空白与不确定点,吸引、召唤着读者前来阅读文本、填补空白、确定未定点、形成意义。意义并非隐藏于文本之中等待读者挖掘,而是文本与读者共同作用的产物。作者主动留下空白,召唤读者阅读、想象;通过读者对空白的填补、对文本指令的实现,文本得以成为文学作品。不同的读者由于审美经验、前结构和期待视野的不同,会形成不同的视域;而文本不断唤起读者的期待,又打破读者的期待,在不断被打破的过程中,阅读得以完成,而读者也得以超越原有的视域。对于不同的读者或者是不同时期的同一读者来说,文本的意义可能并不相同。

译者同时也是读者,面临大量的不确定点与意义空白,也会形成自己的解释,从而产生不同的译文。面对译者应当如何处理原文中的空白的问题,许多学者进行了大量的讨论。钱冠连从语用学的角度解读意义的不确定性。他提出,对于原作的隐含意图,译者若是明示出来,译对了,是堵塞读者的想象、取消了文学;译错了更是毁灭了创造(钱冠连 1997: 33)。而译者也不应当擅自创造新的隐含,一是不忠,二是不能保证新隐含的成功。胡开宝和胡世荣将文学文本的空白分为四类:语义空白、句法空白、结构空白和意境空白。他们提出,在保证译文的接受度的情况下,译者应当避免填补原作的空白与不确定点;若是不得已必须要具体化原作的空白和不确定点,译者也应当注意具体化的程度和恰当程度(胡开宝、胡世荣 2006: 12)。而王树槐和栗长江则认为,由于中西方文化差异,若是照搬不定点,可能会导致审美错位等问题,因此,只要影响到了审美效果,译者就应当对不确定点进行填补(王树槐、栗长江 2005:106)。

梳理这些理论,可以看出,人们对意义的认识从较为简单的实物—名称对应,到引入系统概念、进行深层结构与表层结构的分析,再到解构意义,引入读者的角色,对意义的理解逐渐深入,定义逐渐复杂,参与意义构建的角色也逐渐增多。翻译的内容与对象就是意义,因此,受意义观变化的影响,翻译的观念也逐渐产生变化。译者从亦步亦趋地“硬译”“死译”,到拥有解读的权利与自由。虽然目前,忠诚仍然是译者的职业道德,原作仍然占据中心地位与“霸权”地位,译者的自由程度和地位却有所上升。

根据伊瑟尔的理论,文学作品的意义是由读者和文本共同构建的,作者有意留下空白,给读者想象和审美的空间。在翻译的过程中,又加入了译者和译本读者两个角色。译者作为读者,阅读、理解、构建原文文本的意义,再转化成译作文本,供译作读者阅读、理解与构建意义。那么,面对原作中的意义空白和不确定点,译者应当发挥主动性、填补空白,还是忠实原作、保留空白?如何更好地传达原文本的空白与联想之美?本文将分析《论语》选段三个版本的翻译,探究这些问题。

3 译本分析

《论语》堪称是中国古代最经典的典籍之一,记载了孔子与其弟子的对话,体现了孔子在政治、教育等方面的主张。在体现孔子思想之外,《论语》所用的语言也十分优美,句式短小灵动,意境深远,营造了美感浓郁的视界。而在《论语·先进篇》中《子路、曾皙、冉有、公西华侍坐》一节里,孔子与四位弟子子路、曾皙、冉有、公西华一同谈论各人的志向,其中,曾皙言明己志:

“曰:‘莫春者,春服既成,冠者五六人,童子六七人,浴乎沂,风乎舞雩,咏而归。’”(《论语·先进篇第十一》)(中华思想文化术语库,2020a)

在这短短的一行话中,曾皙描绘了一幅逍遥自在、宁静安逸、富有美感的画面:暮春时节,同几位朋友一起到河里洗澡,在高台上吹风,唱着歌回家。原文在语言形式上整齐之中不乏灵动:多用短句,生动活泼,变化之中又带有重复与呼应,在结构上形成了句式的跳脱和空白。而从句义上来看,原文采用的短句造成了句义的跳脱,省略较多,供读者发挥想象的空间较大。此外,原文在意象的选择与描摹上也极为巧妙,选择“春”“风”“舞雩”等意象,带给人清新的美感。

《论语》翻译版本众多。辜鸿铭是我国清末国学大师,是我国第一个将国学经典译至国外的人。他对《论语》进行了创造性的翻译,在国外影响极大。刘殿爵是香港翻译家、汉学家,其英译《论语》被誉为"当代第一名"。而柯大卫是19世纪英国传教士,在19世纪初的中西文化交流史上占据重要地位。因此,本文选取这三位译者的翻译,对其进行分析。三位译者面临这段话,都采取了各自的方式,努力还原原作的审美境界:

辜鸿铭版译文:

"Then," answered the disciple, "we will suppose now that we are in the latter days of spring, when we have changed all our winter clothing for fresh, new, light garments for the warmer weather. I would then propose that we take along with us five or six grown-up young friends and six or seven youngsters. We will then bathe in that romantic river; after which we will go to the top of that ancient terrace to air and cool ourselves; and at last we will return, singing on our way as we loiter back to our homes." (中华思想文化术语库,2020a)

刘殿爵版译文:

"In late spring, after the spring clothes have been newly made, I should like, together with five or six adults and six or seven boys, to go bathing in the River Yi and enjoy the breeze on the Rain Altar, and then to go home chanting poetry."(中华思想文化术语库,2020a)

柯大卫版译文:

Teen answered, "I should like, now in the close of spring, to put on my spring robes, and in company with five or six capped companions, and six or seven youths, go and bathe in the E, take the air among the local temples, and return singing."(中华思想文化术语库,2020a)

对比这三个译本,首先可以看出辜译从句式上并不符合原文句式简明的特点,而柯译、刘译则符合原文多用短句的特色。从语义来看,辜译加入了过多译者的阐释,而柯译与刘译则努力还原了原文的空白。然而,细究意象与美感,辜译是三个版本中最能还原原文意境与美感的译本。由此可见,要重现原作的美感,并不需要死板地遵守原作的空白。

从句式结构来看,汉语多用短句,靠意义连接,在句式结构上形成了跳脱和空白;而英语则是形合语言,多用长句。由于语言的差异,英汉转换中很难完全复现原文句式。对比三版翻译,柯译利用插入语等形式,有时将完整的一句话破开,长短句交杂,较好地复现了原文句式的跳脱之美,在结构上复现了原作的空白,给读者想象和回味的空间。而刘译虽然较柯译句式偏长,但也符合原文的简洁美。而辜译变原文的短句为长句,整齐之中富含变化的美感,填补了原作句法结构上的空白,虽然也采用了一些较短的句子,但总体而言,丧失了原文句式的灵动之美。

而从语义空白上来看,《论语》的语言是古代的文言文,在语义上存在着大量的暗示、隐喻、联想等空白,需要读者想象填充。然而,在对原文的阐释方面,辜译则明显较柯译、刘译加入更多译者阐释。比如"春服既成"一句,辜译为"春服"添加了更多的形容词,而刘译、柯译都只是简简单单翻译为 the spring clothes、spring robes。可以说,相比于其他两版译文,辜译具体化了原文的空白和不定点,减少了读者的想象空间。

但是,从文章的整体美感来看,辜译却又是最符合原作意境、最还原原作审美情调的版本。这是因为辜译对原作进行了符合意象和意境的具体化,又增添了译作的意义空白与不确定点。尽管辜译对"春服"加入了"fresh, new and light"的自我阐释,但是这种阐释与具体化符合春衣的特点,也令人联想到春天,营造了春的清新美感;译文并未明说春衣,而是用 warmer weather、winter clothes 和"fresh, new and light"进行暗示,鼓励读者联想,反而通过另外一种意义的空白创造了跳脱之美,增加了文本的美感。在"咏而归"的"归"字上,辜译把"归"字具体为 loiter,体现了人物的逍遥悠闲,而刘译和柯译都只是简单陈述为 go home 和 return。读者并非越多越好——面对一张白纸,读者是难以发挥想象的。相比于刘译和柯译,辜译虽然有所阐释,然而具体化为 loiter,反而让读者的想象有所凭依,人物潇洒悠闲的形象浮现眼前。

而在意象方面,辜译将"沂"翻译为 romantic river,"舞雩"解释为 the top of that ancient terrace,尽管对"沂"和"舞雩"这种意象和意义上的空白进行了填充和解释,译文反而将春日沐浴的浪漫感、高台吹风的疏阔感阐释得恰到好处,romantic river 和 ancient terrace 更给西方读者带来了别样的想象空间和浪漫美感。对比刘译与柯译,刘译仅仅解释了"沂"是一条河,翻译为 River Yi,虽然忠实于原文,但并未营造出美感;而柯译更加拘泥于原文,用 E 来翻译,连在河中露天沐浴的浪漫感也损失了。两版译文分别把"舞雩"翻译为 the local temples 和 the Rain Altar,宗教色彩较 terrace 浓郁,也并未营造出高台吹风的自由和浪漫。

刘译与柯译也颇有可取之处,比如刘译将"风"翻译为 enjoy the breeze,就描摹了春风和煦、游人自在享受的图景。总体而言,两者较好地还原了原文句式灵动之美、简洁跳脱之美,也尊重了原作的意义空白,疏导了读者的想象渠道。然而对比三版译文,这两版译文在美感上略逊于辜译,这说明面对意义空白和不确定点时,译者并不需要严格受限于原文。译者充分发挥主观能动性,填补空白、具体化不定点,有时反而能够基于原文创造出优美意境,还原原文的审美视界。

可是,并非所有对原文空白的填补都可以传递原文美感、创造优美意境。如下例:

"子曰:'道不行,乘桴浮于海,从我者,其由与?"子路闻之喜,子曰:"由也好勇过于我,无所取材。'"(《论语·公治长篇第五》)(中华思想文化术语库,2020b)

辜译:

Confucius on one occasion remarked, "There is no order and justice now in the government in China. I will betake me to a ship and sail over the sea to seek for it in other countries. If I take anybody with me, I will take Yu," referring to a disciple. The disciple referred to, when he heard of what Confucius said, was glad, and offered to go. "My friend," said Confucius then to him, "you have certainly more courage than I have; only you do not exercise judgment when using it."(中华思想文化术语库, 2020b)

刘译:

The Master said, "Should the Way fail to prevail and I were to put to sea on a raft, the one to follow me would I suppose, be Yu." Tzu-lu, on hearing this, was overjoyed. The Master said, "Yu is more foolhardy than I. He has not even a supply of timber for his raft."(中华思想文化术语库,2020b)

柯译:

Confucius exclaimed, "Alas good principles do not prevail; were I to ascend a raft and set out to sea, he who would have courage to go along with me, is Yew (Tsze Loo)". Tsze Loo hearing this, rejoiced; upon which Confucius said, "Yew, you are more valiant than I; but you cannot discriminate."(中华思想文化术语库,2020b)

对比这三个版本,辜译同样对原文做出了阐释,具体化了原文的空白,可是辜译的美感却又最差。细究原因,问题在于对第一句话的阐释。"道不行,乘桴浮于海",辜译直接阐释为"政府无序",显然不符合孔子的原意。而他又把"乘桴浮于海"阐释为"出海去其他国家避难",原文仅仅是"在海上泛舟",而辜鸿铭则填补了原文的空白,将其目的解释为"去其他国家避难",这种填补空白损害了两人乘桴漂浮在茫茫无边的大海中的广阔美感和茫然朦胧的意境。一旦加上了目的地,就失去了这种道不能行的无奈茫然,也损害了原文出海漂游的自在空灵的意境美,堵塞甚至是误导了读者的想象渠道,损害了原文的朦胧美感。相比之下,刘译和柯译两个译本都保留了原文的空白,仅仅表达了原文"乘着木筏出海"的意象,而没有加上任何多余的阐释,没有填补、具体化原文的空白,因而保全了原文的空白美、意境美,也为读者提供了自由想象、实现作品的空间,因此比辜译更有美感。

由此可见,填补空白、对原文实现具体化并非越多越好。原文的空白并非高高在上、半分不能逾越,也绝非可以随意填补、具体化阐释。对原文的空白有一条界线,从上面两个例子来看,这条界限叫作原文的审美意境。

4 思考与启示

忠实原文是译者的责任与职业道德。传统来讲,"忠实"指的是忠实于意义。然而,随着人们对意义的认识加深,意义逐渐变得多元开放起来,翻译也开始强调译者的主动性和地位。现象学与接受美学认为,意义是文本和读者合作的产物,文本提供充满了意义空白与不确定点的召唤结构吸引读者,而读者依据个人的审美经验、阅历对空白和不确定点进行填补,文本意义因而生成。接受美学给翻译带来了很大的启示,也引发了一些争论:面临意义空白和不确定性,译者应当如何处理?

钱冠连认为,译者应当完全忠实于原文,对于原作的空白与暗示不能有丝毫的具体化或者改动。这种说法接受了阐释学和解构主义所提出的意义具有不确定性,同时却又否定了阐释学和解构主义所主张的译者的自由与地位。译者同时也是读者,文本和译者共同产生了新的意义,译本也是根据这种新的意义整理而成的新文本。因而,想要完全复现原作的召唤结构是很难,甚至是不可能的,译者必然加入自己的理解,形成新的视界。胡开宝和胡世荣提出,只有在不得已的情况下,译者才可以对原文的空白与不定点进行具体化。然而,通过前文所分析"暮春者,春服既成"一句的三版译文可以看出,辜鸿铭在有选择余地、可以选择刘殿爵或者柯大卫的处理方式的情况下,依然填补、具体化了原文的意义空白和不定点,而辜译版的美感甚至更为清新浓郁。王树槐和栗长江提出,只要影响到了审美效果,译者就应当对不确定点进行填补。也就是说,译者对空白的填补是被动的,只有当照样翻译空白威胁到了对原文美感的传递,译者才被允许自由解读、具体化空白。然而,出于同样的理由,辜鸿铭主动对"暮春者,春服既成"一句进行了解读,甚至自由发挥、创造出新的空白,而译文的审美意境获得了更高的提升。

因此,本文以为,译者面对原文空白并非不一定是被动的,而是可以主动发挥译者主体性,解读、填补原文的留白,甚至可以创造出来新的空白,引导新的想象渠道。然而,从"道不行,乘桴浮于海"一句的翻译中又可以看出,译者填补空白并非随心所欲,翻译必须忠于原文——这种忠实虽然不必是字对字、词对词的忠实,至少应当忠于原文的意境与神韵。原文的审美情境是译者自由的限度,而非译者忠实的限度。在符合原文神韵的区间内,译者应当拥有解读原文、创造新的空白结构的自由。

艺术创作的留白不是毫无限度的留白,创新和空白不能超过观众的心理阈值,在区间之内,才能激起读者的最佳反应与想象冲动,创造最大的美感;而翻译又加入了另外一个区间——原文的审美意境。在原文的审美意境之内,译者是自由的;超出了原文的审美意境,就损失了原文的美感。结合上述《论语》的两个选例,本文以为:译者并不是只能被动、被迫地填补不定点,而完全可以为了读者能够充分体验,甚至是体验到更好的审美意境,而主动填补不定点和意义空白。诚然,译者背负着忠实原文的枷锁;但在枷锁之内,译者也是自由的,拥有创作的空间,在把握原作意境、神韵的前提下,译者应当可以对原文进行解读与解释,充分发挥主动性,具体化空白与不定点,甚至在译作中创造新的意义空白与不定点。然而,对原文空白的解读若是过了界,则可能扭曲原文的意义、损失原文的美感、破坏原文的意境,更无从谈起创造新的美感。

5 结语

在现象学、阐释学和解构主义的影响下,接受美学提出了意义空白和不确定性理论,提高了读者的地位,指出文本中的空白提供了读者想象和创造意义的空间,意义是读者和文本共同作用下的产物。本文旨在探讨对原作的意义空白和不确定点，译者应当遵循原文，还是填补、具体化空白和不定点。通过分析《论语》两个选例三个版本的翻译，本文总结出，译者作为译文读者和原文作者"两主"的"一仆"，面临对译文读者能否接受原文空白和解读是否符合原文意境的双重考虑。然而，译者也拥有自己的主动性和创造力；在原文意境和译文读者的心理阈值之内，译者应当拥有解读空白、创造空白的自由，主动创造而非被动弥补才能取得符合原文美感，甚至更上一层楼的优美译文。

译者对原文是有责任的，忠实是译者的职业道德。但在忠实范围之内，译者理应充分发挥主动性，积极理解与阐释原文，而不必拘泥于原文的形式、意义与空白。在把握原文主题、符合原文意境的情况下，译者在译本中加入自己的阐释，也可以还原、丰富甚至超越原文之美。换言之，在"译味"与"译意"之间，不妨选择"译味"。

参考文献

[1] Quine, W. V., 1960. *Word and Object*[M]. Cambridge: the MIT Press.

[2] 郭勇健，2018. 现象学美学史[M]. 北京：社会科学文献出版社.

[3] 胡开宝，胡世荣，2006. 论接受理论对于翻译研究的解释力[J]. 中国翻译，(03)：10 - 14.

[4] 金元浦，1994. 空白与未定性：审美感性生成的中介[J]. 中国社会科学院研究生院学报，(04)：68 - 75.

[5] 刘大钧，林忠军，2006. 易传全译[M]. 成都：巴蜀书社.

[6] 钱冠连，1997. 翻译的语用观——以《红楼梦》英译本为案例[J]. 现代外语，(01)，33 -38.

[7] 王树槐，栗长江，2005. 文学翻译不定点的具体化：张力与制约[J]. 四川外语学院学报，(4)：102 - 106.

[8] 王先谦，2012. 庄子集解[M]. 北京：中华书局.

[9] 伊瑟尔，1991. 阅读活动：审美反应理论[M]. 金元浦，周宁，译. 北京：中国社会科学出版社.

[10] 中华思想文化术语，2020a. 论语——先进篇第十一[EB/OL]. [2020 - 09 - 05]. http://shuyuku.chinesethought.cn/dianjiinfo.aspx? part_id = 1&cate_id = 970&dj_id = 16074.

[11] 中华思想文化术语库，2020b. 论语——公治长篇第五[EB/OL]. [2020 - 09 - 20]. http://shuyuku.chinesethought.cn/dianjiinfo.aspx? part_id = 1&cate_id = 964&dj_id = 15870.

[12] 周光庆，2002. 中国古典解释学导论[M]. 北京：中华书局.

术语跨语能产性的大数据分析及其影响因素探讨
——以“资本”为例

蒋思佳

摘　要:中国现代知识体系的形成受到外来知识体系输入的影响,现有汉语术语系统中存在大量的译入术语,其能产性的考察颇具研究价值。本研究以“资本”这一译入术语为例,基于大数据分析来考察其在中国特定历史阶段的应用及派生情况,旨在分析译入术语的能产性及其影响因素。本文作者收集了1919年至1949年的《申报》语料,以AntConc等工具为辅助,统计和分析了“资本”构成术语的概念语义、构成类型、使用频次、产生及停用时间等能产性相关特征,发现由“资本”产出的新术语逐步由具象转向抽象、由单一学科转向多学科、由译入转向原生。这些能产性特点主要受到其构词能力、传播需求与意识形态三方面因素的影响。

关键词:“资本”;术语跨语能产性;影响因素;大数据分析

1　引言

术语的能产性指“术语确定之后,还可以由旧术语出发,通过构词法或词组构成的方法,派生出新的术语来”(冯志伟 1997:3)。它是术语定名应遵循的基本原则之一(魏向清 2010:165－167),主要反映术语形成的经济性特点。朱伟华(1987:49)在《谈谈术语的特性》一文中提出术语“构词上的能产性”,并将其定义为术语构成新词的能力;冯志伟(1997:3)详述了术语构成模式的应用,提出“术语中的能产成分最好具有较强的构词能力,易于构成或派生出与其有关联的新术语”。

在术语的跨语应用过程中，译入术语的能产性则是其概念传播与衍化特点的重要体现。通过对译入术语能产性的历时考察可以探究术语翻译对译入语社会语言文化的多重影响。资本是世界历史的推动者，“资本”概念的传播对中国社会的发展产生了重要影响。而《申报》作为中国现代报纸的标志，展现了中国近现代的发展轨迹，触及了中国社会的方方面面，同时具有广泛的社会影响，因此是对译入术语“资本”进行历时考察的语料宝库。

目前，有关术语能产性的研究呈现出两个特点。第一，对术语能产性的讨论，多是将其作为术语应遵循的原则之一进行简要而宽泛的论述，常用举例来进行简单说明，如用“计算机”及在其基础上构成的术语为例来说明术语的能产性（刘青 2015：36）。第二，关于术语能产性的现有研究中，学者多从构词法角度进行探讨，如吴志杰（2011：85 - 92）谈及术语译名的能产性时，关注了“X + 范畴词”的基本模式，又如陶李春（2015：99 - 104）从术语学角度探讨翻译对等时，关注的也是“翻译对等”这一术语在构词上的能产性。由此可见，有关术语的能产性特征及影响因素的研究尚不充分。因此，本文通过抓取大规模《申报》的新闻语料，利用 CorpusWordParser 和 AntConc 进行语料分词和“资本”术语及语境提取，从历时角度探究“资本”的能产性相关特征及其影响因素。笔者抓取了从1919 年至 1949 年间的《申报》语料，一方面是由于《申报》于 1949 年停刊，另一方面是由于 1919 年至 1949 年是中国历史上的一个重要时期，即新民主主义革命时期，社会发生了深刻的变化，期间译入术语“资本”所经历的概念传播及新术语的产生与使用具有典型性。

2 “资本”术语能产性概况

术语的能产性究竟能不能被测量？冯志伟（1997：122）曾提出术语形成的经济率，即“系统的经济指数 = 系统的术语数/不同单词总数”。德国语言学家 Ingo Plag（2003：70）曾提出基于语料库的词缀能产性计算方法：某词缀的能产性 = 该词缀构成的单词中只出现一次的数量/该词缀的形符频率。由于研究需要和对于可操作性的考虑，笔者并未将语料库中存在的术语全数提取，也未将提取出的“资本”相关术语置于经济学术语的系统中，因此难以运用冯志伟先生的方法来计算术语形成的经济率。而 Ingo Plag 提出的能产性算法虽具有可操作性，但笔者认为把在语料库中只出现一次的词（hapaxes）作为新派生词（newly coined derivatives）的标志，忽视了语料库大小以及历时语料中传播程度和使用情况等因素的影响。因此，笔者基于冯志伟给出的能产性定义，来观察“资本”

这一译入术语在1919—1949年间的能产性。1919年,“资本”构成的术语在语料库中的数目为42条,到1949年,“资本”构成术语的总数增长为89条,1919年后的30年中,由“资本”这一旧术语通过构词法和词组构成方法形成的新术语为47条,平均值为1.566 7条/年。从旧术语“资本”产生的1880年(此处以近代中国第一部经济学译著《富国策》以“资本”译capital的时间为依据)至1919年共经历了39年,产生新术语42条,平均值为1.076 9条/年。可以看出“资本”这一术语自产生起,就一直保持平均高于1条/年的新术语的产出率,并且在1919至1949年间,新术语产生的效率更高,译入术语“资本”构成新术语的能力增强。

3 从术语构词看“资本”的能产性

3.1 派生术语

“派生术语语义结构是由词缀和词根所表示的两个范畴意义的组合……由于词缀具有原型意义,所以它可以使人们用较少的认知成本来获得较大的认知效益”(吴哲 2015:45)。由加缀法构成的术语,其产生具有较强的认知理据,其使用与传播程度也会因其认知效益而大大提高。汉语语法学家对汉语词缀,又说语缀或类词缀,很难统一界定标准。北京大学研发的电子版《现代汉语语法信息词典》从语料库信息处理角度收录了54个词缀,包含前缀11个,后缀43个(尹海良、丁建川 2014:279)。从1919—1949年的《申报》数据来看,其中“资本”的派生术语涉及“家”“化”“界”“制”“式”“性”这六个后缀,分别为“资本家”“资本化”“资本界”“资本制”“资本式”“资本性”这六个派生术语。“论”也是《现代汉语语法信息词典》列出的后缀之一,但“资本论”作为著作名,应当被划分为专名,而非术语。《高级汉语报刊阅读教程(下册)》中曾将“资本论”作为专名列出(王希增等1994:240),可做佐证,因此“资本论”不在讨论范围之内。以上六个由加缀法构成的术语在语料库中出现频次共计8 759次,约占“资本”使用总频次的15.47%。这里的“资本”使用总频次为56 602次,包含了术语“资本”单独使用的情况及其作为合成术语组成部分的使用情况,因此加缀法构成术语的使用频次占“资本”所构成术语的使用总频次实际上要高于15.47%。由此可见,加缀法是一种实现术语能产性的有效构词方法。加缀法被普遍认为是印欧语言中术语构成的主要方式之一,而从数据可以看出,在汉语术语构成中,加缀法也占有重要的位置。在《术语学与术语信息处理》中,作者也指出“只要词缀与其他实词素依据正确的构词规则组合在一起,使用者就可以根据词缀与实词素的语义类推出该术语的语义”(张榕 2015:36),这是汉语中运用加缀法构成的派生术语不断增多的原因。

冯志伟(2011:353,356)在《现代术语学引论》中指出,加缀法构成的汉语术语可按词性分为附加式名词术语、附加式动词术语。“资本家”是典型的附加式名词术语。由统计数据可知,“资本家”这一附加式名词术语的使用在所有“资本”派生术语的使用中占比最大。“家”指一类人的语义存在已久,《辞源》中“家”的第六条义项即为“具有某种专长的人,从事某种活动的人和人家”,其例证可追溯到汉朝(何九盈 2015:1127)。因此,人们要理解“资本”加上后缀“家”构成的“资本家”并不需要耗费多少认知成本。得益于构词法,人们可以轻松地对这一术语有初步的理解,获取“占有资本的人”的概念知识。此外,“资本家”这一术语还可以通过插入中间成分构成新的术语,如 1948 年首次出现的“资本垄断家”和“反资本批评家”。由“资本”产生“资本家”,再由“资本家”产生“资本垄断家”和“反资本批评家”等,使译入术语“资本”的能产性有了纵向的延伸。

3.2 复合术语

关于复合术语的定义,有“复合术语由两个或两个以上术语构成”(吴哲 2015:46)一说,也有“复合术语是由两个或两个以上的词根(或词)按照一定次序排列构成的术语”(刘青 2015:199)一说。笔者同意后一种观点,认为复合术语既可以由两个或两个以上术语构成,如“脉冲雷达”,也可以由术语和普通词构成,如“回答脉冲”。从 1919—1949 年的《申报》数据来看,“资本”构成的复合术语主要有偏正式名词术语、动宾式名词术语、主谓式名词术语三大类。偏正式名词术语中前一个语素修饰后一个语素,如“民族资本”;动宾式名词术语中前一个语素是动词性语素,后一个语素是名词性语素,如“借出资本”;主谓式名词术语中前一个语素是名词性语素,后一个语素是动词性语素,如“资本输出”。

通过复合构词法来表达新概念体现了语言的经济性。而人们对于新概念的认知很大程度上基于对已有概念关系的理解。Gagne 提出关系竞争理论,指出对概念合成至关重要的世界知识的一个方面是关系信息,强调人们对事物之间关系的知识对理解名名复合词有重要作用(转引自黄洁 2018:23)。Wisniewiski 的二元处理理论中也提出了概念合成的机制之一是关系连接机制(转引自黄洁 2018:22)。

从语料来看,由“资本”构成的偏正式名名复合词内部语义关系主要有来源关系(如华股资本)、用途关系(如春耕资本)、部分—整体关系(如土地资本)。

并且,合成的概念又常常以反对关系成对地出现,如"华商资本"和"洋商资本"、"外人资本"和"国人资本"、"固定资本"和"流动资本"、"豪门资本"和"国家资本"。这些术语在实际语境中也常常成对出现,比如1949年4月18日的《申报》的一篇报道如是写道:"其实国家资本与豪门资本本来是截然不同的。国家资本是掌握在政府手中的一种资本,政府可以负责决定其投资事业一切的仿真,反之,豪门资本是私人的产物,一切利害全凭他们自己去操纵。"其中,"国家资本"与"豪门资本"成对出现,其释义和连词"反之"也指出了其反对关系。"资本"构成的动宾式名词术语的语义关系则主要为用途关系,如"注册资本""运转资本""营业资本""投资资本"。资本的来源、用途、种类在发展中不断得到更新,而基于此类关系信息的更新来合成新概念、构成新术语是必然结果,也因此保证了术语"资本"的能产性。相反,基于复杂语义关系生成的术语则数量少、接受程度低,且存在时间短暂。"失业资本"的内部语义关系复杂且隐化,根据《申报》1948年的语料,"失业资本"指"犹之未加入一切有酬生产事业工作的人工我们名之为'失业工人',未加入生产事业的资本我们也可名之曰'失业资本'。"要理解"失业资本"的内部语义关系,必须理解工人和资本的这一类比,否则很容易基于常见语义关系进行认知而产生误解。"失业资本"在语料中仅出现了5次,而最后一次出现时仍与其定义并行,可见该术语的接受程度并不高。"失业资本"这一术语的生命是短暂的,但其所指概念仍存在于当前的概念体系当中,用"闲置资本"来表示。"闲置资本"于20世纪80年代至90年代间被逐渐收录进各类辞典,指"从职能资本中游离出来在货币形态上暂歇的和等待使用的资本"(刘炳瑛 1988:125)。由此可见,概念合成推动新术语的产生,而所产生的新术语的生命力又与其理据透明度息息相关。

4 "资本"术语的变化趋势及其影响因素

借助词典可以对术语"资本"及其源术语 capital 进行溯源。在《牛津英语词典》在线版(*Oxford English Dictionary Online*)中,capital 具有经济意涵的义项为"Real or financial assets possessing a monetary value; the stock with which a company, corporation, or individual enters into business; the total sum of shareholders' contributions in a joint-stock company; accumulated wealth or goods, esp. as used in further production. Also in plural.",指不动产或金融资产、股票、股东出资额、财富或货物等有形的资产。其书证从1547年便开始出现。capital 的下一个义项为比喻义"figurative. Any source of profit, advantage, power, etc.;

a store of some positive or advantageous quality.",capital 从有形的资产扩大为一切可以带来利润、优势和权力的凭借。其书证始于 1818 年的 intellectual capital,可译作"智能资本"或"知识资本"。而在汉语中,从宋朝开始,"资本"一词开始广泛出现,并表示"金钱""财物"等(曹龙虎 2016:230－241)。《辞源》对"资本"的解释为"本钱"(何九盈 2015:3897)。在 1992 年的《现代汉语常用词词典》和《汉语比喻辞典》中,"资本"的比喻义开始被收录,义项为"比喻牟取利益或赢得胜利的凭借"。从《申报》的语料来看,初期,"资本"构成的术语主要基于其有形资产这一语义,如"资本金""资本洋""资本额""外国资本"等。而"资本"通过其比喻义构成新术语的情况从 1935 年开始出现,并且数量和频次逐渐增多。如下是"政治资本"在 1919—1949 年间的使用情况,可以看出其使用频次总体呈现增长状态(《申报》于 1949 年 5 月停刊,因此 1949 年的数据非全年数据):

表 1 "政治资本"在 1919—1949 年间的使用情况

年份	使用频次	年份	使用频次
1935	2	1947	5
1938	1	1948	11
1942	1	1949	3
1946	6		

在《申报》的语料中,政治资本的所有者既有个人也有政府、国家等集体。在"参议员口口声声地说,是代表人民说话,但在这届参议会多少是拿救灾问题,当作政治资本,好像不提请政府救济的提案,就对不起那些选民"和"政府提出此项建议之动机,乃为政治资本,而非财政资本"这两条语料中,政治资本的主体、形式、获取方式并没有明确的限制,但可以看出"政治资本"所属专业领域明确,即政治领域,"政治资本"指实现资源积累和权力构建的政治手段。

术语"人才资本"和"劳力资本"有着相似的产生路径。起初,"人才"和"劳力"都与"资本"构成并列关系,分别表示独立的语义。这一点根据上下文中的"二者""均"等字词可判断出,如"详查新闻界之人才资本均不缺乏""劳力资本代表各一人"。而在 1949 年的语料中,有"之要素渔船,渔具,渔场,及人才资本等"和"如果再利用科学耕作,增加劳力资本,使土地每年两收",根据句意及标点的使用,可以判断出当时的"人才资本"和"劳力资本"都成了具有独立概念的整体。1948 年的语料"渔民虽无资本,亦可以劳力投资"也证明了劳力成了一种资本类型。

由此可见,“资本”在构成新术语的过程中,也像原语术语 capital 一样从具体走向抽象,从经济领域拓展到其他专业领域。于 1949 年停刊的《申报》展现了这一趋势的开端。借助超星学术辅助分析系统,可以看到这一趋势的进一步发展情况。

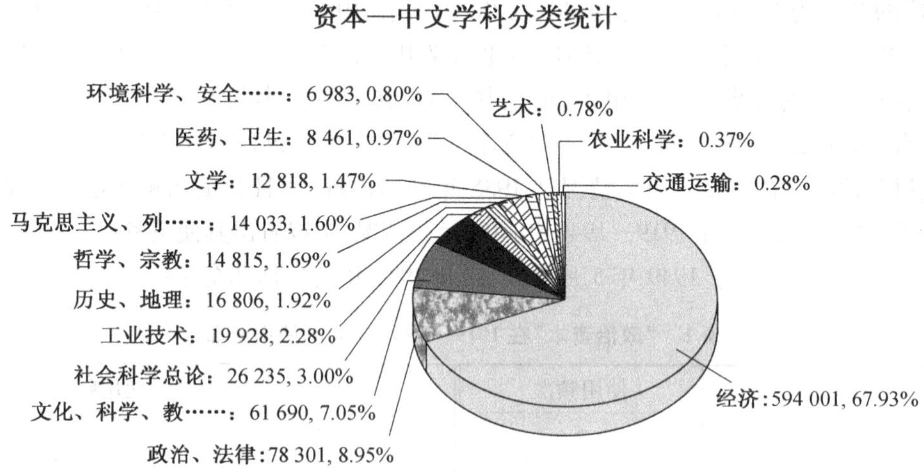

图 1 “资本”所构成新术语的学科分布情况

在中文学科分类统计中,关于“资本”的研究仍然以经济学领域为主,但此外 32.07% 的研究拓展到了其他众多学科,以政治法律和文化科学教育领域为首。在这两个学科的相关知识点分布图中出现了“人力资本”“社会资本”“文化资本”“心理资本”等语义更为抽象的术语。

“资本”构成的新术语还体现出由译入转向原生的特点。以下为“资本”及其源术语 capital 所构成的部分术语,判定其出现时间的依据分别为《申报》和谷歌图书语料:

表 2 “资本”相关中英文对应术语的出现时间

资本家(1889)	capitalist (1834)
资本主义(1915)	capitalism (1832)
资本额(1908)	amount of capital (1834)
资本团(1909)	capital group (1801)
资本税(1917)	tax on capital (1833)
流动资本(1905)	liquid capital (1844)

以上所列举的六条对应术语中,英文术语均出现于19世纪上半叶,而中文术语均出现于19世纪末或20世纪初,再结合历史背景,可以看出左侧的中文术语是概念的引入和术语二次命名的结果。但由于社会制度和社会发展情况的不同,随着“资本”这一术语在中国的广泛传播,其概念逐渐深入人心,继而产生了许多具有中国特色的原生术语,比如“官僚资本”。“官僚资本”在《申报》中于1922年首次出现,而谷歌图书数据中与之对应的bureaucratic capital首次出现的时间为1949年,并且是在谈论中国经济的语篇当中。可以看出,一反初期“资本”相关术语译入的主流,中国开始出现原生的术语并外译。《马克思主义大辞典》中,“官僚资本”指的是“在半殖民地半封建的旧中国,凭借地主买办资产阶级的国家政权力量而发展起来的国家垄断资本”。这一术语是基于旧中国半殖民地半封建社会的社会性质和当时独特的社会发展状况而产生的。相类似的术语还有“军阀资本”“农工资本”“豪门资本”等。

“资本团”的历时变化也反映了“资本”术语能产性的特征及其社会因素。中国基本古籍库中只有一条“资本团”的检索结果,来源于清《续文献通考·卷三百九十实业考》中的“金岭镇铁矿现归中日两国资本团组织”。而清《续文献通考》的实业考为1921年版新增,晚于“资本团”在《申报》中首次出现的1909年,因此笔者仍从《申报》来探索“资本团”这一术语的源头。根据谷歌图书数据可知,capital group于1801年便已出现。1909年的《申报》语料“前日间美国大资本家毛尔刚氏孔西武氏等以投资中国为目的,组织一大资本团体”显示了“资本团”的概念开始进入中国,并以“资本团体”为译名。1910年和1911年间,术语“资本团”在《申报》中共出现6次,全部指向美国资本团或英美德法四国资本团。1912年,“资本团”使用频率剧增,达到260次,且不再存在“资本团”和“资本团体”两种说法。该时期的“资本团”仍指向外国的资本团,如美国资本团、英美德法四国资本团、英美德法俄日六国资本团。而这一术语在1912年以260次之多出现,原因是“善后大借款”事件。袁世凯当上大总统后,为了巩固地位和控制军队,与英美德法俄日六国银行资本团协商大宗借款。虽然资本团的概念从1909年就已经开始传入中国,并且出现了“资本团体”“资本团”这些名称,但关乎中国的政治经济、涉及社会各界利益的“善后大借款”事件大大地提高了这一概念在中国的传播需求,因而将这一概念定名为“资本团”并进行频繁使用和广泛传播。而随着社会的发展,“资本团”也不再仅仅指外国资本团这一外来的概念,而是逐渐本土化,如1919年“由中国资本家发起资本团请外国资本家加入”及“十余人成一中国大资本团以便筹款建设芝罘潍县”。这一趋势在“资本团”的例子中主要通过语境而非术语本身体现出来,但“资本洋”的本土化趋势则可以从术语本身看出。"资本洋"从 1935 年起不再出现于《申报》当中。"资本洋"的"洋"源于外国流入我国的金、银圆以及再次影响下中国所铸的银币,而随着 1935 年国民党政府公布"币制改革"(决定由中央、中国、交通发行纸币为"法币",禁止白银流通,白银收归国有),"资本洋"逐渐被"资本金"所取代。尽管"资本洋五万元"和"资本金五万元"在语义上并无差别,但体现了术语在传播、使用中的本土化趋势。

5 结语

词缀构词法和复合构词法是译入术语"资本"构成新术语的主要方式,其背后的认知机制保证了这两类术语构成模式的有效性,从而使译入术语"资本"具有较高的能产性。而"资本"构成新术语的动力又来自于"资本"指称概念的传播需求,受到社会高度关注的历史事件往往会带来对术语定名或二次定名的迫切需要。而中国特定历史时期的社会性质和意识形态又催生了许多具有中国特色的本土化"资本"术语。构词能力、传播需求与意识形态三方面因素共同作用,使得由"资本"构成的新术语呈现出由具象转向抽象、由单一学科转向多学科、由译入转向原生的趋势。本文通过大规模的历时语料对术语的跨语能产性做了数据分析的尝试,以期为术语能产性的研究提供崭新的视角。

参考文献

[1] Oxford University Press. *Oxford English Dictionary Online*[OL]. www.oed.com/view/Entry/27450. Accessed 19 December 2019.

[2] Plag, I., 2003. *Word-formation in English*[M]. Cambridge: Cambridge University Press.

[3] 曹龙虎,2016. 近代"Capital/资本"译名问题考略[J]. 江苏社会科学,(4):230-241.

[4] 冯志伟,1997. 现代术语学引论[M]. 北京:语文出版社.

[5] 冯志伟,2011. 现代术语学引论(增订本)[M]. 北京:商务印书馆.

[6] 何九盈,等,2015. 辞源(第三版)[Z]. 北京:商务印书馆.

[7] 黄洁,2018. 汉语名名复合词语义认知研究[M]. 上海:复旦大学出版社.

[8] 李运益,1992. 汉语比喻辞典[Z]. 成都:四川辞书出版社.

[9] 刘炳瑛,1988. 马克思主义原理辞典[Z]. 杭州:浙江人民出版社.

[10] 刘青,2015. 中国术语学概论[M]. 北京:商务印书馆.

[11] 卢之超,1993. 马克思主义大辞典[Z]. 北京:中国和平出版社.

[12] 陶李春,2015. 翻译对等的术语学考量[J]. 南京邮电大学学报(社会科学版),17(03):99-104.

[13] 王希增,等,1994. 高级汉语报刊阅读教程(下)[M]. 北京:北京语言学院出版社.
[14] 魏向清,2010. 人文社科术语翻译中的术语属性[J]. 外语学刊,(06):165-167.
[15] 吴哲,2015. 术语构词的认知考量[A]//刘青等(编). 术语学研究新进展. 北京:国防工业出版社,45.
[16] 吴志杰,柯平,2011. 术语翻译的五步曲——从“黑客”“骇客”“怪客”与“红客”说起[J]. 外语研究,(03):85-92+112.
[17] 尹海良,丁建川,2014. 现代汉语本体与应用探索[M]. 上海:上海交通大学出版社.
[18] 张清源,1992. 现代汉语常用词词典[Z]. 成都:四川人民出版社.
[19] 张榕,2015. 术语学与术语信息处理[M]. 北京:中国社会科学出版社.
[20] 朱伟华,1987. 谈谈术语的特性[J]. 外语教学与研究,(02):47-49.